普通高等教育"十二五"规划教材

自然保护区管理教程

A Course of Nature Reserve Management

栾晓峰　主编

中国林业出版社

内容简介

本书是一本有关自然保护区管理方面的基础教材。近十年来，我国自然保护区事业发展迅速，其数量和面积均居世界首位，但自然保护区管理却相对滞后，影响了自然保护区的健康、稳定和有序发展。鉴于此，为大专院校开展自然保护相关专业教育，也为普及自然保护区管理方面的基础知识，提高专业人员的业务水平，特编写此教材。

本教材系统总结了已有的自然保护区管理方面的理论和方法，吸纳了国内外最新研究成果和实践经验，同时结合我国的实际情况，给出了相应的案例。本书共包括14章和2个实验，内容涉及自然保护区管理的基本理论、法律基础，以及自然保护区管理的各方面要求，诸如规划管理、科研管理、宣教管理、社区共管等。另外，在本书的最后，附有两套有关自然保护区管理计划和保护行动计划编写的实验方案。读者可以根据这些方案举一反三，灵活处理各个保护区管理的具体情况。

本书可供自然保护区、野生动植物保护、林学、农学、生态、环境、游憩等专业的本科生、研究生、科技人员、环境保护、林业行政和资源管理等人员使用。

图书在版编目（CIP）数据

自然保护区管理教程/栾晓峰主编. —北京：中国林业出版社，2011.11（2025.7重印）
普通高等教育"十二五"规划教材
ISBN 978-7-5038-6342-4

Ⅰ.①自… Ⅱ.①栾… Ⅲ.①自然保护区–管理–高等学校–教材 Ⅳ.①S759.9

中国版本图书馆 CIP 数据核字（2011）第 199942 号

中国林业出版社·教育出版分社

责任编辑：杜建玲
电　话：(010) 83143555　　　传　真：(010) 83143516

出版发行	中国林业出版社（100009　北京市西城区德内大街刘海胡同7号） E-mail:jiaocaipublic@163.com　电话:(010)83143500 https://www.cfph.net
经　销	新华书店
印　刷	三河市祥达印刷包装有限公司
版　次	2011年12月第1版
印　次	2025年7月第9次
开　本	787mm×1096mm　1/16
印　张	13.5
字　数	325千字
定　价	40.00元

未经许可，不得以任何方式复制或抄袭本书之部分或全部内容。

版权所有　侵权必究

《自然保护区管理教程》编写人员

主　　编：栾晓峰
副 主 编：徐基良　邢韶华
编写人员（按汉语拼音排序）：
　　　　　韩俊丽　栾晓峰　曲　艺
　　　　　魏　钰　习　妍　邢韶华
　　　　　徐基良　杨　洁　姚　莉
主　　审：罗菊春

前 言

随着我国自然保护区事业的蓬勃发展和高校自然保护区学科的建立，自然保护区的管理越来越成为业内乃至全社会关注的一个新热点。如何科学高效地管理数量众多、面积广大的自然保护区，成为关系到我国保护区长远发展，以及自然资源和生态环境有效保护的根本问题。为了适应这种形势的需要，本教材编写组成员在系统总结多年教学实践与科学研究基础上，编写了这本《自然保护区管理教程》。

本教材特点：一是系统性强，内容涵盖了保护区管理的方方面面，从组织、机构、人事管理到科研、监测、信息管理等。二是学习性强，本书完全按照教材的形式编写，每章开始都有一个本章提要，便于读者事先了解本章主要内容，同时每章后都附有习题，便于学生课后复习，掌握知识重点。三是实践性强，本书中穿插了多个实际案例，通过实例学习可增强学生对理论知识的理解。另外，本书最后附有两个实验与一个实习方案，通过实验和实习使学生在实践中掌握所学的知识和技能。

通过对本教材的学习，可以帮助大专院校学生、科技工作者和行政管理人员了解自然保护区管理的基本要求和重点、主要理论和方法、关键问题和形势等，从而为从事自然保护区管理的研究和工作打下坚实基础。

本书的编写分工如下：第1章：栾晓峰、姚莉；第2章：栾晓峰、魏钰；第3章：魏钰；第4章：栾晓峰、曲艺；第5章：徐基良、魏钰；第6章：栾晓峰、习妍；第7章：栾晓峰、姚莉；第8章：杨洁；第9章：邢韶华、韩俊丽；第10章：魏钰、习妍；第11章：韩俊丽；第12章：栾晓峰、魏钰；第13章：栾晓峰、曲艺；第14章：习妍；实验一：姚莉；实验二：习妍；附录一、二、三、四：魏钰；附录五：栾晓峰；附录六：徐基良。文字校对：艾琳、章轶斐。

本教材在编写和出版过程中得到了国家"十一五"科技支撑项目（自然保护区关键技术研究与示范）、北京林业大学2010年教材立项项目（自然保护区管理教程）、北京林业大学2009年精品课程建设项目（自然保护区管理精品课程建设）、北京林业大学2010年教学团队建设项目（自然保护区建设与管理课程教学团队）资助和支持。同时，在编写过程中还得到了美国大自然保护协会保护区项目组、中国林业科学研究院保护区研究室和部分保护区提供的资料和帮助，在此一并感谢。

为编写本教材，编写组成员在资料查阅、数据收集、文稿撰写等方面都倾注了大量的心血，希望能为自然保护区学科的发展和完善贡献微薄之力。然而，由于我们水平有限，经验不足，且编写时间仓促，本教材尚待进一步改进、充实和完善。对于本教材中出现的疏漏和错误，欢迎广大读者朋友提出批评和建议。

编者

2011 年 8 月

目 录

前 言

第1章 自然保护区管理概述 (1)
1.1 国内外自然保护区发展概况 (1)
　1.1.1 国外自然保护区发展概况 (1)
　1.1.2 我国自然保护区发展概况 (2)
1.2 自然保护区管理简介 (5)
　1.2.1 自然保护区管理的概念 (5)
　1.2.2 自然保护区管理的基本原则 (6)
　1.2.3 自然保护区管理的基本内容 (6)
　1.2.4 自然保护区管理的基本方法 (6)
1.3 自然保护区管理涉及的知识体系 (7)
参考文献 (8)
习 题 (8)

第2章 自然保护区管理的法律基础 (9)
2.1 自然保护区相关的重要国际公约 (9)
　2.1.1 生物多样性公约 (9)
　2.1.2 保护世界文化和自然遗产公约 (10)
　2.1.3 关于特别是作为水禽栖息地的国际重要湿地公约 (11)
　2.1.4 濒危野生动植物种国际贸易公约 (11)
　2.1.5 其他相关条约 (12)
2.2 自然保护区相关的法律法规 (13)
　2.2.1 中华人民共和国环境保护法 (13)
　2.2.2 中华人民共和国野生动物保护法 (14)
　2.2.3 中华人民共和国自然保护区条例 (15)
　2.2.4 中华人民共和国野生植物保护条例 (15)
　2.2.5 自然保护区土地管理办法 (16)
　2.2.6 其他相关法律法规 (17)

  2.3 自然保护区相关的国家、地方和保护区政策文件 ………………………… (18)
    2.3.1 国家层面 …………………………………………………………… (18)
    2.3.2 地方层面 …………………………………………………………… (19)
    2.3.3 保护区层面 ………………………………………………………… (20)
  参考文献 ……………………………………………………………………………… (20)
  习 题 ……………………………………………………………………………… (20)

第3章 自然保护区的管理机制 ………………………………………………… (21)

  3.1 自然保护区的组织管理 …………………………………………………………… (21)
    3.1.1 组织管理的基本概念 ……………………………………………… (21)
    3.1.2 组织管理的目的和原则 …………………………………………… (21)
    3.1.3 组织管理的内容 …………………………………………………… (22)
  3.2 自然保护区的管理体制 …………………………………………………………… (24)
    3.2.1 管理体制的基本概念 ……………………………………………… (24)
    3.2.2 管理体制的内涵 …………………………………………………… (24)
  3.3 自然保护区的人事管理 …………………………………………………………… (28)
    3.3.1 人事管理的概念、原则及目的 …………………………………… (28)
    3.3.2 人事管理的环节 …………………………………………………… (29)
    3.3.3 人事激励机制 ……………………………………………………… (29)
  3.4 自然保护区的决策管理 …………………………………………………………… (33)
    3.4.1 决策管理的概念 …………………………………………………… (33)
    3.4.2 决策管理的模式 …………………………………………………… (33)
    3.4.3 决策管理模式应用的时机与考量 ………………………………… (34)
    3.4.4 决策的步骤 ………………………………………………………… (35)
  3.5 自然保护区的冲突管理 …………………………………………………………… (36)
    3.5.1 冲突管理的概念 …………………………………………………… (36)
    3.5.2 冲突管理的过程 …………………………………………………… (36)
    3.5.3 自然保护区的冲突管理 …………………………………………… (38)
  参考文献 ……………………………………………………………………………… (38)
  习 题 ……………………………………………………………………………… (39)

第4章 自然保护区规划管理 …………………………………………………… (40)

  4.1 自然保护区规划管理的目的与原则 ……………………………………………… (40)
  4.2 自然保护区的总体规划与管理计划 ……………………………………………… (41)
    4.2.1 自然保护区的总体规划 …………………………………………… (41)
    4.2.2 自然保护区管理计划 ……………………………………………… (41)
    4.2.3 自然保护区总体规划与管理计划的关系 ………………………… (42)
    4.2.4 自然保护区的其他计划 …………………………………………… (43)

  4.3 自然保护区总体规划的审批、变更程序和实施 …………………………… (43)
    4.3.1 自然保护区总体规划的审批 …………………………………………… (43)
    4.3.2 总体规划的变更程序 …………………………………………………… (45)
    4.3.3 总体规划的实施 ………………………………………………………… (45)
  4.4 自然保护区管理计划的审批和实施 ……………………………………………… (46)
    4.4.1 管理计划审批程序 ……………………………………………………… (46)
    4.4.2 管理计划的实施 ………………………………………………………… (46)
    4.4.3 管理计划的调整和修改 ………………………………………………… (47)
    4.4.4 管理计划实施效果评价 ………………………………………………… (47)
  4.5 自然保护区的分区管理和管理分区 ……………………………………………… (47)
    4.5.1 自然保护区分区管理 …………………………………………………… (47)
    4.5.2 自然保护区管理分区 …………………………………………………… (48)
 参考文献 ………………………………………………………………………………… (48)
 习 题 ………………………………………………………………………………… (48)

第5章 自然保护区的日常管理 ………………………………………………………… (50)

  5.1 自然保护区的日常管理制度 ……………………………………………………… (50)
    5.1.1 制订自然保护区日常管理制度的原则 ………………………………… (50)
    5.1.2 制订自然保护区日常管理制度的程序 ………………………………… (51)
    5.1.3 日常管理制度的主要内容 ……………………………………………… (51)
  5.2 自然保护区的巡护管理 …………………………………………………………… (55)
    5.2.1 巡护管理的概念 ………………………………………………………… (55)
    5.2.2 巡护管理的作用 ………………………………………………………… (56)
    5.2.3 巡护计划的制订 ………………………………………………………… (56)
    5.2.4 巡护报告的编写 ………………………………………………………… (57)
  5.3 自然保护区的监测管理 …………………………………………………………… (58)
    5.3.1 动物监测 ………………………………………………………………… (58)
    5.3.2 植被监测 ………………………………………………………………… (59)
    5.3.3 社区监测 ………………………………………………………………… (59)
    5.3.4 水体监测 ………………………………………………………………… (60)
    5.3.5 大气监测 ………………………………………………………………… (60)
    5.3.6 土壤监测 ………………………………………………………………… (61)
    5.3.7 地质环境监测 …………………………………………………………… (61)
  5.4 自然保护区的火灾防护管理 ……………………………………………………… (62)
    5.4.1 火灾防护概述 …………………………………………………………… (62)
    5.4.2 火灾发生的原因 ………………………………………………………… (62)
    5.4.3 防火的措施 ……………………………………………………………… (62)
  5.5 自然保护区的财务管理 …………………………………………………………… (64)
    5.5.1 自然保护区财务管理概述 ……………………………………………… (64)

  5.5.2 自然保护区的"开源" ……………………………………………… (64)
  5.5.3 自然保护区的"节流" ……………………………………………… (65)
 参考文献 ……………………………………………………………………………… (65)
 习 题 ………………………………………………………………………………… (65)

第6章 自然保护区的保护对象管理 ……………………………………………… (67)
 6.1 保护区分类概述 ………………………………………………………………… (67)
 6.2 保护对象的属性 ………………………………………………………………… (68)
 6.3 保护对象管理的原则和方法 …………………………………………………… (70)
  6.3.1 保护对象管理的原则 ……………………………………………… (70)
  6.3.2 保护对象管理的方法 ……………………………………………… (73)
 参考文献 ……………………………………………………………………………… (76)
 习 题 ………………………………………………………………………………… (76)

第7章 自然保护区生态旅游管理 ……………………………………………… (77)
 7.1 自然保护区生态旅游管理概述 ………………………………………………… (77)
  7.1.1 保护区生态旅游管理的内涵 ……………………………………… (77)
  7.1.2 保护区生态旅游管理的目的和原则 ……………………………… (78)
  7.1.3 保护区生态旅游管理的基本内容和方法 ………………………… (78)
 7.2 自然保护区的旅游资源分类与评价 …………………………………………… (79)
  7.2.1 旅游资源的概念与分类 …………………………………………… (79)
  7.2.2 旅游资源的评价 …………………………………………………… (81)
 7.3 自然保护区生态旅游的游客管理 ……………………………………………… (81)
  7.3.1 游客容量管理 ……………………………………………………… (81)
  7.3.2 游客行为管理 ……………………………………………………… (82)
 7.4 自然保护区生态旅游服务管理 ………………………………………………… (84)
  7.4.1 旅游服务质量基本概念 …………………………………………… (84)
  7.4.2 旅游服务管理内容 ………………………………………………… (84)
  7.4.3 旅游服务管理方法 ………………………………………………… (86)
 7.5 自然保护区生态旅游的安全管理 ……………………………………………… (87)
  7.5.1 生态旅游安全管理的意义 ………………………………………… (87)
  7.5.2 生态旅游安全管理主要办法 ……………………………………… (87)
 7.6 自然保护区旅游标准化管理 …………………………………………………… (88)
  7.6.1 我国旅游标准化管理现状 ………………………………………… (88)
  7.6.2 我国旅游标准化主要内容 ………………………………………… (88)
 参考文献 ……………………………………………………………………………… (90)
 习 题 ………………………………………………………………………………… (90)

第8章 自然保护区资源的经营利用管理 (91)

8.1 自然保护区资源概述 (91)
8.1.1 自然保护区资源定义 (91)
8.1.2 自然保护区资源分类 (91)
8.1.3 自然保护区资源特征 (92)
8.1.4 保护区资源的价值评估 (93)

8.2 自然保护区资源的经营利用与管理 (93)
8.2.1 自然保护区资源利用形式 (94)
8.2.2 自然保护区资源经营利用原则 (94)
8.2.3 资源可持续利用方式 (95)

8.3 自然保护区资源利用优化管理模式——适应性经营 (98)
8.3.1 适应性经营概念 (98)
8.3.2 适应性经营目标与原则 (98)
8.3.3 适应性经营内容与方法 (99)

参考文献 (103)
习 题 (104)

第9章 自然保护区的科研管理 (105)

9.1 自然保护区科研管理概述 (105)
9.1.1 保护区科研管理的目的和意义 (105)
9.1.2 保护区科研管理的内涵 (106)
9.1.3 保护区科研管理的基本方法 (107)

9.2 自然保护区科研人员的管理 (109)
9.2.1 科研队伍建设 (109)
9.2.2 科研人员管理制度 (109)
9.2.3 科研人员培训 (109)

9.3 自然保护区科研设施和设备的管理 (110)
9.3.1 科研设施和设备管理概述 (110)
9.3.2 科研设备管理制度 (111)

9.4 自然保护区的科研项目管理 (112)
9.4.1 科研项目管理的基本原则 (112)
9.4.2 科研项目的分类 (112)
9.4.3 科研项目的组织形式 (113)
9.4.4 科研项目的申请 (113)
9.4.5 科研经费的管理 (115)

9.5 自然保护区科研成果管理 (116)
9.5.1 直接服务于保护区管理的科研成果管理 (117)
9.5.2 间接服务于保护区管理的科研成果管理 (117)

参考文献 ……………………………………………………………………………… (117)
习　题 ………………………………………………………………………………… (117)

第10章　自然保护区的宣传教育管理 ……………………………………………… (118)
10.1　自然保护区宣传教育概述 ……………………………………………………… (118)
10.1.1　自然保护区宣传教育的内涵 ……………………………………………… (118)
10.1.2　自然保护区宣传教育的目的和意义 ……………………………………… (119)
10.2　宣传教育的主要对象与内容 …………………………………………………… (120)
10.2.1　宣传教育的主要对象 ………………………………………………………… (120)
10.2.2　宣传教育的内容 ……………………………………………………………… (121)
10.3　宣传教育的主要类型和方式 …………………………………………………… (122)
参考文献 ……………………………………………………………………………… (122)
习　题 ………………………………………………………………………………… (123)

第11章　自然保护区的社区共管 …………………………………………………… (124)
11.1　自然保护区社区共管概述 ……………………………………………………… (124)
11.1.1　自然保护区社区共管的背景 ………………………………………………… (124)
11.1.2　自然保护区社区共管的内涵 ………………………………………………… (125)
11.1.3　自然保护区社区共管的意义 ………………………………………………… (127)
11.2　社区共管的基本内容和原则 …………………………………………………… (128)
11.2.1　社区共管的基本内容和过程 ………………………………………………… (128)
11.2.2　社区共管的原则 ……………………………………………………………… (129)
11.3　社区共管的类型和方法 ………………………………………………………… (131)
11.3.1　社区共管的类型 ……………………………………………………………… (131)
11.3.2　社区共管的方法 ……………………………………………………………… (131)
11.3.3　社区共管的调查方法 ………………………………………………………… (132)
11.4　社区共管中应注意的问题 ……………………………………………………… (136)
11.4.1　参与和共管的关系 …………………………………………………………… (136)
11.4.2　实施共管的环境条件 ………………………………………………………… (137)
11.4.3　利益相关者的确定及其对项目态度的分析 ……………………………… (137)
11.4.4　社会经济本底调查范围的确定 ……………………………………………… (138)
11.4.5　共管中的经济激励问题 ……………………………………………………… (138)
参考文献 ……………………………………………………………………………… (139)
习　题 ………………………………………………………………………………… (139)

第12章　自然保护区的监督与评估 ………………………………………………… (140)
12.1　自然保护区监督与评估概述 …………………………………………………… (140)
12.1.1　自然保护区管理有效性评估 ………………………………………………… (140)
12.1.2　自然保护区管理监督 ………………………………………………………… (141)

12.2 自然保护区监督的主要内容 ………………………………………… (141)
    12.2.1 《国家级自然保护区监督检查办法》概述 ………………… (141)
    12.2.2 《国家级自然保护区监督检查办法》参考标准 ……………… (142)
12.3 自然保护区监督办法的实际应用 …………………………………… (143)
12.4 自然保护区评估的主要内容 ………………………………………… (144)
12.5 自然保护区评估的方法 ……………………………………………… (144)
    12.5.1 自然保护区管理有效性的主要评估方法介绍 ……………… (144)
    12.5.2 自然保护区管理有效性评估的步骤 ………………………… (145)
参考文献 …………………………………………………………………………… (147)
习　题 ……………………………………………………………………………… (147)

第13章　自然保护区信息管理及新技术的应用 …………………………… (149)

13.1 自然保护区信息资源管理 …………………………………………… (149)
    13.1.1 保护区信息资源的内涵 ……………………………………… (149)
    13.1.2 保护区信息管理的内涵 ……………………………………… (150)
13.2 自然保护区信息管理系统 …………………………………………… (151)
13.3 自然保护区信息管理方法 …………………………………………… (152)
    13.3.1 设置高效的信息管理机构 …………………………………… (152)
    13.3.2 建立合理的信息分类体系 …………………………………… (152)
    13.3.3 制定科学的信息管理战略 …………………………………… (153)
    13.3.4 明确信息资源管理的步骤 …………………………………… (153)
13.4 新技术的种类和特点 ………………………………………………… (155)
    13.4.1 预测技术 ……………………………………………………… (156)
    13.4.2 决策技术 ……………………………………………………… (157)
    13.4.3 3S技术 ………………………………………………………… (157)
13.5 新技术在自然保护区管理中的应用 ………………………………… (158)
参考文献 …………………………………………………………………………… (159)
习　题 ……………………………………………………………………………… (160)

第14章　自然保护区能力建设 …………………………………………………… (161)

14.1 自然保护区能力的构成 ……………………………………………… (161)
    14.1.1 社会能力 ……………………………………………………… (161)
    14.1.2 机构能力 ……………………………………………………… (161)
    14.1.3 人员能力 ……………………………………………………… (162)
14.2 中国自然保护区能力建设现状与存在的问题 ……………………… (163)
    14.2.1 能力建设现状 ………………………………………………… (163)
    14.2.2 能力建设存在的问题 ………………………………………… (164)
14.3 中国自然保护区能力建设的对策 …………………………………… (167)
    14.3.1 社会能力建设对策 …………………………………………… (167)

14.3.2　机构能力建设对策 …………………………………………………（168）
　　14.3.3　人员能力建设对策 …………………………………………………（169）
14.4　自然保护区的融资 ………………………………………………………（170）
　　14.4.1　自然保护区资金现状及筹资机制 …………………………………（170）
　　14.4.2　自然保护区的融资渠道 ……………………………………………（171）
参考文献 ………………………………………………………………………（175）
习　题 …………………………………………………………………………（175）

实验一　自然保护区管理计划的编写 …………………………………………（176）
实验二　自然保护区保护行动计划的编写 ……………………………………（181）

附录一　自然保护区相关国际公约、协定名录 ………………………………（188）
附录二　国家有关自然保护区的法律、法规 …………………………………（190）
附录三　自然保护区管理办法和条例名录（部分） …………………………（193）
附录四　全国林业示范自然保护区名单 ………………………………………（194）
附录五　中国加入国际重要湿地名录 …………………………………………（196）
附录六　自然保护区管理专业综合实习方案 …………………………………（197）

第1章 自然保护区管理概述

本章提要

本章着重介绍自然保护区的发展概况,自然保护区管理的基本理念、原则、内容和方法,以及学好本课程所需要掌握的知识体系,以期为学好自然保护区管理课程奠定基础。

第二次世界大战结束后,随着工业的发展和全球经济的快速增长,环境污染、生境破坏、物种灭绝、灾害频发等环境问题日益凸显,给人类社会的长期发展造成了严重威胁,人们越来越多地意识到环境保护的重要性。建立自然保护区是生态与环境保护的重要方式之一。自1872年世界第一个自然保护区——美国黄石国家公园的建立以来,自然保护区经历了一百多年的发展历程,在保护人类生存环境和自然资源方面取得了卓越成效。近三十年来,自然保护区发展迅速,在数量和规模日益扩大的同时,人们开始意识到单纯追求数量并不能有效保护自然环境和生物多样性,加强自然保护区管理的有效性,提高质量才是根本。因此,如何开展自然保护区各项管理工作、提高保护效率是本书的宗旨。

1.1 国内外自然保护区发展概况

自1872年世界上建立第一个自然保护区至今,全球已形成了严格自然保护区、国家公园、禁猎区、物种管理区、资源管护区等多种形式的自然保护区(地)。据2003年《联合国自然保护区名录》统计,全世界共建立各类保护区10.2万处,90%的保护区是在近40年里建立的,面积大约$1.88 \times 10^7 \text{ km}^2$,占地球总面积的12.65%,其中陆地保护区面积$1710 \times 10^4 \text{ km}^2$,占陆地总面积的11.5%。到2007年底,全球自然保护区和国家公园数量已经超过11万处,陆地自然保护区面积超过$2.2 \times 10^7 \text{ km}^2$,占陆地面积的14.72%。全球自然保护区的迅速发展极大地促进了保护区管理专门人才的需求增长。

1.1.1 国外自然保护区发展概况

1.1.1.1 国外保护区发展历史与现状

国外自然保护事业起步较早,但也经历了从无到有、从小到大的发展历程。1872年,为了保护优美的自然景观和地质地貌,美国率先成立了第一个自然保护区——黄石国家公园,之后澳大利亚于1879年建立了皇家公园。在随后的时间里,受多方面影响特别是第二次世界大战的影响,自然保护区发展缓慢,直到二战结束才开始迅速发展。此后,一些知名国际自然保护组织也应运而生,这包括国际自然资源保护联盟(IUCN,1948)、美国大自然保护协会(TNC,1951)、世界自然基金会(WWF,1961)、国际人与生物圈计划协调理事会(MAB,1970)和联合国环境规划署(UNEP,1972)等。1979年,《世界自然资源保护大纲》颁布,它由IUCN、联合国开发计划署(UNDP)与WWF共同起草,倡导将保护生命资源作为持续发展的基础战略,并要求建立保护区网络,以实施物种及生态系统就地保护。《世界自然资源保护大纲》受到了国际上的普遍关注,引起了人们对自然资源保护与合理利用的重视,并对人们利用自然资源的行为起到了一定的指导作用。1982年,第三届世界公园大会在印尼巴厘(Bali)召开,会上IUCN制定了《巴厘行动计划》。该计划的第一个目标就是在1992年以前建立世界性的国家公园和保护区网络。大会还同意使用生物地理区划的方法来为其他种类的受保护地区选址。1989年,国家公园和保护区委员会与世界保护监测中心根据管理目的的不同编制了保护区管理类型系统,并将保护区分为严格自然保护区、国家公园、自然纪念物保护区、陆地和海洋景观保护区、资源管理保护区共六大类型。2003年,在南非德班(Durban)召开的第五次世界公园大会通过了《德班倡议》和《德班行动计划》,包括保护区的发展前景和实施机制以及分会通过的32项建议,大会的许多成果对保护区的建设和管理具有极大的推动和促进作用。

随着全球自然保护事业的发展,自然保护区的概念从原来的国家公园和严格的自然保护区逐步扩展为保全物种、生境和生态系统功能及服务,以及保证保护区内外当地居民的需要而实施保护管理的区域。保护区的数量和面积一直处于稳步增长的态势。至20世纪90年代末期,全球自然保护区的数量已从1970年的不足300万平方千米增加到了1 200多万平方千米。与此同时,保护区的保护与资源使用之间的矛盾也变得日益激烈,保护区如何有效管理和可持续发展成为人们关注和讨论的热点。

1.1.1.2 国外自然保护区管理概述

从管理体制上看,国外自然保护区大体上可分为多部门分工管理(如美国)与专职部门管理(如英国)两种模式。但同时还有许多国家采用环境保护部门主管自然保护区这种体制模式,如印度、韩国、德国、俄罗斯等国家。随着自然保护区的发展,对自然保护区实行统一管理是一种必然趋势,为多数国家所接受。许多国家和地区的自然保护区管理工作主要由环境部门统一管理。

从管理制度上看,各国以政策、法律等形式制定了自然保护区各项管理制度和措施,为保护区进行有效管理提供了政策和法律保障。国外的管理制度主要有管理契约制度(英国)、管理计划制度(日本、澳大利亚)、自然环境基础调查制度(日本)、土地利用及经营许可制度(新西兰)等。关于此部分的具体内容,将在第3章中加以介绍。

1.1.2 我国自然保护区发展概况

1.1.2.1 我国自然保护区发展历史与现状

我国自1956年第一个自然保护区——广东鼎湖山自然保护区建立以来,自然保护区事业的发展大致经历了创建阶段(1956—1966年)、停滞与恢复阶段(1967—1984年)、数量快速增长阶段(1985—2000年)、质量全面提升阶段(2001年至今)。截至2009年底,全国(不含香港、澳门特别行政区和台湾地区)已建立各种类型、不同级别的自然保护区

2 541个，保护区总面积约 14 700 × 10⁴ hm²，陆地自然保护区面积约占国土面积的 14.7%。其中，国家级自然保护区 319 个，面积 9 267 万公顷，分别占全国自然保护区总数和总面积的 12.6% 和 62.7%。有 28 处自然保护区加入联合国教科文组织"人与生物圈保护区网络"，有 20 多处自然保护区成为世界自然遗产地组成部分。

按照保护对象特点的不同，我国的自然保护区划分为三大类型九大类别。①生态系统类型自然保护区：指为保存或维持某一特定的典型生态系统而建立的自然保护区。它以具有代表性、典型性与完整性的生物群落和非生物环境共同组成的生态系统为保护对象，包括森林生态系统、草原和草甸生态系统、荒漠生态系统、湿地生态系统、海洋和海岸生态系统五种类别。②野生生物类型自然保护区：指为保护某一特定的野生动植物种而建立的自然保护区。它是珍稀濒危物种的集中分布地区，包括野生动物和野生植物两种类别。③自然遗迹类型自然保护区：指为保存某一特定的自然历史遗迹而建立的自然保护区，包括地质遗迹和古生物遗迹两种类别。截至 2009 年底，中国分类型自然保护区统计数据见表 1-1。

表 1-1 中国自然保护区分类型统计（截至 2009 年底）

类型	数量		面积	
	总数量（个）	数量比例（%）	总面积 ×10⁴hm²	总面积比例（%）
自然生态系统类	1 743	68.60	10 069.27	68.15
森林生态系统类型	1321	51.99	2 887.57	19.54
草原与草甸生态系统类型	39	1.53	218.43	1.48
荒漠生态系统类型	31	1.22	4 055.07	27.45
内陆湿地和水域生态系统	281	11.06	2 825.99	19.13
海洋生态系统类型	71	2.79	82.21	0.56
野生生物类	678	26.68	4 534.31	30.69
野生动物类型	521	20.50	4 270.03	28.90
野生植物类型	157	6.18	264.27	1.79
自然遗迹类	120	4.72	171.11	1.16
地质遗迹类型	90	3.54	120.17	0.81
古生物遗迹类型	30	1.18	50.94	0.34
合计	2 541	100.00	14 774.69	100.00

（根据环保部网站公布数据统计）

中国自然保护区分省统计情况详细见表 1-2 和表 1-3。

表 1-2 中国自然保护区分省数量统计（截至 2009 年底）

省份	数量（个）									
	森林生态	草原草甸	荒漠生态	内陆湿地	海洋海岸	野生动物	野生植物	地质遗迹	古生物遗迹	合计
北京	13	0	0	2	0	3	0	1	1	20
天津	3	0	0	2	1	1	0	1	0	8
河北	15	3	0	5	2	3	0	4	1	33
山西	33	1	0	1	0	9	2	0	0	46
内蒙古	68	21	15	31	0	18	12	13	7	185
辽宁	59	1	0	6	2	19	2	5	4	98

(续)

省份	数量(个)									
	森林生态	草原草甸	荒漠生态	内陆湿地	海洋海岸	野生动物	野生植物	地质遗迹	古生物遗迹	合计
吉林	12	1	0	11	0	4	2	5	0	35
黑龙江	50	8	1	77	0	36	18	6	1	197
上海	0	0	0	1	1	2	0	0	0	4
江苏	9	0	0	11	1	7	0	1	1	30
浙江	10	0	0	2	3	5	6	5	0	31
安徽	86	0	0	6	0	9	1	0	0	102
福建	42	0	0	2	8	26	11	1	2	92
江西	135	0	0	13	0	27	3	0	0	178
山东	49	0	0	9	8	9	2	7	1	85
河南	12	0	0	12	0	8	0	1	2	35
湖北	25	0	0	11	0	8	13	3	3	63
湖南	67	0	0	3	0	13	8	4	0	95
广东	235	0	0	7	30	77	11	6	3	369
广西	47	0	0	0	3	19	4	5	0	78
海南	20	0	0	3	12	16	3	0	0	54
重庆	25	0	0	2	0	9	10	2	0	48
四川	43	2	0	23	0	83	11	2	2	166
贵州	100	0	0	1	0	7	19	1	1	129
云南	109	0	0	12	0	12	11	8	0	152
西藏	7	0	1	7	0	24	3	3	0	45
陕西	13	0	1	8	0	30	0	2	0	54
甘肃	20	0	5	5	0	25	0	2	1	58
青海	3	0	1	1	0	4	2	0	0	11
宁夏	5	0	3	3	0	0	0	2	0	13
新疆	6	2	4	4	0	8	3	0	0	27
合计	1 321	39	31	281	71	521	157	90	30	2 541

(引自 环保部网站 http：//sts.mep.gov.cn/zrbhq/zrbhq/201012/t20101223_199053.htm)

表1-3 中国自然保护区分省面积统计（截至2009年底）

省份	面积(hm²)									
	森林生态	草原草甸	荒漠生态	内陆湿地	海洋海岸	野生动物	野生植物	地质遗迹	古生物遗迹	合计
北京	115 715	0	0	10 315	0	2 236	0	3 650	2 050	133 966
天津	2175	0	0	46 087	35 913	6 040	0	900	0	91 115
河北	300 865	58 270	0	91 231	33 775	60 006	0	27 563	117	571 827
山西	644 564	3 333	0	11 236	0	457 984	31 556	0	0	1 148 673
内蒙古	2 547 790	1 809 853	4 094 671	2 554 021	0	1 770 253	730 553	80 682	235 915	13 823 738
辽宁	1 229 050	7 103	0	270 206	103 143	887 723	5 873	11 447	147 395	2 661 940
吉林	394 395	23 800	0	429 647	0	285 459	77 429	54 363	0	1 265 093
黑龙江	1 322 948	50 366	61 385	3 176 827	0	1 044 223	357 569	168 054	3 844	6 185 216
上海	0	0	0	42 020	46	51 755	0	0	0	93 821
江苏	24 852	0	0	210 724	9 113	320 253	0	1	40	564 983
浙江	79 985	0	0	3 271	76 108	1 605	19 467	10 486	0	190 922

（续）

省份	面积(hm^2)									
	森林生态	草原草甸	荒漠生态	内陆湿地	海洋海岸	野生动物	野生植物	地质遗迹	古生物遗迹	合计
安徽	187 246	0	0	168 410	0	133 128	13 980	0	0	502 764
福建	261 312	0	0	4 261	75 273	123 563	36 855	20	3 300	504 584
江西	743 324	0	0	84 451	0	284 778	2 786	0	0	1 115 339
山东	330 030	0	0	91 606	340 862	344 497	10 522	14 891	120	1 132 528
河南	168 944	0	0	253 328	0	220 730	0	163	92 667	735 832
湖北	276 920	0	0	225 403	0	86 142	279 851	1 550	456	870 322
湖南	646 803	0	0	246 680	0	229 261	14 343	11 389	0	1 148 476
广东	984 076	0	0	16 445	110 432	2 349 121	32 807	35 436	7 023	3 535 340
广西	1 124 277	0	0	13 784	0	240 514	77 327	62	0	1 455 964
海南	194 558	0	0	1 441	23 685	2 509 792	10 715	0	0	2 740 191
重庆	422 389	0	0	32 815	0	145 964	185 919	41 458	0	828 545
四川	2 191 065	109 536	0	2 070 587	0	4 343 322	157 183	44 984	10 230	8 926 907
贵州	747 000	0	0	12 000	0	50 684	80 626	53 667	4 760	948 737
云南	2 540 601	0	0	141 760	0	112 950	23 132	23 070	0	2 841 513
西藏	6 559 539	0	29 800 000	1 528 514	0	2 954 435	53	560 540	0	41 403 081
陕西	330 342	0	0	5 000	170 568	0	651 276	0	125	1 157 311
甘肃	1 475 468	0	1 310 053	584 443	0	3 930 067	0	42 880	1 500	7 344 411
青海	1 050 290	0	118 000	15 230 000	0	5 046 320	377 591	0	0	21 822 201
宁夏	290 743	0	172 886	29 180	0	0	0	14 295	0	507 104
新疆	1 688 448	122 000	4 988 687	522 392	0	14 056 253	116 585	0	0	21 494 365
合计	28 875 714	2 184 261	40 550 682	28 259 869	822 134	42 700 334	2 642 722	1 201 676	509 417	147 746 809

（引自 环保部网站 http：//sts.mep.gov.cn/zrbhq/zrbhq/201012/t20101223_199053.htm）

1.1.2.2 我国自然保护区管理概述

我国自然保护区采用综合协调、分部门、分层次的管理模式。根据自然保护区的级别，分为国家级、省级、地市级和县级，不同级别的保护区分属于相应级别的管理部门。同一个级别的保护区分由不同行业部门管理。

目前，自然保护区体系的建立使得我国绝大多数生态系统、珍稀野生动植物和重要的自然遗迹均就地得到了有效保护。经过近几十年的努力，我国珍稀濒危物种种群减少的趋势基本得到扭转。由于不少珍稀物种在自然保护区内得到了有效保护，物种种群得以恢复，数量得以增长，如野生动物中的大熊猫、朱鹮、金丝猴、羚牛、亚洲象，野生植物中的水杉、红豆杉、银杉、珙桐等。但在取得成效的同时也应该看到，我国自然保护区管理上还面临着诸多问题，如土地权属不清、多头管理、社区经济落后、公众保护意识淡薄、经费不足、管理能力不足等。

1.2 自然保护区管理简介

1.2.1 自然保护区管理的概念

自然保护区管理是指自然保护区管理机构的管理者通过规划、组织、领导、控制等手段来协调人员、保护对象以及自然环境之间的关系，使保护区工作人员和与保护区有关的利益相关者一起有效率地实现自然保护区管理目标的过程。

从自然保护区管理的概念可以看出，管理的"载体"是"自然保护区管理机构"，包括内部要素和外部要素。内部要素主要指：①人，即管理的主体和客体；②物和技术，即管理的客体、手段和条件；③机构，即实质反映了管理的分工和管理方式；④信息，即管理的媒介、依据，同时也是管理的客体；⑤目的，表明为什么要成立这个组织。外部要素包括政府、同行业的状况、管理区域的周边环境、资金来源、人力资源、科学技术、社会文化以及经济市场等。

1.2.2 自然保护区管理的基本原则

建立自然保护区的首要目的是保护自然环境和生物多样性，所有工作都应以保护好保护对象的生存与发展为前提，其次是为人类提供各种可利用的资源。自然保护区的管理必须处理好"保护"与"利用"两者间的关系。一方面，我国是发展中国家，人口众多、人均资源贫乏，保护区所在地也普遍存在经济落后问题，为了发展经济建设需要利用大量资源；另一方面，保护区资源的利用必须适度，只有合理的利用才能促进保护对象和社区经济的共同发展。因此，保护区管理的基本原则就是处理好"保护"与"利用"之间的关系，严格保护、适度利用，主要应遵循以下几条原则：

①可持续发展原则　注意保护区自然资源及其开发利用程序间的平衡，努力保护和提高保护区生态系统的生产和更新能力，使保护对象和经济发展达到长期良性循环发展。

②科技先行原则　任何保护与开发过程都应以严格的科学理论与实验实践为依托，不可盲目而为、侥幸而为。

③适度非营利性利用原则　在保护对象不受干扰的情况下，适度利用资源发展社区经济，同时使保护区获利，但不应以纯粹营利为主要目的。

④共同受益原则　只有自然保护区与当地社区居民共同受益，惠益共享，今后的保护工作才能得到当地居民更好地支持，保护工作才能更有效地展开。

1.2.3 自然保护区管理的基本内容

自然保护区管理的具体内容主要分为行政管理和业务管理。行政管理指按照相关法律法规、规章制度执行的管理内容，其工作原则的弹性范围较小，如行政执法、公共安全、财务纪律、人事制度等；业务管理主要针对特定保护对象和工作目标，是指可以通过调整手段来提高工作效率和效果的管理内容，如规划设计、野外巡护、科研监测、社区共管、环境教育、人力资源管理、公共关系管理等。其特点是工作调整的空间相对较大，不同能力的人在各个岗位上的工作效果差异性会较大。

1.2.4 自然保护区管理的基本方法

1.2.4.1 行为管理方法

行为管理是一种通过提高团体中人们的工作表现和发展个人与团队能力来为团体带来持续性成功的战略性、整体性的管理程序。行为管理是各种工作中最常用的方法，保护区也不例外。常用的行为管理方法有：激励管理法、创新管理法、参与管理法、因素分析法、自我管理法、行为矫正法、模范行为影响法、群体规范分析法、小集体活动法、和谐管理法、高层管理法、人性管理法、头脑风暴法、集思广益法、统一意见法、集体谈判法、冲突管理法、权威管理法、协助管理法等。保护区人员的行为管理应根据实际情况采用上述不同的方法，以提高管理效率为目的。

1.2.4.2　目标管理方法

目标管理法是以目标为导向，以人为中心，以成果为标准，使组织和个人取得最佳业绩的现代管理方法。目标管理方法主要有：量本利分析法、决策管理法、投入产出法、事业部制管理法、分级管理法、多级管理法、价值分析法、系统分析法、经营比率分析法、层次分析法、经营内外分析法、经营能力分析法、革新经营法等。自然保护区管理者应根据实际情况采用不同的管理方法，以实现保护目标为目的。

1.2.4.3　计划管理方法

计划管理方法是单位在一定时期内确定和组织全部经营活动的综合规划。对于自然保护区来说应在总体规划、管理计划及年度计划指导下，根据保护对象需求、市场和内外环境条件变化并结合长远和当前的发展需要，合理利用人力、物力和财力资源，组织筹划保护区全部经营活动，以达到预期目标，提高生态、社会和经济效益。计划管理方法主要包括：全面计划管理法、生产计划管理法、滚动计划法、网络计划法、经济核算法、要素比较法、市场预测法、市场调查法、意见调查法、典型分析法、优化管理法、全面成本管理法等。

1.2.4.4　生产管理方法

生产管理方法主要是指企业生产系统的设置和运行的各项管理工作的总称。其内容包括：生产组织工作、生产计划工作和生产控制工作。对于保护区来说，虽然保护是主要工作，但保护区内仍可以开展一定范围和程度的生产经营活动，通过发展经济带动当地社区和保护区发展。在生产经营管理中可采用其中的一些方法来提高经营效率，如全面质量管理法、质量保证管理法、生产调度法、目视管理法、走动管理法、因果分析法、产品评价法、现代管理法、科学管理法、问题分析法、数学规划法、优选法等。

1.2.4.5　综合管理方法

综合管理方法是多种方法综合为一体的管理方法，在保护区同样适用。可借鉴的方法包括：综合评价法、咨询法、经济法、行政法、法律法、思想教育法、信息沟通法、考核法、奖励法、风险管理法、分类管理法、分批管理法、分步管理法、对象选择法、记录管理法、合同管理法、压力管理法、协同式管理法、系统管理法、保险管理法、战略管理法、时间管理法等。

在进行自然保护区实际管理时，应当结合自然保护区的特点及不同管理内容，因地制宜、因时而变，运用合适的管理方法，制定合理的管理模式，提高自然保护区综合管理效率。

1.3　自然保护区管理涉及的知识体系

自然保护区管理所需要的知识既涉及自然科学知识，也涉及社会科学知识。要做好自然保护区的管理工作，必须具备足够的理论知识储备。总体来说，运用到的理论知识体系和学科有：

①生态与环境方面的知识　包括环境生态学、动物生态学、植物生态学、湿地生态学、昆虫生态学、环境科学等学科体系。

②地理方面的知识　包括自然地理学、人文地理学、动物地理学、植物地理学等学科体系。

③生物方面的知识　包括生物多样性概论、物种资源学、动物分类学、动物行为学、鸟类环志学、森林植被学、生物多样性公约、保护动植物概要、生物资源管理概论等理论体系。

④社会经济管理方面的知识　包括市场学、生态旅游管理、国际贸易学、社会经济学、生物保护经济学、环境经济学、生态文化与伦理学、现代化管理学等学科体系。

⑤自然保护区专业知识　包括自然保护区学、自然保护区规划设计、自然保护区管理、自然保护区建设工程、自然保护区信息管理、社区关系发展学等理论体系。

⑥其他知识　如计算机、3S 技术等在保护区建设与管理中的应用等。

参考文献

1. 胡柏炯, 罗杨, 冉景丞, 何礼文. 2009. 自然保护区管理手册[M]. 北京: 中国环境科学出版社.
2. 周三多. 2008. 管理学原理与方法[M]. 上海: 复旦大学出版社.
3. 国家林业局野生动植物保护司. 2002. 自然保护区管理计划编写指南[M]. 北京: 中国林业出版社.
4. 余久华. 2006. 自然保护区有效管理的理论与实践[M]. 咸阳: 西北农林科技大学出版社.
5. 于自然, 李康, 闻天香. 2004. 自然保护区管理百科全书[M]. 长春: 吉林科技出版社.
6. 2009 年自然保护区建设与管理情况 http://sts.mep.gov.cn/zrbhq/zrbhqgzjb/201006/t20100604_190513.htm.
7. 自然保护区统计 http://sts.mep.gov.cn/zrbhq/zrbhq/201012/t20101223_199053.htm.

习　题

填空题

1. 自然保护区的管理是指自然保护区管理机构的管理者, 通过＿＿＿、＿＿＿、＿＿＿、＿＿＿等手段来协调＿＿＿、＿＿＿以及＿＿＿之间的关系, 使保护区工作人员和与保护区有关的利益相关者一起有效率地和有效果地实现自然保护区管理目标的过程。
2. 世界上第一个国家公园是＿＿＿年美国成立的＿＿＿; 我国第一个自然保护区是建立于＿＿＿年的＿＿＿自然保护区。
3. 我国保护区主管部门主要有＿＿＿、＿＿＿、＿＿＿、＿＿＿、＿＿＿等。

讨论题

针对我国自然保护区"多头管理"的现象展开讨论, 提出可能的解决方案。

思考题

我国自然保护区的发展经历了哪些阶段? 请查找资料详细说明。

第 2 章　自然保护区管理的法律基础

> **本章提要**
>
> 本章重点介绍与自然保护区相关的国际公约、法律法规和公共政策文件，同时简要阐述这些公约、法律法规和政策文件与自然保护区的密切关系，旨在让学生充分了解其在自然保护区管理中的重要性和意义。

为了使自然保护区工作能够规范、有序、高效进行，国际上制定了一系列公约，如《生物多样性公约》、《世界遗产公约》、《湿地公约》等；我国也陆续颁布了一系列法律法规，如《中华人民共和国环境保护法》、《中华人民共和国野生动物保护法》、《中华人民共和国自然保护区条例》等。这些法律法规都对保护区的规范化建设起到了积极的作用。除此之外，我国还颁布了很多政策文件，以解决法律和公约难以应对的具体问题。这些政策文件在我国自然保护区的管理体系中起到了良好的补充作用，如：《关于加强湿地生态保护工作的通知》、《关于进一步加强麝、熊资源保护及其产品入药管理的通知》等。

2.1 自然保护区相关的重要国际公约

2.1.1 生物多样性公约

2.1.1.1 公约概述

《生物多样性公约》(Convention on Biological Diversity，CBD，以下简称《公约》)在联合国环境与发展大会上由 150 多个国家政府首脑于 1992 年 6 月签署，并于 1993 年 12 月 29 日正式生效。《公约》的宗旨是保护生物多样性、持续利用其组成部分、公平合理分享由利用遗传资源而产生的惠益。《公约》秘书处设于加拿大蒙特利尔，组织机构包括缔约方大会和科学技术咨询机构。截至 2004 年 2 月，公约共有 188 个缔约方。我国于 1992 年 6 月 11 日在巴西里约热内卢签署了该公约，并于同年 12 月 29 日正式生效，《公约》的主管部门为国家环境保护部。

2.1.1.2 《公约》对保护区管理的启示

《公约》共 42 条，其中第 3 条规定：依照联合国宪章和国际法原则，各国具有按照其环境政策开发其资源的主权权利，同时亦负有责任确保在它管辖或控制范围内的活动，不致对其他国家的环境或国家管辖范围以外地区的环境造成损害。《公约》第 6~10 条就生物多样性保护工作的多个方面规定了缔约国的责任和义务，包括保护可持续利用方面的一般措施、查明与监测手段、就地和移地保护措施、生物多样性组成部分的持续利用手段等。

保护生物多样性是自然保护区的主要职责之一。生物多样性是地球生命经过几十亿年发展进化的结果,是人类赖以生存和持续发展的物质基础。它提供人类所有的食物和木材、纤维、油料、橡胶等重要工业原料。只有保护生物多样性,才能奠定保护人类生存和社会发展的基石。为此,《公约》不仅对我国各级政府、企事业单位以及各类社会团体提出了一种科学的保护理念,还规定了各缔约国在生物多样性保护上的权利和义务,更为自然保护区强化了责任意识,指明了努力的方向。

2.1.2 保护世界文化和自然遗产公约

2.1.2.1 公约概述

《保护世界文化和自然遗产公约》(Convention Concerning the Protection of the World Cultural and Natural Heritage,CCPWCNH,以下简称《遗产公约》)于1972年11月16日在联合国教科文组织(UNECSO)大会第17届会议通过。《遗产公约》主要规定了文化遗产和自然遗产的定义,文化遗产与自然遗产的国家保护和国际保护措施等条款。公约规定了各缔约国可自行确定本国领土内的文化和自然遗产,并向世界遗产委员会递交其遗产清单,由世界遗产大会审核和批准。凡是被列入世界文化和自然遗产的地点,都由其所在国家依法严格予以保护。《遗产公约》的管理机构是联合国教科文组织下辖的世界遗产委员会。该委员会于1976年成立,同时建立了《世界遗产名录》。《遗产公约》是目前加入缔约国最多的国际公约之一。自1975年公约正式生效后,在全球范围内,迄今共有180个国家和地区加入该公约,成为缔约成员。中国于1985年11月22日加入《遗产公约》。截至2010年8月,世界遗产总数共911处,包括文化遗产704处、自然遗产180处以及自然与文化双遗产27处。中国已有40处遗产地被列入《世界遗产名录》。

2.1.2.2 《遗产公约》对保护区管理的启示

《遗产公约》内容包括文化和自然遗产的定义、国家保护和国际保护措施、保护世界文化和自然遗产基金、国际援助的条件和安排等七大部分,共38条,其中对文化遗产的保护是非常重要的一个方面。关于文化和自然遗产的国家保护与国际保护,公约规定,缔约国均承认"本国领土内的文化和自然遗产的确定、保护、保存、展出和传承后代,主要是有关国家的责任。该国将为此竭尽全力,最大限度地利用本国资源,必要时利用所能获得的国际援助和合作,特别是财政、艺术、科学及技术方面的援助和合作。"公约还明确规定,缔约国在充分尊重"文化和自然遗产的所在国的主权,并不使国家立法规定的财产权受到损害的同时,承认这类遗产是世界遗产的一部分,因此,整个国际社会有责任合作予以保护"。此条规定还明确规定了文化遗产和自然遗产的所有权问题,各缔约国不得故意采取任何可能直接或间接损害本公约领土内的文化和自然遗产的措施。

列入世界文化遗产的条件有4个:①具有突出普遍价值;②有充足的法律依据;③历史比较久远;④现状保护较好。截至2010年,我国共有11个自然保护区被列入世界自然或文化遗产名录,分别是:福建武夷山国家级自然保护区、湖南张家界省级自然保护区、湖南天子山省级自然保护区、湖南索溪峪省级自然保护区、四川九寨沟国家级自然保护区、四川黄龙省级自然保护区、云南高黎贡山国家级自然保护区(怒江部分)、云南白马雪山国家级自然保护区、云南碧塔海省级自然保护区、云南哈巴雪山省级自然保护区和云南云岭省级自然保护区。

2.1.3 关于特别是作为水禽栖息地的国际重要湿地公约

2.1.3.1 公约概述

《关于特别是作为水禽栖息地的国际重要湿地公约》(Convention on Wetlands of International Importance Especially as Waterfowl Habitat，CWIIEWH，以下简称《湿地公约》)于1971年2月2日在伊朗拉姆萨尔签订，所以又称《拉姆萨尔公约》(Ramsar Convention)。它是为保护湿地而签署的全球性政府间保护公约，其宗旨是：通过国家行动和国际合作来保护与合理利用湿地，实现生态系统的持续发展。经该公约确定的国际重要湿地是在生态学、植物学、动物学、湖沼学或水文学方面具有独特的国际意义的湿地地区。《湿地公约》于1975年12月21日正式生效，目前已经成为国际上重要的自然保护公约，受到各国政府的重视。截至2009年，共有159个缔约成员，国际重要湿地名录涵盖了1 867片总面积超过$1.83 \times 10^6 hm^2$的重要湿地。中国于1992年加入《湿地公约》。1996年3月《湿地公约》常务委员会第19次会议决定，从1997年起，将每年的2月2日定为"世界湿地日"。1999年5月，在哥斯达黎加召开的第7届缔约方大会上，正式确认世界自然基金会(WWF)、国际雀鸟联盟(BirdLife International)、世界自然保护联盟(IUCN)和湿地国际(WI)为公约的伙伴组织。

2.1.3.2 《湿地公约》对保护区管理的启示

根据《湿地公约》的规定，湿地的范围包括沼泽、泥炭地、湿草甸、湖泊、河流、滞蓄洪区、河口三角洲、滩涂、水库、池塘、水稻田以及低潮时水深浅于6 m的海域地带等。湿地具有重要的生态价值，如涵养水源、净化水质、调蓄洪水、控制土壤侵蚀、补充地下水、美化环境、调节气候、维持碳循环和保护海岸等，因此也被誉为"地球之肾"。湿地还是许多珍稀野生动植物赖以生存的基础，对维护生态平衡、保护生物多样性具有特殊的意义。

我国于1992年加入《湿地公约》，公约已成为我国湿地类型保护区建设和管理的重要指南。为履行国际湿地公约，国家林业局专门成立了《湿地公约》履约办公室，加强了国内外合作，提高了中国湿地保护的履约能力。截至2009年，我国已有37个湿地，分五批列入了国际重要湿地名录(参见本书附录五)。第一批6个是我国1992年加入湿地公约时列入的；1997年香港回归祖国，香港米埔-后海湾成为我国第7个国际重要湿地；第二、三、四批分别14个、9个和6个湿地于2002年、2005年和2008年获得《湿地公约》认可；2009年1个湿地被列入该名录。

2.1.4 濒危野生动植物种国际贸易公约

2.1.4.1 公约概述

《濒危野生动植物种国际贸易公约》(Convention on International Trade in Endangered Species of Wild Fauna and Flora，CITES，以下简称《贸易公约》)又称《华盛顿公约》。1972年6月在瑞典首都斯德哥尔摩召开的联合国人类与环境大会全面讨论了环境问题，特别是濒危野生动植物的保护问题。大会提议由各国签署一项旨在保护濒危野生动植物种的国际贸易公约，这标志着联合国开始全面介入世界环境与发展事务，被誉为是世界环境史上的一座里程碑。1973年3月3日，有21个国家的全权代表在华盛顿签约，1975年7月1日《公约》正式生效。至1995年2月底共有128个缔约国。我国于1980年12月25日加入了《濒危野生动植物种国际贸易公约》，并于1981年4月8日正式生效。

2.1.4.2 对保护区管理的启示

《贸易公约》的宗旨是通过各缔约国政府间采取有效措施，加强贸易控制来切实保护濒危野生动植物种，确保野生动植物种的持续利用不会因国际贸易而受到影响。公约制定了濒危物种名录，通过许可证制度控制这些物种及其产品的国际贸易，由此使公约成为打击非法贸易、限制过度利用的有效手段。公约要求各国对野生动植物进出口活动实行许可证/允许证明书制度，建立有效的双向控制机制。这种机制使历史文化传统、社会发展水平、政治经济利益不尽相同的国家都能接受并予以积极支持和合作，特别是能使消费国主动协助分布国防止其野生动植物被偷猎或非法贸易活动。

《贸易公约》执行机构还与相关国际组织合作，充分发挥海关和国际刑警组织在野生动植物进出口管理环节上的监管和打击走私犯罪的作用。世界海关组织成立了公约项目工作组，建立了庞大的野生动植物贸易中心数据库，为各国海关加强野生动植物进出口监管提供信息支持。国际刑警组织成立了打击侵害濒危野生动植物犯罪工作组，通过提供全球执法协作，加强对野生动植物走私犯罪分子的打击力度。目前这3个组织已建立了广泛的联系协作机制，每年召开公约联席会议，邀请有关国家代表参加。另外，公约机构还运用经济手段促进公约的执行，对不遵守公约条款或大会决议的国家，采取限制、暂停或号召其他国家终止与其贸易，或由缔约国大会、常委会强制执行等措施。公约自成立以来现已拥有152个成员国，在保护野生动植物资源方面取得的成就及影响举世公认，已成为当今世界上最具影响力、最有成效的环境保护公约之一。

2.1.5 其他相关条约

2.1.5.1 联合国防治荒漠化公约

《联合国防治荒漠化公约》(United Nations Convention to Combat Desertification, UNCCD，以下简称《荒漠化公约》)是1992年联合国环境与发展大会《21世纪议程》框架下的三大重要国际环境公约之一。其全称为《联合国关于在发生严重干旱和/或沙漠化的国家特别是在非洲防治沙漠化的公约》，1994年6月在巴黎通过，并于1996年12月正式生效。截至2005年4月，已有191个国家加入公约。中国于1994年10月签署该公约，自1997年5月起生效。公约的核心目标是由各国政府共同制定国家级、次区域级和区域级行动方案，并与捐助方、地方社区和非政府组织合作，以应对荒漠化的挑战。公约常设秘书处设在德国波恩。公约的资金机制主要包括全球机制(Global Mechanism, GM)和全球环境基金(Global Environmental Fund, GEF)两项。

2.1.5.2 中华人民共和国政府和澳大利亚政府保护候鸟及其栖息环境的协定

1986年10月20日，中华人民共和国政府与澳大利亚政府在堪培拉签署了《中华人民共和国政府和澳大利亚政府保护候鸟及其栖息环境的协定》。缔约双方认为鸟类是自然环境中的一个重要组成部分，也是科学、文化、娱乐和经济等方面具有重要价值的自然资源。认识到当前国际上十分关注候鸟的保护，注意到现有的双边和多边候鸟保护协定，考虑到很多鸟类都迁徙于中华人民共和国和澳大利亚之间，并栖息于两国的候鸟，双方愿在保护候鸟及栖息环境方面进行合作。经过友好商谈，达成了这一协定。

2.1.5.3　中华人民共和国政府和日本政府保护候鸟及其栖息环境的协定

《中华人民共和国政府和日本政府保护候鸟及其栖息环境的协定》由中华人民共和国政府代表及日本国政府代表于1981年3月3日在北京签署。中华人民共和国政府和日本国政府认为鸟类是自然生态系统的一个重要因素，也是一项在艺术、科学、文化、娱乐、经济等方面具有重要价值的自然资源，根据很多候鸟迁徙于两国之间并季节性地栖息于两国的习性，两国表示愿在保护和管理候鸟及其栖息环境方面进行合作，并达成这一协定。

2.2　自然保护区相关的法律法规

自然保护区的相关法律法规是保障自然保护区建设、管理等工作顺利有序进行的保障，是我国走生态与可持续发展之路的重要支撑，是我国"依法治国"理念的重要体现。我国自然保护区相关的法律法规类型很多，包括综合性的环境保护法律，如《中华人民共和国环境保护法》；针对某一类自然资源的专项保护法律，如《中华人民共和国野生动物保护法》、《中华人民共和国森林法》、《中华人民共和国草原法》等；针对自然保护区的专门法规制度，如《中华人民共和国自然保护区条例》等。这些法律法规的执行，都对保护区的长效发展起到了积极作用。

2.2.1　中华人民共和国环境保护法

2.2.1.1　法规概述

《中华人民共和国环境保护法》由中华人民共和国第七届全国人民代表大会常务委员会第十一次会议于1989年12月26日通过，并于同日公布实施。该法的第二、十七、十八、二十、二十三、四十四条均涉及自然资源保护和自然保护区的问题，规定各级人民政府对各种类型的具有代表性的自然生态系统区域，珍稀、濒危的野生动植物自然分布区域，重要的水源涵养区域，具有重大科学文化价值的地质构造、著名溶洞和化石分布区、冰川、火山、温泉等自然遗迹以及人文遗迹、古树名木，应当采取措施加以保护，严禁破坏；在自然保护区区域内，不得建设污染环境的工业生产设施；建设其他设施，其污染排放不得超过规定的排放标准；已经建成的设施，其污染物排放超过规定排放标准的，限期治理。

2.2.1.2　法规对保护区管理的作用

《中华人民共和国环境保护法》是从宏观上指导自然保护区管理和运行的国家法律。该法明确地将环境定义为影响人类生存和发展的各种天然的和经过人工改造的自然因素的总体，包括大气、水、海洋、土地、矿藏、森林、草原、野生生物、自然遗迹、人文遗迹、自然保护区、风景名胜区、城市和乡村等，从而将自然保护区以及各种生物和生态类型纳入到了保护工作的范围中。

该法第十八条规定："在国务院、国务院有关主管部门和省、自治区、直辖市人民政府划定的风景名胜区、自然保护区和其他需要特别保护的区域内，不得建设污染环境的工业生产设施；建设其他设施，其污染物排放不得超过规定的排放标准。已经建成的设施，其污染物排放超过规定的排放标准的，限期治理。"这一规定从一定程度上保证了自然保护区的环境安全，使保护区内的环境质量有了充分的法律保障。该法第四十四条规定："违反本法规定，造成土地、森林、草原、水、矿产、渔业、野生动植物等资源的破坏的，依照有关法律的规定承担法律责任。"这一规定直接指明对各种生态系统和动植物资源进行保护。

该法虽然没有直接提到自然保护区的管理工作，但是作为国家环境保护的根本大法，该法中体现出的保护生态、环境和自然资源的思想和宗旨，对自然保护区的管理工作具有重要的指导作用。

2.2.2 中华人民共和国野生动物保护法

2.2.2.1 法规概述

1988年11月，全国人民代表大会通过了《中华人民共和国野生动物保护法》，并于1989年3月1日实施。为了配合该法的实施，1989年1月，林业部和农业部发布了《国家重点保护野生动物名录》，分为国家Ⅰ级和Ⅱ级重点保护野生动物。1992年3月林业部发布了《中华人民共和国陆生野生动物保护实施条例》，1993年10月，农业部发布了《中华人民共和国水生野生动物保护实施条例》。2000年5月制定了《国家保护的有益的或者有重要经济、科学研究价值的陆生野生动物名录》（简称"三有名录"），于2000年8月1日实施。大部分省份也制定了相应的省级重点保护动物名录以及野生动物法实施条例。

2.2.2.2 法规对保护区管理的作用

《中华人民共和国野生动物保护法》及其配套体系的建立，是我国野生动物保护工作的重大举措，一方面可以为保护区内野生动物的生存提供基本保障，另一方面也为野生动物资源的合理利用做出了规范，使其能够健康长久地发展。该法第一章总则中明确提出："该法是为保护、拯救珍贵、濒危野生动物，保护、发展和合理利用野生动物资源，维护生态平衡制定的。"还规定："在中华人民共和国境内从事野生动物保护、驯养繁殖、开发利用活动，必须遵守本法。"此外，总则中还提出了"野生动物资源属于国家所有"、"国家对野生动物实行加强资源保护、积极驯养繁殖、合理开发利用的方针，鼓励开展野生动物科学研究"、"中华人民共和国公民有保护野生动物资源的义务，对侵占或者破坏野生动物资源的行为有权检举和控告"等思想。

从第二章到第四章，法规分别就"野生动物保护"、"野生动物管理"和"法律责任"等方面做了详细的规定。如第二章第八条规定："国家保护野生动物及其生存环境，禁止任何单位和个人非法猎捕或者破坏。"第三章第十六条规定："禁止猎捕、杀害国家重点保护野生动物。因科学研究、驯养繁殖、展览或者其他特殊情况，需要捕捉、捕捞国家一级保护野生动物的，必须向国务院野生动物行政主管部门申请特许猎捕证；猎捕国家二级保护野生动物的，必须向省、自治区、直辖市政府野生动物行政主管部门申请特许猎捕证。"第十七章规定："国家鼓励驯养繁殖野生动物。驯养繁殖国家重点保护野生动物的，应当持有许可证。许可证的管理办法由国务院野生动物行政主管部门制定。驯养繁殖国家重点保护野生动物的单位和个人可以凭驯养繁殖许可证向政府指定的收购单位，按照规定出售国家重点保护野生动物或者其产品。"等。这些法律条文的出台，为我国自然保护区野生动物的保护，特别是非法狩猎活动的查处提供了法律依据和行动准则。

2.2.3 中华人民共和国自然保护区条例

2.2.3.1 法规概述

《中华人民共和国自然保护区条例》于1994年10月9日由国务院颁布，从1994年12月1日起施行，是我国自然保护区管理工作最直接、最重要的法律依据。该条例是为了加强自然保护区的建设和管理，保护自然环境和自然资源而制定的。大部分与自然保护区密切相关的部门分别就其直接管理的自然保护区也制定了相关部门的规章制度，如《森林和野生动物类型自然保护区管理办法》(1985年7月，国务院发布)、《海洋自然保护区管理办法》(1995年5月，国家海洋局发布)、《地质遗迹保护管理规定》(1994年11月，地质矿产部发布)、《水生自然保护区管理办法》(1997年10月，农业部发布)等，它们对森林和野生动物类型、海洋类型、地质遗迹类型和水生自然保护区的管理做出了具体规定。大部分省份制定了相应省级的自然保护区相关管理办法和实施条例。有一部分保护区也已经针对自身情况和特点制定了各自保护区管理条例或办法(参见附录三)。

2.2.3.2 法规对保护区管理的作用

《中华人民共和国自然保护区条例》是直接针对我国自然保护区管理的专项法律条例。其第三条明确规定："凡在中华人民共和国领域和中华人民共和国管辖的其他海域内建设和管理自然保护区，必须遵守该条例。"该条例的内容覆盖自然保护区管理的各个方面，包括自然保护区的发展规划、保护区与当地经济建设和居民生产生活的关系、政府对自然保护区工作的领导职责、管理体制、奖惩机制、自然保护区的建立条件及申报程序、自然保护区的类别、命名、范围和界限的确定、分区管理、标准制定、管理机构职责、资金机制、日常管理制度、违法处置方法等。《自然保护区条例》的颁布，打破了以往自然保护区管理无专项法规的局面，使得我国自然保护区管理的各项工作都有了一个详细的参照标准，是我国自然保护区管理史上的一个里程碑。

2.2.4 中华人民共和国野生植物保护条例

2.2.4.1 法规概述

《中华人民共和国野生植物保护条例》于1996年9月30日由国务院发布，自1997年1月1日起施行。《野生植物保护条例》所保护的野生植物是指原生地天然生长的珍贵植物和原生地天然生长并具有重要经济、科学研究、文化价值的濒危、稀有植物。城市园林、自然保护区、风景名胜区中的野生植物的保护同样适用于该条例。国家于1999年公布了国家重点保护野生植物名录，分为国家I级和II级重点保护野生植物。根据该条例，农业部于2002年9月发布了《农业野生植物保护办法》，建议划定野生植物类型的自然保护区，并按照《自然保护区条例》进行管理。一些省份也制定了相应的省级重点保护植物名录。

2.2.4.2 法规对保护区管理的作用

《中华人民共和国野生植物保护条例》是为了保护、发展、合理利用野生植物资源，保护生物多样性，维护生态平衡而制定的。对于野生植物保护区以及其他类型保护区中的野生植物资源的保护工作起到了规范指导作用。《条例》第一章明确规定："在中华人民共和国境内从事野生植物的保护、发展和利用活动，必须遵守本条例。"总则还提出"国家对野生植物资源实行加强保护、积极发展、合理利用的方针"、"国家鼓励和支持野生植物科学研究、野生植物的就地保护和迁地保护"等思想,并对县以上各级人民政府在野生动物保护中的职责、单位和个人的权利、义务等做了明确要求。

从第二章到第四章,《条例》分别就"野生植物保护"、"野生植物管理"和"法律责任"等方面做了详细规定。如第二章第九条规定:"国家保护野生植物及生长环境。禁止任何单位和个人非法采集野生植物或者破坏其生长环境。"第二章第十四条规定:"野生植物行政主管部门和有关单位对生长受到威胁的国家重点保护野生植物和地方重点保护野生植物应当采取拯救措施,保护或者恢复其生长环境,必要时应当建立繁育基地、种质资源库或者采取迁地保护措施"。第三章第十六条规定:"禁止采集国家一级保护野生植物。因科学研究、人工培育、文化交流等特殊需要,采集国家一级保护野生植物的,必须经采集地的省、自治区、直辖市人民政府野生植物行政主管部门签署意见后,向国务院野生植物行政主管部门或者其授权的机构申请采集证。采集国家二级保护野生植物的,必须经采集地的县级人民政府野生植物行政主管部门签署意见后,向省、自治区、直辖市人民政府野生植物行政主管部门或者其授权的机构申请采集证。"第三章第十八条规定:"禁止出售、收购国家一级保护野生植物。出售、收购国家二级保护野生植物的,必须经省、自治区、直辖市人民政府野生植物行政主管部门或者其授权的机构批准。"等。

《野生植物保护条例》及其配套体系的建立,为我国自然保护区野生植物保护工作提供了明确指导,特别是为打击查处非法采集植物等活动提供了有力的法律依据和行动准则。

2.2.5 自然保护区土地管理办法

2.2.5.1 核心内容

《自然保护区土地管理办法》于1995年7月由国家土地管理局和国家环境保护局发布,其目的是加强自然保护区的土地管理。该办法依据《中华人民共和国土地管理法》、《中华人民共和国环境保护法》和《中华人民共和国自然保护区条例》等法律制定,适用于依法划定的自然保护区内及其外围保护地带的土地管理。

2.2.5.2 《办法》对保护区管理的作用

土地是自然保护区管理中较为复杂的问题,由于其产权问题很难明确,且涉及的利益群体众多,是很多自然保护区管理中的难点所在。《自然保护区土地管理办法》的颁布为保护区的土地应归哪个部门统管、应该如何管理等问题提供了参照标准。其总则首先提出"县级以上人民政府土地管理行政主管部门统一管理自然保护区的土地;环境保护行政主管部门对自然保护区实施综合管理"、"禁止任何单位和个人危害、破坏自然保护区的土地"等。

《办法》主体部分分为4章,分别就"地籍"、"规划"、"保护"和"罚则"等方面做了详细规定。如第二章第七条规定:"自然保护区的土地,依法属于国家所有或者集体所有。"第二章第八条规定:"自然保护区内土地的所有权和使用权争议,按照《土地管理办法》的有关规定办理。"第三章第九条规定:"自然保护区及其依法划定的外围保护地带的土地利用规划,应当在县级以上人民政府土地利用总体规划指导下,由县级以上人民政府土地管理行政主管部门和环境保护行政主管部门会同有关行政主管部门编制,经同级人民政府审查同意后,报上一级人民政府批准执行。"第四章第十三条规定:"自然保护区的范围和界线由批准建立自然保护区的人民政府确定,并标明区界,予以公告。"第五章第二十三条规定:"违反本办法规定,造成自然保护区环境污染和破坏的,由县级以上人民政府环境保护行政主管部门给予警告、罚款,并责令其改正。"等。

2.2.6 其他相关法律法规

除了上述直接关系到自然保护区管理的一些法律法规,还有很多其他的法规和条例在不同程度上影响着我国自然保护区的管理工作,比较常见的有以下几部。

2.2.6.1 中华人民共和国森林法

《中华人民共和国森林法》于1984年9月20日在第六届全国人民代表大会常务委员会第七次会议上通过,根据1998年4月29日第九届全国人民代表大会常务委员会第二次会议《关于修改〈中华人民共和国森林法〉的决定》修正,其目的是保护、培育和合理利用森林资源,加快国土绿化,发挥森林蓄水保土、调节气候、改善环境和提供林产品的作用,适应社会主义建设和人民生活的需要。《森林法》分"总则"、"森林经营管理"、"森林保护"、"植树造林"、"森林采伐"、"法律责任"、"附则"7章共49条。

2.2.6.2 中华人民共和国草原法

《中华人民共和国草原法》于1985年6月18日第六届全国人民代表大会常务委员会第十一次会议通过,1985年10月正式实施,2002年12月28日第九届全国人民代表大会常务委员会第三十一次会议修订。该法目的是保护、建设和合理利用草原,改善生态环境,维护生物多样性,发展现代畜牧业,促进经济和社会的可持续发展。《草原法》分"总则"、"草原权属"、规划、建设、利用、保护、监督检查、法律责任、附则等9章共75条,对加强草原的保护、建设和合理利用发挥了积极的作用。

2.2.6.3 中华人民共和国土地管理法

《中华人民共和国土地管理法》于1986年6月25日在第六届全国人民代表大会常务委员会第十六次会议上通过,根据1988年12月29日第七届全国人民代表大会常务委员会第五次会议《关于修改〈中华人民共和国土地管理法〉的决定》修正,1998年8月29日第九届全国人民代表大会常务委员会第四次会议修订,1998年8月29日中华人民共和国第8号主席令公布,自1999年1月1日起施行。该法的目的是加强土地管理,维护土地的社会主义公有制,保护、开发土地资源,合理利用土地,切实保护耕地,促进社会经济的可持续发展。《土地管理法》分"总则"、"土地的所有权和使用权"、"土地利用总体规划"、"耕地保护"、"建设用地"、"监督检查"、"法律责任"和"附则"共8章86条。《土地管理法》有助于理清保护区内土地的权属问题,为保护区和周边社区居民在这一问题上的有效协商和共同管理提供可靠依据。

2.2.6.4 中华人民共和国陆生野生动物保护实施条例

《中华人民共和国陆生野生动物保护实施条例》于1992年2月12日由国务院批准,1992年3月1日由林业部发布并施行,建立的依据是《中华人民共和国野生动物保护法》。条例分"总则"、"野生动物保护"、"野生动物猎捕管理"、"野生动物驯养繁殖管理"、"野生动物经营利用管理"、"奖励和惩罚"、"附则"共7章46条。该条例对于自然保护区管理的作用主要体现在以下几个方面:

①该条例第二条明确规定,其中所称的陆生野生动物是指依法受保护的珍贵、濒危、有益的和有重要经济、科学研究价值的陆生野生动物;所称野生动物产品,是指陆生野生

动物的任何部分及其衍生物",从而将珍贵的、濒危的、有益的和有重要经济、科学研究价值的陆生野生动物都纳入到了保护范围,使得保护的对象更为明确。

②对陆生野生动物保护的主管部门(国务院林业行政主管部门)、其他相关部门的责任进行了落实,明确了省、自治区、直辖市人民政府林业行政主管部门负责主管本行政区域内陆生野生动物管理工作。自治州、县和市人民政府陆生野生动物管理工作的行政主管部门的职责由省、自治区、直辖市人民政府确定,从而使保护区内陆生野生动物资源的管理主体之间的关系更为清晰。

③规定了可以申报猎捕陆生野生动物的几种情形及申请特许猎捕证的程序,对于非法猎捕陆生野生动物的行为规定了处罚方式,对于保护陆生野生动物资源可持续利用的行为进行了规范,更好地保障了保护区内陆生野生动物的生存权利。

2.2.6.5 中华人民共和国水生野生动物保护实施条例

《中华人民共和国水生野生动物保护实施条例》于1993年9月17日由国务院批准,1993年10月5日由农业部发布,建立的依据是《中华人民共和国野生动物保护法》。该条例分"总则"、"水生野生动物保护"、"水生野生动物管理"、"奖励和惩罚"、"附则"共5章35条。与《中华人民共和国陆生野生动物保护实施条例》相对应,《中华人民共和国水生野生动物保护实施条例》对于自然保护区管理也具有积极的作用。

①该条例第二条对保护的对象进行了明确规定:"本条例所称水生野生动物,是指珍贵、濒危的水生野生动物;所称水生野生动物产品,是指珍贵、濒危的水生野生动物的任何部分及其衍生物"。

②落实了对水生野生动物保护的主管部门(国务院渔业行政主管部门)、其他相关部门的责任,理清了保护区内水生野生动物资源的管理主体之间的关系。

③规定了可以申报猎捕水生野生动物的几种情形及申请特许猎捕证的程序,对于非法猎捕水生野生动物的行为规定了处罚方式,对于保护水生野生动物资源可持续利用的行为进行了规范,更好地保障了保护区内水生野生动物的生存权利。

2.3 自然保护区相关的国家、地方和保护区政策文件

在我国自然保护区迅速发展的形势下,如何有效管理保护区已成为各级政府应该关注的问题。为此,除了出台相关的法律法规外,我国政府还颁布了一系列的政策和文件作为国际公约和法律法规的补充,解决一些法律难以奏效的具体问题,如一些临时出现的、具有阶段性的、针对性较强的问题。按照级别的不同,这些公共政策和文件分为国家级、地方级和保护区级三类。

2.3.1 国家层面

国家级的政策文件大体可以分为三大类型,分别为综合性的政策文件、保护政策文件和管理政策文件。以下对这三类文件分别作简要的阐述。

2.3.1.1 综合性政策文件

综合性的政策和文件的内容主要侧重于自然保护区的申报批复、总体规划、发展计划等宏观管理方针,比较重要的有《关于印发〈国家级自然保护区总体规划大纲〉的通知》、

《关于印发〈中国自然保护区发展规划纲要(1996—2010年)〉的通知》、《国家环境保护总局关于申报建立自然保护区有关问题的通知》等。《关于印发〈国家级自然保护区总体规划大纲〉的通知》由国家环境保护局和国家计划委员会于1997年11月24日共同发布,其目的是为有效解决我国现有自然保护区的数量、面积和管理现状同我国拥有的生物多样性及各类自然资源的丰富程度存在较大差距,自然保护区的建设和管理仍相对薄弱问题。《国家环境保护总局关于申报建立自然保护区有关问题的通知》由国家环境保护总局于2001年2月27日发布,并于同日执行。其目的是提高自然保护区的建设质量和管理水平,使各级自然保护区的评审工作有序进行。

2.3.1.2 保护政策文件

保护类的政策和文件是基于某一特定类型的生态环境、自然资源或动植物资源而制定的,换言之,保护政策文件是为了更好地保护某些濒危的或珍稀的保护对象,而由国家相关部门颁布的具有一定强制约束力和指导意义的文件。这类政策文件有一些共同特征:①指向性明显,都是针对特定的珍稀物种、濒危资源或具有较高生态价值的保护对象,如《关于进一步加强麝、熊资源保护及其产品入药管理的通知》。②对每一种特定的保护对象,都提出了特定的保护措施,具有较大的可操作性。如在《国务院办公厅关于加强湿地保护管理的通知》中,明确规定"对开垦占用或改变湿地用途的,应责令停止违法行为,采取各种补救措施,努力恢复湿地的自然特性和生态特征"等。③设定了较为明确的目标,针对每一项保护工作都有具体的导向性。如《关于加强湿地生态保护工作的通知》的主要目标是保护湿地资源,维护湿地基本生态过程,促进湿地资源保护和合理利用,遏制我国湿地的进一步破坏。

2.3.1.3 管理政策文件

管理类的政策文件主要涉及我国自然保护区的开发建设、日常运营、项目管理、法律调解等问题,如《国家林业局关于做好政策性森林保险体系建设促进林业可持续发展的通知》、《关于印发〈全国生态示范区建设试点验收暂行规定〉的通知》、《关于涉及自然保护区的开发建设项目环境管理工作有关问题的通知》、《最高人民法院关于审理破坏野生动物资源刑事案件具体应用法律若干问题的解释》、《国家重点保护野生动物驯养繁殖许可证管理办法》、《国家濒管办关于依法规范〈允许进出口证明书〉行政许可工作的通知》、《国家濒管办关于进一步调整授权办事处核发CITES允许进出口证明书的通知》、《国家级自然保护区晋升及功能区调整政策》、《国家级自然保护区批复政策》、《关于加强自然保护区管理有关问题的通知》、《关于进一步加强自然保护区建设和管理工作的通知》、《关于国家级自然保护区申报审批意见的报告》等。

2.3.2 地方层面

地方层面的自然保护区管理政策文件,数量上比国家层面的要多,但多依据国家层面的政策文件制定,即地方层面的政策文件是在参照国家政策的基础上,结合地方的特殊性,进一步修订而成的,或者是在国家政策精神的指导之下,从地方实情出发制定出来的更具体的政策文件。

一般来说,地方层面的政策文件比国家层面更具体,更具指向性。它们是直接针对当地保护区的管理而出台的,如《北京市实施〈中华人民共和国野生动物保护法〉办法》、《上海市森林管理规定》、《天津市野生动物保护条例》、《重庆市林地保护管理条例》、《江苏省实施＜中华人民共和国森林法＞办法》、《浙江省自然保护区管理办法》等。这些地方性的规定和条例对国家颁布的政策起到了很好的贯彻落实作用，使自然保护区的管理有了更为直接和明确的行动指导。例如《浙江省自然保护区管理办法》中提出"乡镇人民政府应当协助做好自然保护区的保护和管理工作"的要求；《江苏省实施＜中华人民共和国森林法＞办法》根据林木的种类对伐除林木的补偿费做出了具体的规定等。

2.3.3 保护区层面

保护区层面的政策文件一般针对某一具体保护区，是指导保护区管理工作最为直接的依据，涉及保护区管理的各项工作。如《上海市崇明东滩鸟类自然保护区管理办法》、《浙江省南麂列岛国家级海洋自然保护区管理条例》、《福建省武夷山国家级自然保护区管理办法》、《河北省衡水湖湿地和鸟类自然保护区管理办法》、《吉林长白山国家级自然保护区管理条例》、《内蒙古自治区锡林郭勒草原国家级自然保护区管理条例》、《阿尔金山国家级自然保护区管理办法》等。保护区的政策文件根据国家和地方两级政策制定，是确保我国自然保护区有效管理和可持续发展的有力工具。

参考文献

1. http：//slgy.forestry.gov.cn/portal/main/s/117/content－302888.html.
2. http：//zh.wikipedia.org/zh－cn/%E6%B9%BF%E5%9C%B0%E5%85%AC%E7%BA%A6.
3. 小溪．数说湿地[N]．中国环境报．第八版．2009-3-17(8)．
4. http：//www.hudong.com/wiki/%E3%80%8A%E6%B9%BF%E5%9C%B0%E5%85%AC%E7%BA%A6%E3%80%8B.
5. http：//news.xinhuanet.com/ziliao/2003－11/16/content_1180878.htm.
6. http：//www.hudong.com/wiki/%E3%80%8A%E6%BF%92%E5%8D%B1%E9%87%8E%E7%94%9F%E5%8A%A8%E6%A4%8D%E7%89%A9%E7%A7%8D%E5%9B%BD%E9%99%85%E8%B4%B8%E6%98%93%E5%85%AC%E7%BA%A6%E3%80%8B.
7. http：//baike.baidu.com/view/1330264.html? from Taglist.

习　题

简述题

1. 我国已签约生效的有关自然保护区方面的国际公约有哪些？请选其一简要阐述。
2. 我国目前出台了哪些自然保护区专项法律法规？这些法律法规在自然保护区的管理中起到什么样的作用？
3. 我国针对自然保护区管理的主要政策文件有哪些？其作用是什么？

讨论题

浅谈你对我国自然保护区相关法律法规的认识，并提出你对我国完善法律体系，促进自然保护区管理的建议。

思考题

请举出一个实例说明国际公约、法律法规或国家政策在保护区管理中的应用。

第 3 章　自然保护区的管理机制

本章从自然保护区管理机制的五个方面，即组织管理、管理体制、人事管理、决策管理和冲突管理分别进行阐述，目的是使学生从管理的组成系统入手了解保护区管理的基本程序，并对保护区管理从宏观上有一个全面的认识。

自然保护区的管理机制是一个广义的概念，是自然保护区管理体系的重要组成部分。管理机制的高效与否直接关系到自然保护区整个管理体系的效率和自然保护区的长远发展。为保证保护区的保护工作卓有成效地进行，作为管理者，必须对管理机制引起足够的重视，努力完善各个环节，把保护区打造成一个布局合理、团结高效、积极向上、持续繁荣的整体。

3.1　自然保护区的组织管理

3.1.1　组织管理的基本概念

自然保护区组织管理，就是通过建立组织结构，规定职务或职位，明确责权关系，使保护区组织中的成员互相协作配合、共同劳动，有效实现组织目标的过程。自然保护区组织管理是自然保护区科学管理的重要组成部分，是引导人们对自然保护区进行科学管理和经营活动的重要指导方针。

对自然保护区进行组织管理，即研究自然保护区各项活动的客观规律性，探索与之相适应的组织管理的理论与方法。换言之，就是根据研究得出自然保护区生产活动的客观规律性，有效组织保护区的生产力要素和资源要素，将保护区建设成为一个完整高效的系统，在一定的生产条件下，取得最佳的保护成果。与一般的工业农业生产相比，自然保护区的生产活动有一定的特殊性，这就决定了保护区各项活动的客观规律具有其特定的表现形式和特点。

3.1.2　组织管理的目的和原则

3.1.2.1　组织管理的目的

自然保护区开展组织管理的目的是通过把握自然保护区各项活动的客观规律性，了解保护区的经营管理特点，高效有序地组织管理保护区各部门及其与社区之间的关系，以一种更加科学的途径做好自然资源的保护工作，促进其可持续发展，在最大限度上满足社会对自然保护区的需要，并在保证取得社会综合效益的前提下，提高保护区的社会地位和作用。

3.1.2.2 组织管理的原则

在开展自然保护区组织管理工作的过程中，必须遵循以下几项基本原则才能充分保证自然保护区的组织管理工作有条不紊，高效运作：

第一，必须与国家建设的需要和国民经济的发展水平相适应；

第二，必须实行统一领导，分级管理，独立活动，协作配合；

第三，必须力求做到保护区效益与社会效益相统一；

第四，必须注意中国经验与国外经验相结合，传统方法与现代方法相结合。

3.1.3 组织管理的内容

自然保护区的组织管理，从广义上讲，内容颇为丰富，可以包括机构管理、人事管理、冲突管理等多个方面。从狭义上讲，一般的组织管理是指自然保护区的机构设置，即主要包括内设机构和人员配置两大块内容。自然保护区管理机构的组织结构框架是用于表述保护区行政管理和业务工作部门、人员安排、部门设置相互关系的框架。其作用在于表明保护区外部与内部机构间的隶属关系。通过这一框架，还可以反映出保护区管理机构人员分配、职能设置方面的状况。

3.1.3.1 内设机构

合适的组织机构是开展管理工作和实施管理计划的前提保证。一般来说，一个完整的保护区系统，其机构设置主要分办公室、资源保护科、科研监测科、科普教育科、社区发展科等。图3-1是基于较为普遍的自然保护区机构设置状况而建立的一个模型。

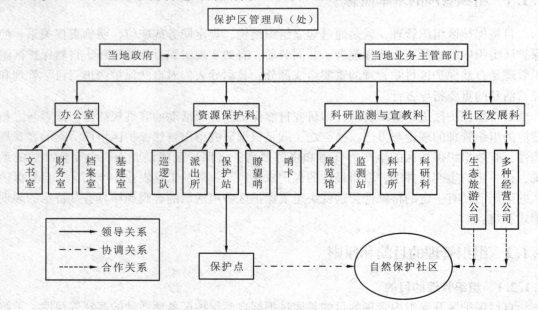

图3-1 自然保护区机构设置模型

对于上述机构设置的模型，具体说明如下：

①保护区管理局(处)直接管理保护区的各项工作。一般的，国家级自然保护区的管理机构级别应为正县(处)级或副县(处)级；省一级的自然保护区管理机构级别应为副县级或正科级；市级或县级自然保护区管理机构级别为科级或副科级或股级。

②通常情况下，在保护区管理局(处)下设置办公室、资源保护科、科研宣教科、社区发展科四个科室。各科室都有相应的职能。

办公室是自然保护区各项管理工作的"枢纽"，主要负责综合协调、督查、文秘、业务宣传、信息、保密、档案、信访、公关、外事、法规建设管理等工作。办公室下又设置文书室、财务室、档案室、基建室等。

资源保护科主要负责保护、监控自然保护区内的资源，制止和处理各种破坏保护区资源的行为。资源保护科包括保护站、派出所、巡逻队、瞭望哨、哨卡等。保护站下可设立保护点。

科研监测与宣教科主要负责自然保护区资源的科学研究、监测、生态教育等。其下设置监测站、科研所、展览馆。

社区发展科主要负责自然保护区的社区沟通、资源的合理利用，以及开展生态旅游等。社会发展科与社会和市场的联系相对较为紧密，可以通过科学的资源开发建立生态旅游(股份)公司、多种经营(股份)公司等，开展资源的科学、合理利用。

③只有在每一科室都能有效地执行任务和履行职责的前提下，才能保证整个保护区系统的正常运作。

3.1.3.2 人员配备

自然保护区的人员配置可参照《国家林业局自然保护区工程项目建设标准(试行)》中的相关条文，其中，第5章"人员配置"中第24条的指示："自然保护区宜试行'管理局－保护管理站－保护管理点'三级管理体系。对于跨地(市)级或县级行政界限的超大型、大型自然保护区可实行'管理局－管理分局－保护管理站－保护管理点'四级保护管理体系。"第25条："自然保护区的人员配置可参照表3-1确定。下列情况的自然保护区可适当增加配置：

①跨县级行政区界的；

②周边乡镇人口密度超过80人/km^2的；

③内部有国道、省道通过，或周边天然屏障少，人畜进入容易，管理困难的；

④保护对象多，核心区超过总面积50%或分散为几块的；

⑤经营管理活动多的。

表3-1 自然保护区人员配置

规模	超大型	大型	中型	小型
森林类型	>15×10^4 hm^2，天然乔灌林地>70%或核心区面积>50%	>×10^4 hm^2，天然乔灌林地≤70%或核心区面积≤50% 5×10^4 hm^2(不含)~15×10^4 hm^2	1×10^4 hm^2(不含)~5×10^4 hm^2	≤1×10^4 hm^2
一般地区	180~380人	80~180人	50~80人	20~50人
保护区级周边社区人口密度小于15人/平方公里	150~300人	70~160人	40~70人	15~40人

3.2 自然保护区的管理体制

3.2.1 管理体制的基本概念

管理体制是一个宏观的概念。广义的管理体制应该包括事业体制和管理单位体制，但是在通常的政策环境中，我们所指的管理体制仅指事业体制。一般认为，管理体制，即通常的事业体制，是国家机关、企事业单位的机构设置、隶属关系和权利划分等方面的具体体系和组织制度的总称。组成管理体制的要素有各种体系、制度、方法、形式等。

3.2.2 管理体制的内涵

自然保护区管理体制内涵主要包括组成机构及人员、管理规则和运行机制三方面。

3.2.2.1 组成机构及人员状况

（1）自然保护区主管部门

不同国家的自然保护区主管部门各不相同。我国自然保护区管理体制总体上实行综合管理与分部门管理相结合的管理体制。负责全国自然保护区综合管理的机构是国务院环境保护部；国务院林业、农业、地质矿产、水利、海洋等各相关行政主管部门在各自的职责范围内主管与其相关的自然保护区。

此外，国家对不同类型的资源也规定了相应的主管部门。例如《野生动物保护法》第七条规定："国务院林业、渔业行政主管部门分别主管全国陆生、水生野生动物管理工作。省、自治区、直辖市人民政府林业行政主管部门主管本行政区域内的陆生野生动物管理工作。"另外，《野生植物保护条例》第八条规定："国务院林业行政主管部门主管全国林区内野生植物和林区外珍贵野生树木的监督管理工作。国务院农业行政主管部门主管全国其他野生植物的监督管理工作。国务院建设行政部门负责城市园林、风景名胜区内野生植物的监督管理工作。国务院环境保护部门负责对全国野生植物环境保护工作的协调和监督。

（2）自然保护区管理人员

自然保护区的管理人员主要有行政管理人员、专职管理人员和一般管理人员。行政管理人员隶属国家公务员，主要负责宏观政策及行政事务管理；专职管理人员主要为事业单位编制人员，负责保护区具体管理工作；一般管理人员多为非正式编制人员，主要负责保护区具体工作。不同的管理人员承担各自的管理工作。

3.2.2.2 管理规则

自然保护区的管理规则主要是指保证自然保护区管理有效进行的相关法律法规、政策文件、管理办法等。只有建立了完整的、可操作性强的管理规则，自然保护区管理工作才能有法可依、有章可循，管理效率才能提高。我国从中央到地方都建立了相应的法律规章、条例办法，并颁布了各类政策文件，以保障自然保护区的有效管理。这些条例在上一章中已作了详细说明，这里不再重复阐述。

3.2.2.3 运行机制

自然保护区管理的运行机制是指保护区管理系统中构成的一种合理结构,能产生特定功能,达到预期目标的整体运行的自我调控方式。运行机制的作用在于随时进行调控,保证保护区管理工作的正常运行。

自然保护区的运行机制中,比较重要的是生态保护综合协调机制和经费来源机制。

(1) 生态保护综合协调机制

自然保护区的主管部门和机构较多,既有综合管理部门,也有行业主管部门,还有地方行政管理部门,因此需要建立一种生态保护的综合协调管理机制。目前,我国的自然保护区综合协调管理部门是国家环境保护部。国家环保总局2004年发布的《关于加强资源开发生态环境保护监管工作的意见》中规定:"环保部门要会同有关部门,建立资源开发环境保护联合工作机制,加强与计划、财政、监察、国土、农业、水利、林业和旅游等部门在生态环境保护工作上的协调,各司其职,依法依规监管,及时制止、纠正和查处资源开发中的各种违法、违规行为,切实防止资源开发导致的新的重大人为生态破坏。"国家环保总局2007年发布的《关于进一步加强生态保护工作的意见》中规定:"加强与有关部门的协调与合作,建立、完善部际联席会议制度、信息通报制度、联合检查制度、案件移交移送制度"。

(2) 经费来源机制

一个高效的经费来源机制是保证自然保护区长久平稳发展的根本。各国自然保护区的经费来源机制多以政府拨款为主,其他途径创收为辅,我国也同样。目前省级政府和主管部门会对其主管的国家级和部分省级保护区提供不同力度的经费支持。例如截至1999年,云南省对国家级和省级的保护区基础设施投资累计约5 800万元。

中央政府拨付的经费主要是专项建设经费,包括保护区基础能力和管护能力建设,部分可以用于保护区非常规的资源调查,地方政府投入的经费主要包括保护区人员工资、培训、日常管护、资源监测和巡护执法等方面的费用。除了政府拨款外,旅游收入、国际经费不定期的支持、保护区资源利用等收入也是自然保护区资金渠道的组成部分。

【案例3-1】

美国自然保护区管理体制

美国是世界上第一个建立国家公园的国家,目前已经建成了非常完备的自然保护区管理体系。在美国,联邦内务部和商务部主要负责自然保护区管理工作,其中,商务部负责海洋自然保护区,内政部负责其他的自然保护区。美国的自然保护区主要管理部门有6个,分别是:国家公园局、鱼类和野生动物局、土地管理局、林务局、室外娱乐局和国防部。这6个部门在内务部的统一领导下,协调一致,分工合作。

1995年,克林顿政府建立了新的管理体制:国家公园管理局统一管理美国国家公园,内务部部长在法律授权范围内,指导国家公园管理局局长的工作。管理局局长必须在土地管理、自然与文化资源保护方面有丰富的经验和才能,并通过参议院建议和同意,由总统任命。美国国家公园管理局负责制定关于自然资源、土地资源和历史资源保护以及土地使用特许权转让等方面的管理方针,其中包括有关国家公园体系管理的立法和行政规定。国家公园必须执行管理局制定的管理方针。由于国家公园管理体系隶属关系明确，地方政府没有权力管理国家公园管理局所属区域，治安也由国家公园管理局独立执行。在国家公园管理局下，设有7个地区分局（图3-2），并以州界划分管理范围。根据国家公园的大小和复杂程度，国家公园管理局通常由2~6个管理部门构成（图3-3）。地区局下又设立16个公园组和16个支持系统。国家公园局下设丹佛规划设计中心和哈普斯斐利解说中心。丹佛规划设计中心负责美国国家公园的规划。

另外，美国内政部的联邦鱼类和野生动物管理局设有国家野生生物保护区管理处，负责全国野生生物保护区的机构设置、人员管理、管理计划审批和资金筹措等。该局下设8个办事处，负责管理的保护区类型主要包括：野生动物、鱼类和猎物保护区、湿地管理区和水鸟繁殖区等。

农业部林务局是国家森林类型保护区的直接管理机构。林务局的主要职责为：①为保护和维护保护区土地上的国家自然资源提供科学和技术知识支持，并为保护区的人们提供利益；②与州政府、地方政府、森工企业、其他私有土地所有者和森林使用者联合管理、保护和发展不属于联邦政府所有的森林土地；③为机构执行和人力资源计划提供监管、指导、质量保证和消费服务，包括为机构雇佣员工、对员工进行培训和评价并提高其能力、支付员工和订约人的薪金，提供办公场所、办公设备和办公用品以及提供计算机支持、维护和信息交流的技术，以确保管理机构的高效运转；④与其他机构一起开展国际合作。

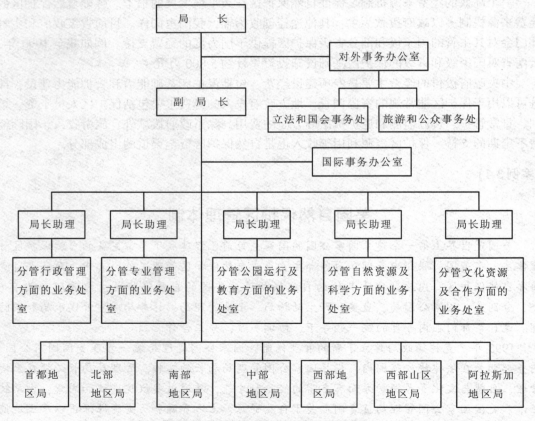

图3-2 美国国家公园管理局机构示意图

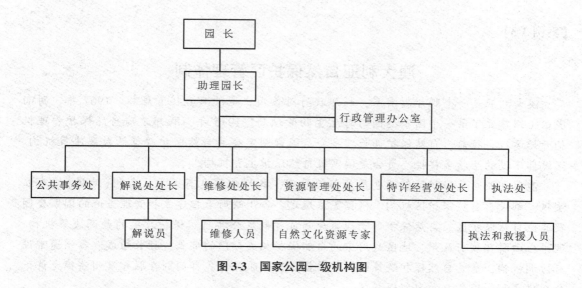

图 3-3 国家公园一级机构图

【案例 3-2】

英国自然保护区管理体制

英国自然保护区管理体制非常注重人与自然的和谐相处，在保护野生动物和景观遗产方面一直坚持可持续发展原则，是人与自然协调发展的典范。目前，英国的自然保护区网占国土总面积 8% 以上，包括国家级自然保护区和地方自然保护区。皇家鸟类学会有 86 个自然保护区，总面积为 4.227×10^4 hm^2。此外郡自然保护区集团、苏格兰野生动物集团、野生动物协会和自然保护学会等非政府组织也管理着 1 300 个自然保护区。

与美国的管理体制不同，英国的国家公园委员会只作为一个小型的咨询机构，而非行政管理机构。地方政府可以通过协商或强行购买的方式获得土地管理的权力。另外，法令也允许地方政府建立地方自然保护区以增加国家自然保护区政策的连续性。尽管建立地方自然保护区不需政府批准，但是地方政府必须参考自然保护区机构的建议，保护一些重要的地方，特别是地方政府已经拥有土地所有权的地方，这些地方成为自然保护区有助于完善全国自然保护区网络。

要实现国家公园的目标，必须采取 3 种主要措施：主要的发展要有计划地控制；私人土地所有者对土地和谐管理；通过国家公园当局、地方当局和其他机构获得土地，以保护重要区域，并确保其安全。在自然保护区建设中，私人和志愿者组织起到了主要作用，促进了国家自然保护区的发展，并与自然保护区密切合作。英国的每个国家公园都由一个专门的执行委员会或执行局来管理，委员会成员由地方当局指派和政府指派两种类型。地方当局指派占 2/3，政府指派占 1/3，公园的官员和职工由委员会任命。公园行政管理费用的 75% 由政府资助，其余由地方当局承担。公园发展规划由国家公园委员会和后来的乡野委员会指导，委员会主要就发展政策为政府提供建议。

【案例3-3】

澳大利亚自然保护区管理体制

澳大利亚是一个联邦制国家，联邦政府对各州土地没有直接管理权。1967年，新南威尔士州建立了第一个国家公园与野生生物管理局。1975年，联邦政府自然保护管理机构开始运行。目前，自然保护部长理事会是国家制定公共自然保护政策的最高决策机构。环境部下设的生物多样性委员会是国家级自然保护主管机构。

澳大利亚自然保护区管理也是多部门管理，各州政策也有差异。各州（地区）均有立法权，都设有自然保护区机构。根据宪法规定，各州政府承担建立和管理当地的国家公园及其他自然保护区。自然保护部长理事会是负责制定公共自然保护政策的最高决策机构。理事会由联邦政府及州、地区政府中的自然保护相关部门的部长、厅长组成。各州通常设有协调机构，负责自然保护政策的制定并提供咨询服务，各部门则在联邦及州法律允许下分别建立和管理各自的自然保护区。

注：以上案例中部分资料引自美国大自然保护协会的培训材料《保护区管理指南》。

3.3 自然保护区的人事管理

3.3.1 人事管理的概念、原则及目的

3.3.1.1 人事管理的概念

人事管理也称人力资源管理，是指国家行政部门为了最大限度地发挥所属成员的内在功能，完成所担负的国家行政管理任务，在政府行政人员的选拔、任用、奖惩、权益等方面制定和形成的一整套规章、制度、标准、政策、管理方法和艺术的总和。主要内容包括三方面：①人群关系，如激励、领导、群体关系及行为等。②组织理论，如工作设计、控制幅度、工作流程等。③决策领域，如人力发展、报酬、留置等。

3.3.1.2 人事管理的原则及目的

有效的人事管理须遵循以下几个原则：

第一，选贤任能原则。选拔贤才，任用能人，这是人事管理必须坚持的首要原则。

第二，激励竞争原则。要把竞争机制引进到人事管理工作中来，形成一种优胜劣汰、优升劣降的用人环境。

第三，成绩主义原则。把管理人员的工作实绩作为其评价、奖励、晋级、晋职的主要标准。因为工作实绩是一个人的业务水平、工作能力和工作态度的综合反映。

第四，适才适位原则。把人才用在适当的职位和岗位上，大才大用，小才小用，高才高用，低才低用，使每个人才都能各遂其志，各得其所，各尽其才，各献其功。

第五，智能互补原则。要使一个单位发挥较好的效能，必须合理搭配各种工作人员，组成一种最佳的组织结构，使各种人员在智力、能力、技术、性格、年龄、体力等方面互相补充，互相配合，取长补短，团结协作，发挥集体力量，共同完成总体目标。

第六，民主监督原则。在人事行政活动中，必须实行民主管理，加强监督，提高人事

管理工作的透明度，提高社会公众的参与程度，使全社会了解政府活动，实行人事管理活动公开化。

第七，依法管理原则。人事管理工作要使管理方式更趋合理，避免主观随意性和不稳定性，必须实行依法管理。

自然保护区管理机构应在以上几条原则的指导下，力求使整个管理系统高效运作，达到使员工潜能得以最大限度发挥，团体和个人达到最佳效率，组织的目标和功能得以最有效实现的目的。

3.3.2 人事管理的环节

我国现行的人事管理主要包括5个管理环节，在自然保护区人事管理中同样适用：

(1) 录用

录用环节是人事管理的基石。中国国家机关、企业单位需要补充在编工作人员时，必须依照其招录的条件和要求，从多种途径录用相关人员。通过对拟录用工作人员的全面考核，择优录用。工作人员被录用以后，要有一定的试用期。试用期间，主管领导需要对试用人员的思想品质、专业技术、工作能力、身体状况等方面进行认真考察。试用期满后，对考察合格的试用人员予以正式任用。正式任用后其工资福利待遇按国家现行有关规定办理，其地位、权利和义务得到法律保护。

(2) 调配

调配环节是人事管理中的一项经常性的管理工作。出于工作需要，或为达到在职训练的目的，或为调整各种人事的关系，常常采取调动工作人员工作岗位的措施。调配工作必须在符合国家编制和人员结构要求的前提下进行。

(3) 任免

任免环节是指国家依据法规，授予工作人员一定的职务，或免除其所任的职务。任免必须经过严格考核，做到及时、正确。只有任免得当，才能人尽其才。

(4) 考核

考察环节是人事管理中的一个基本要素，是"用人行政"的基础，指对工作人员的政治、业务素质和工作绩效的考察了解。通过考核，领导决策人员可以全面了解工作人员的优劣短长，为识别、使用、培训、调动、奖惩工作人员，以及实行按劳分配提供可靠的依据，也是激励先进、鞭策后进、巩固岗位责任制的有效措施。考核主要分为考德、考能、考勤、考绩四个方面，其中考德是基础，考绩是重点。

(5) 定编定员

定编定员是指确定工作职位，明确职位任务，以及确定各个岗位人员必须具备的条件，同时还要相应地规定其应有的责任和权力。

3.3.3 人事激励机制

自然保护区的人事激励机制的设计，首先必须在人事管理的七项原则下进行，强调激励机制的科学性。此外，还必须立足于自然保护区的发展实际，使激励机制具有较大的可行性。在发展中国家，比较突出的问题是国家财力不足，投资不够，加上保护区工作生活条件艰苦，不能吸引人才等。这些问题严重制约着保护区的发展，要解决这些问题，应从以下几个方面进行考虑：

3.3.3.1 建立保护区工作人员激励机制

建立保护区工作人员激励机制可以从以下几个方面进行：

第一，增加对保护区的资金投入，为建立激励机制奠定物质基础。增加保护区的资金投入是建立激励机制的重要前提之一。只有投入资金充足，才能改善保护区工作生活条件，保证保护区正常工作的开展，激励并吸引专门人才加入到保护区工作中。

第二，深化事业单位人事制度改革，为激励机制建立制度基础。事业单位人事制度改革必须深化，赋予保护区自由用人权，保护区才能够按照自身建设的要求决定吸引什么样的人才。不适于在保护区工作的人员，或工作实绩不合格的，保护区管理者有权辞退。

第三，对保护区进行分类管理，建立激励机制的选择基础。按照保护区的性质、作用及重要程度，可将保护区划分为以下三类：一是进行严格保护的自然保护区，严禁一切商业性利用；二是在科学划定保护区范围和不同性质区域的前提下，适当开展兼容性利用活动的保护区；三是在科学管理的前提下，允许开展某些利用活动的保护区。在科学分类的基础上，重新划分国家级保护区和地方级保护区，进行分级管理，国家级保护区由国家投资建设，地方级保护区由地方政府投资建设。

保护区工作人员激励机制的制度基础的确立，应与人事制度改革相适应，在保证保护区列入事业编制、投资和经费纳入各级财政预算的前提下，改革目前的人事管理制度，赋予保护区用人自由权。

保护区管理人员可以通过两条途径选拔：由上一级管理部门推荐，地方政府任命；也可以由保护区内部民主推荐，由上级主管部门任命。在保护区工作的人员中，除正副职主管（主任）、技术主管、财务主管以外，其他的工作人员应实行聘任制，工人实行合同制。废除干部、工作人员终身制。

此外，还应制定严格的保护区管理制度，为岗位和岗位职责，制定明确的条例，申明解除聘用合同的条件。使人事制度化、市场化，形成有效竞争。

3.3.3.2 确定与国情适应的发展政策，完善政策机制

自然保护区是生态环境建设的重要基础，是保护生物多样性的基地，因而应根据生态环境建设的总体部署，确立自然保护区地位，将自然保护区发展建设纳入国家和地方可持续发展战略中，并置于突出的地位。例如在我国应根据保护区快速发展的需求，及时修订《自然保护区管理条例》或制定《自然保护区法》，变消极保护为积极保护，将保护、发展和合理利用有机结合起来，适应市场发展。

3.3.3.3 建立科学的收入分配制度，从经济上稳定和激励工作人员

工作人员拥有稳定的工资收入的基本保证是将其纳入各级政府的财政预算。为实现这一点，须对自然保护区重新进行科学分类，各级自然保护区由相应的政府部门负责其经费。

在确保投入渠道稳定的前提下，确定合理的分配制度也至关重要。工资分配应与工作业绩相结合，实行等级工资制；奖金分配要体现奖金的性质和作用，打破目前以职务级别高低进行分配的办法，使奖金分配与工作业绩、奖惩制度、职工的年度目标任务等内容挂钩，使奖金起到真正的激励作用。

3.3.3.4 提供发展机会，从事业和成就上激励工作人员

为保护区的工作人员提供发展机会，是提高工作人员积极性的重要途径之一。因此，应该给保护区职工提供更多学习和科研的机会，促进职工成才。同时，应建立正常的职务晋升制度，使职务的晋升与岗位业绩评价相联系，彻底改变目前保护区领导大部分由外调入，决定权在人事管理部门的现状，使职工有更多的晋升机会。

3.3.3.5 适当合理地运用精神激励，强化管理激励机制

适当的思想政治教育也是精神激励的一种，是激发工作人员积极进取、培养职工热爱本职工作，热爱集体，树立正确思想、信念、价值观的根本保证。

结合各自的文化背景和保护区发展的现实，精神激励可以采用目标激励、内在激励、参与激励、荣誉激励、兴趣激励、感情激励和榜样激励等方式。

【案例3-4】

湖北神农架国家级自然保护区管理局关于加强人才工作的意见

为构建湖北神农架国家级自然保护区管理局(以下简称保护区)人才智力优势，建设一支与全局保护、科研与发展各项事业相适应的人才队伍，根据中共中央、国务院《关于进一步加强人才工作的决定》和中央、省、林区人才工作会议精神，结合保护区实际，现就加强我局人才工作提出如下意见：

一、充分认识加强人才工作的重要意义

(1)确立人才工作的战略地位。当今时代，人才已成为推动经济社会发展最重要的动力和保证。必须把人才工作纳入保护区保护与发展的总体规划，大力开发和利用人才资源，克服人才总量不足，人才整体素质不高，人才结构和分布不够合理，人才引进机制不够灵活等问题，从实践"三个代表"重要思想、树立与落实科学发展观和正确政绩观的高度，充分认识加强人才工作的重要性和紧迫性，不断进行政策、制度和机制创新，狠抓落实，努力开创全局人才工作新局面。

(2)明确人才工作的总体思路。坚持党管人才原则和科学人才观，紧紧抓住培养、引进、用好人才三个环节，以能力建设为核心，以人才结构调整为主线，以市场配置为基础，努力建设一支规模较大、结构合理、素质优良、适应保护与发展要求的人才队伍，为建设国内示范、国际一流的保护区提供坚强有力的智力支持和人才保障。

二、人才的引进和培养

(3)开展人力资源状况调查。建立以本土人才、专业技术人才、高技能人才为重点、覆盖全局的人才调查制度，对全局各科室、各单位现有人才队伍的状况进行调查摸底，建立人才档案和人才库。

(4)建立人才需求报告制度。每年初，由各科室、各单位上报人才特别是高层次人才需求计划，经局党委讨论通过后，由组织人事科协调组织实施，并对引进的高层次人才进行备案管理。

(5)建立人才资源信息库。加强同全国高等院校、科研机构高层次人才的联系，建立人才资源信息库，为全局用人单位提供人才信息服务。

(6)加强干部的继续教育和培训。按照中央关于大规模培训干部的要求，以能力建设

为核心，切实抓好全局干部职工特别是本土人才、专业技术人才和高技能人才队伍的继续教育工作。坚持自主培养与借力培养、脱产培训与自学成才、院校进修、交流挂职与实践锻炼相结合，不断提高人才队伍的整体素质。

(7) 进一步畅通人才智力引进渠道。制定落实各项优惠政策和措施，敞开大门引进人才。凡具有真才实学、有大学本科以上学历或副高以上职称的专业技术人员，放开引进。对大学本科及以上学历的林业院校或相关专业毕业生，在招聘引进程序上尽量简化，在编制管理上实行相关优惠，保证渠道畅通，高效快捷。

(8) 不断完善人才柔性引进机制。鼓励高层次人才采取"户口不转、关系不转、双向选择、能进能出"的柔性流动方式来我局从事兼职、咨询、科研和技术合作或从事其他专业服务；鼓励局内相关单位以聘请客座研究员、课题攻关合作、共建研发机构等柔性引进方式引进人才和智力。柔性引进的人才，合作研发经省部级以上鉴定的先进技术项目或高新技术转化成果，其收益按国家、省和林区的相关政策和规定，从优享受。

(9) 遵循公平竞争和自由流动原则，优化人才流动的体制环境。按照全国的统一要求，深化事业单位人事制度改革，全面推行人事代理制度，使人才由"单位人"转变为"社会人"。切实完善和落实社会保障制度，切实解决人才流动的后顾之忧。妥善处理人才流动过程中的劳动人事纠纷，维护人才的合法权益。

三、人才的使用

(10) 优化人才资源配置，对口使用人才。以实现人才使用效益最大化为目标，积极做好人才的用非所学、用非所长、专业不对口的调整工作。

(11) 以推行聘用制和岗位管理制度为重点，深化事业单位人事制度改革。积极推行聘用制和岗位管理制度，促进由固定用人向合同用人、由身份管理向岗位管理的转变。规范按需设岗、竞聘上岗、以岗定酬、合同管理等管理环节，逐步做到人员能进能出，职务能上能下，待遇能高能低，为优秀人才公平竞争营造良好的环境。

(12) 进一步完善人才评价机制。建立以业绩为重点，由品德、知识、能力等要素构成的人才评价指标体系，不唯学历、不唯职称、不唯资历、不唯身份，不拘一格选人才。鼓励人人都作贡献，人人都能成才。改革各类人才评价方式，积极探索主体明确、各具特色的评价方法。完善人才评价手段，努力提高人才评价的科学水平。

(13) 大力加强人才载体建设。积极推进产学研联合，加速科技成果转化进程，力求做到用好一个人才，带动一个项目，形成一个产业，聚集一个群体。积极支持高等院校、科研机构在局内相关单位设立专业工作室、工作站、科研开发基地，实行双向合作，加快汇集具有一定规模、比较优势明显的人才群体。

(14) 建立健全专家咨询制度。对事关全局的重大问题，要充分听取专家意见，发挥专家群体在重大规划、重要项目论证和决策中的整体优势。举办"专家论坛"，使高层次人才献计献策活动制度化、规范化，不断提高决策的科学化、民主化水平。

四、建立人才激励机制

(15) 加大优秀人才的提拔使用力度。对长期工作在一线、具有较强的领导能力和较高知识水平的人才可作为后备干部重点培养，优先提拔使用。

(16) 加大对人才的有效激励。针对各类人才的特点，建立健全与市场经济体制相适应、与工作业绩紧密联系、鼓励人才创新创造的分配制度和激励机制。结合事业单位体制改革和人事制度改革，建立重实绩、重贡献、向优秀人才和关键岗位倾斜的分配激励机制。坚持精神奖励和物质奖励相结合的原则，充分发挥经济利益和社会荣誉双重激励作用。

(17) 落实职称晋升、养老和医疗保险等待遇。凡属招聘的专业技术人员，由组织人事科负责做好技术职称晋升工作和养老、医疗保险的申报工作。

五、加强人才工作领导，努力开创人才工作新局面

(18) 建立统一高效的领导体制。充分发挥局党委人才工作领导小组的指导、协调、服务职能，进一步健全人才工作定期例会、重大问题协商沟通等制度，切实形成局党委统一领导，组织人事部门牵头抓总，有关单位和部门各司其职、密切配合，全局干部职工广泛参与的人才工作新格局。

(19) 建立人才联系制度。局党委领导班子成员要联系 1 名专家或优秀人才，通过定期函访、约谈等形式，及时了解其思想、工作和生活等情况，听取意见和建议。

(20) 努力营造良好的社会环境。大力弘扬尊贤爱才的优良传统，充分利用新闻媒体，宣传党的人才政策，宣传全局各单位优秀人才创新创业的先进事迹，使"人才资源是战略资源"、"人才资源是第一资源"、"人人都能成才"等观念深入人心，在全局乃至全社会营造"尊重劳动、尊重知识、尊重人才、尊重创造"的舆论氛围。

(21) 加大对人才工作的督促和检查力度。局党委人才工作领导小组办公室要定期或不定期对全局各单位人才工作情况进行检查和考核，考核结果作为用人单位负责人提拔、晋级、奖励的重要依据。

3.4 自然保护区的决策管理

3.4.1 决策管理的概念

所谓决策管理，是指决策者决定采取某种行动，使当事人所面临的事件呈现令人满意的状态的过程。自然保护区的决策管理，就是自然保护区的管理者在面对保护区管理问题的时候，通过制定科学合理的决策，从而实现科学管理的一种方法。

3.4.2 决策管理的模式

根据华盛顿大学 Bettin 教授的研究分析，大多数的领导者的决策模式可分为 5 类，分别是"L"决策模式、"LI"决策模式、"LC"决策模式、"LCT"决策模式、"T"决策模式。自然保护区的决策管理也可参照这五个类型。

(1) "L"决策模式

L 型决策模式，是指自然保护区的领导者完全依据自己在保护区工作方面的经验和知识制定相关决策，完全不与相关部属讨论或征询意见。这是一种独断的领导方式，领导者需要承担决策失败的风险。在这种 L 型的决策模式中，员工完全没有参与讨论的权利。这种模式无法提高员工工作的能力和积极性，是较不理想的决策模式。但遇到突发事件时，由于时间紧迫，领导者被迫必须采用这种决策模式。

(2) "LI"决策模式

LI 型决策模式，是指自然保护区的领导者在做决策时，会选择性地询问员工的意见，

但并不会真正将员工的意见综合纳入保护区的管理中，因此使用这类决策模式的领导做决策的时候，依然还是主要依据自己的经验和知识体系。从参与式管理的角度来看，LI决策模式，也只有10%的参与度。当决策的品质与正确性直接影响到保护成效，领导者对决策又缺少足够的知识，或考虑的角度片面时，L与LI两项都是最不理想的决策模式，都很难实现保护区高效、全面的保护。

(3) "LC"决策模式

LC型决策模式，是指自然保护区的领导者就自然保护区建设管理中的某些问题单独找几位部属征询意见。在征求意见过程中，领导者首先说明决策的目的与困难，并与部属讨论最佳的方案，力求使问题的解决方案能更全面地兼顾各利益相关者的权利和利益，尽力提高保护的成效，降低对保护对象的威胁。这种决策方式能使员工的参与程度上升到50%，属于比较民主的决策方式，对员工的训练与培育，也可以起到一定的作用。其缺点是，相对于L与LI决策模式，LC决策模式会花较多时间。

(4) "LCT"决策模式

LCT模式，是指自然保护区的领导者在做决策时，召开相关管理者会议，说明决策的目的与困难，由每一位管理者提出自己的建议。在会议中，领导者只扮演鼓励发言、引导讨论的角色，最后在综合各方意见的基础上，领导者结合自己全面深入地考虑，做出最终决策，并需要向与会的管理者交代决策结果。

LCT模式虽然也要花费较多时间，但是这种决策模式充分实现了上下交流，全员参与，能较全面地考虑大家的意见，能够使自然保护区管理这一涉及利益相关者众多、各方权益难以统一的问题在最大程度上得以协调。对于降低保护与发展的冲突，实现环境与经济双赢的目标而言，LCT是最为理想的决策模式。

(5) "T"决策模式

T模式是一种全员参与的模式，是指自然保护区的领导者将决策过程完全交给保护区的管理团队，并全力支持团队最后的决定。T模式的优点是，全员共同制定决策，考虑的受众广，能被公众接受的程度大，推行的可行性大，实施力度也强。其缺点是，花费的时间比较多，效率不高；并且公众决策的意见往往无法统一，员工容易只考虑个人利益，而难以顾全大局，全盘考虑，解决问题的层面不能把握，增加了决策错误的风险。T模式是最民主，员工参与度最高的决策模式，但和L模式一样都容易形成极端的决策问题，T模式也可能被部分不负责任的领导者，以授权名义，完全放任员工做决策。

3.4.3 决策管理模式应用的时机与考量

在决策过程中，为了使决策的结果能更利于自然资源的保护和管理机构自身及社会的全面发展，自然保护区的领导者需要考虑以下几个方面：

3.4.3.1 决策考虑的因素

一般而言，决策考虑的因素可分为下列3个：

①决策的品质因素　决策的品质，即决策的正确性，是作为一个领导者在做决策时应该首先考虑因素。前文已多次提及，自然保护区管理是一个复杂的问题，其决策的正确性不仅关系到保护区管理机构自身的发展，还影响到保护对象的生存繁衍、生态环境的优劣程度、环境经济的协调状况、社会的全面发展等方面，其中某些问题的决策失误，就可能

造成极大的负面影响,因而决策的正确性至关重要。

②决策被接受因素　由于自然保护区管理中的决策影响到的群体不仅仅是管理机构自身的员工,还有保护区周边社区的居民、各种社会群体等,因此制定的决策必须兼顾到这些受众的心理接受能力。只有保护区的决策和工作被广大公众所接受,才能保证减少减免周边居民或社会群体与保护区之间的冲突,确保保护工作的顺利进行。

③决策时间因素　这是决策最后考虑的因素,但实际上决策者却经常将其作为首要因素进行考虑。有的资深领导者,为了单纯追求效率,以时间紧张为由,采用 L 型独断决策模式,让其他管理者没有机会参与决策过程。事实上,这样独断的方式只能带来决策的低效率和高风险。

3.4.3.2　决策模式的选择原则

为了帮助领导选择相对正确的决策模式,需要遵守以下几个原则:

①决策正确原则　上文中已经阐述了做一个正确决策的重要性,因此决策的正确性原则是领导们需要首先考虑的问题。若决策意义重大,而领导者信息不足,或缺乏专业知识,建议不要采用 L 型决策模式,而应该采用 LC 或 LCT 决策模式;若决策是一项非结构性问题,即没有 SOP(standard operation procedure),则可以采用 LCT 模式,集思广益,找到最佳的方案。

②利益群体认同原则　让自然保护区的利益群体最大程度参与决策,可以得到他们对决策的最大认同与支持,对决策的执行产生极大的推动作用。

③决策认同原则　如果决策无法强制执行,需要得到员工认同才能有效实施时,不应采用"L"或"LI"模式,这两种模式都缺少员工的参与。LCT 或 T 是最佳的决策模式,通过团队共同讨论,可以得到较合适的方案,减少推行阻力。

3.4.4　决策的步骤

根据现代管理之父彼得·德鲁克的管理思想,一个科学的决策需由 6 个步骤构成:

(1) 对问题进行分类

决策问题一共有四类:第一类是真正的普遍性问题,管理者在工作中遇到的多数问题属于这一类型。这些问题常常通过诸多的表面事件表现出来,但领导者需要追究问题的根源,使其得到根治。要解决这类问题,管理者首先要制定规则,然后可根据实际情况来调整规则,从而达到解决问题的目的。第二类是对当事者来说可能是独一无二的,但已在很多其他机构中发生过,也具有普遍性的问题,这就可以借助别人的经验来解决。第三类是真正独一无二的问题,这类问题必须针对不同情况,个别处理。第四类问题隐藏着新的普遍情况,这类问题需要建立新的规则来解决,不能把它们当成无普遍性的意外事件。

(2) 对问题进行定义

在进行定义前,首先要搞清楚究竟发生了什么情况,哪些因素与此问题相关。为了正确而全面地定义问题,需要对照观察到的所有情况,不断对已有的定义进行检验,一旦发现该定义未能涵盖全部情况,就立即将它摒弃。

(3) 明确问题的限定条件

明确限定条件,即明确列出决策所要实现的目标。这一步最容易犯的错误是设定了几个本身就相互矛盾的目标,降低决策可能性。因此,决策者必须始终明确决策所要实现的限定条件。一旦现实情况发生大的变化，就应该马上寻找新的办法。

（4）优先考虑决策正确性

好的决策是正确的决策而不仅仅是能被大众接受的决策，如果一开始就考虑"什么样的决策才会被接受"，决策者往往会忽略重点，偏移重心，不能制定正确有效的决策，这样对问题的解决毫无帮助。决策者应该先判断决策的正确性，然后再结合决策的可行性，制定出既能解决问题又能让大家都接受的正确决策。

（5）在制定决策时将实施行动考虑在内

在这个步骤中，管理者需要确保任务和责任已经明确地落实到具体的人，还要确保任务的执行者能够胜任工作。如有必要，还必须调整对执行者的考核方法、任务完成的衡量标准以及激励机制。

（6）检验决策的正确性和有效性

决策者需要随时关注反馈信息。但是，抽象的信息不能准确反映具体现实，反馈信息若不以实际情况为核心，就容易落入教条主义的桎梏中。

3.5 自然保护区的冲突管理

3.5.1 冲突管理的概念

传统意义上的冲突是一个消极的概念，它是人与人之间的感情矛盾，是不和谐的工作关系，严重时会影响工作效率和人际氛围，在管理中通常要设法避免。而现代管理观念中的冲突，则被视为一种常见的行为现象或人事关系。这种观念认为冲突是不可避免的，解决冲突的重点应该放在认识和理解冲突方面，以认识矛盾双方的性格、需求、价值观念差异的方式来解决引起冲突的最基本问题。

3.5.2 冲突管理的过程

3.5.2.1 识别冲突来源

为能正确地处理和利用矛盾冲突，有必要了解矛盾是怎样产生和发展的。矛盾可以出现在两个不同的组织之间，或一个组织内不同的单位、部门之间，或者人与人之间，人与组织之间甚至个人内心也会产生冲突。当某一组织、单位或个体与另一组织、单位或个体的目标或利益不一致时就会产生冲突。冲突的发生既有主观根源，也有客观基础。主观根源指对价值体系和事物的认知上的矛盾，即观念意识方面的冲突。客观基础主要是组织结构设计上的问题，围绕组织资源而展开的争夺和竞争式的冲突，如：用工制度、分配结构、人事安排设计不合理等。

3.5.2.2 认识冲突的发展过程

每个冲突通常有一系列的发展过程。在第一个阶段中，冲突是潜在和隐藏的，不容易被感知。当双方或多方意识到潜在的冲突之后，则进入冲突的第二个阶段。在这个时期，人们开始思考和认识到差异，并产生情绪上的反应。在冲突的第三个阶段，冲突从思考或情绪的变化反应转入行为反应。在这一时期，冲突会公开化，以含蓄或明确的方式表现出解决矛盾或升级矛盾的各种行为。冲突的解决通常要求双方采取一种积极合作态度，认真听取对方的需求和观点,并予以妥善处理。冲突的第四阶段就是冲突产生结果的时期,第三阶段所出现的行为直接影响冲突结果是有益的还是有害的,有益的冲突包括对冲突潜在问题的充分理解和谅解、提出明智的解决方案等。有害的冲突结果会造成一种滚雪球式的连锁反应,不断地引发新的矛盾和事端,因此更加难以解决。

有效的冲突管理的关键就是要进行冲突分析,把握冲突的根本原因。冲突分析主要包括以下五个步骤:第一,收集资料,鉴别冲突主题;第二,分析冲突原因并排序,确认需要参与冲突管理的利益相关者;第三,让不同利益相关者清楚各自在冲突中的立场、利益和需求;第四,分析利益相关者之间的关系;第五,分析各利益相关者的立场和利益,寻求与确认共同利益。

3.5.2.3 采取合理对策

认识了冲突的来源和发展各阶段之后,需要采取合理的对策予以解决。非正面对抗冲突要采取回避和容忍策略;控制冲突要采取竞争对持策略;寻求解决方法要采取合作和妥协策略。

(1) 回避策略

回避策略是指人们已经意识到冲突的存在,但不愿意正面与其接触。逃避冲突的人经常撤退、相互分离或者抑制感情。当矛盾双方需要冷静的时候,这种策略是十分有益的。然而,长期采取回避策略而不解决矛盾,冲突可能还会产生,甚至造成更严重的问题,影响组织的正常工作。

(2) 容忍策略

容忍策略是指冲突的一方不采取行动谋求自身利益,但也不为对方利益着想。这种对策有利于保持和谐,避免关系瓦解。短期内,当冲突对这一方不构成严重威胁,或者对方不是过分强硬时,这种对策是有益的。但从长远来讲,矛盾的双方不会总是奉献自身的利益,只会让冲突不断累积,直至爆发。此外,容忍策略通常限制人的创造力,阻碍探索新思想和解决问题的新方法。

(3) 竞争对持策略

竞争对持策略是指冲突双方有明显的不配合,甚至相互争夺利益、正面抗衡,它与容忍策略形成鲜明对照。采用这种策略意味着冲突中的各方都努力谋求自身的利益和需求。尽管竞争对持策略在需要做出迅速果断的决策或者冲突一方为争取利益必须采取行动时很适用,但是通常竞争行为表现为赢输相遇的局面,一方成为赢家,必有一方成为输家,会导致消极的结果。另外,同容忍策略一样,竞争行为也会限制人的创造力,浪费不必要的精力和资源。

(4) 妥协策略

妥协策略是解决冲突对策的第一步。冲突一方既关心自身的利益和需求,也不忽略对方的利益和需求。采用妥协策略时,双方通常需要经过谈判和协商达成共识,然后各自做出让步以谋求矛盾的缓和。妥协对策的一个前提是双方争夺的固定资源可以分成两半,那么通过妥协,双方各有所得,都不是输者,但是这种对策下冲突双方都不能成为最后的赢家。

(5) 合作对策

同容忍策略类似,采取合作方式解决冲突时,矛盾双方在考虑各自的利益和需求的同时要兼顾对方的利益和需求。两者的差别在于,合作对策双方没有为了解决矛盾而做出任何让步。冲突双方积极合作解决分歧，将注意力集中在产生分歧的问题上，而不关心双方的地位、身份、势力、立场、态度。解决冲突之后双方均是赢者，双方都能满意。显然，这种对策有较大的优越性，可以增进团结，加强交流，提高凝聚力，形成高尚的品德和和谐的合作氛围。它的不足之处在于需要消耗大量的时间进行沟通和解决。如果在冲突中涉及有关价值分歧的问题，采用这种策略解决问题往往不起作用。

3.5.3 自然保护区的冲突管理

在自然保护区的管理中，一种普遍存在的冲突是保护区与周边社区之间的矛盾。由于保护区代表的是国家的利益，其根本目的是要保护资源，实现长期发展的目标。而社区居民出于生存发展的目的，需要对保护区内的资源进行开发利用。这两者的利益常常难以调和，因此往往造成保护资源和发展经济之间的矛盾冲突。

根据上文的分析，要解决这一冲突，首先应该识别冲突的根源。很明显，这是人与人之间的冲突。对于保护区的管理人员而言，如果选择了保护资源，则会对社区的发展造成影响；对于社区的居民而言，如果选择了开发资源以维持生存发展，就会对自然保护区的保护对象和生态环境造成破坏。

针对这样的冲突，管理者必须分析两者的利益出发点各是什么，其冲突是对抗性的还是可调和的。如果是可调和的冲突，应该采用什么方法将冲突降到最低。

在大多数情况下，保护区与社区之间的冲突，应该用合作对策予以解决。换言之，就是这两者之间的冲突是可以调和的，通过采取一些合理的措施，可以实现自然保护和经济发展的双赢，在实现保护区的保护目标的同时，也满足社区居民的经济发展需求。比如，通过对社区居民实行生态补偿，提高其生活水平，减少其对资源的依赖；开展生态旅游、资源可持续利用等经营活动；由保护区组织开展生态环境宣传教育活动，提高公众（包括社区居民）的生态保护意识；实施社区共管，让社区居民也成为自然保护区的主人，从而增强他们的责任心，等等。通过这些措施，不仅没有影响社区居民的生存发展，而且这些有规划、有节制地开展的各种经营活动，让社区居民也在经济和精神方面受益，从而解决了冲突问题，达到资源保护和发展经济的双赢。

参考文献

1. 国家林业局野生动植物保护司.2001.自然保护区现代管理概论[M].北京：中国林业出版社.
2. 国家林业局世界银行贷款项目管理中心.2009.自然保护区管理手册[M].北京：中国环境科学出版社.
3. 余久华.2006.自然保护区有效管理的理论实践[M].咸阳：西北农林科技大学出版社.
4. 解焱，汪松、Peter Schei.2004.中国的保护地[M].北京：清华大学出版社.
5. 宋鉴.2005.浅析高校社会实践活动的运行机制[J].职教论坛，14：56-57.
6. 国家林业局野生动植物保护司、政策法规司.2007.中国自然保护区立法研究[M].北京：中国林业出版社.
7. 翟明清，李庆志.2009.谈人事管理及其基本原则[J].党史博采(1)：32-33.
8. 国家林业局野生动植物保护司.2002.自然保护区组织管理[M].北京：中国林业出版社.

习 题

简述题
1. 请简述自然保护区组织管理的一般模式。
2. 管理体制的基本概念是什么？国外自然保护区的管理体制体现有什么特点？
3. 我国当前自然保护区的人事激励机制存在什么问题？应如何解决？
4. 决策管理的一般模式有哪些？
5. 请简要阐述冲突管理的过程。

讨论题
管理者如何才能做好科学的决策？请谈谈你的想法。

思考题
请举例说明自然保护区如何开展组织管理、人事管理、决策管理或冲突管理。

第 4 章　自然保护区规划管理

> **本章提要**
>
> 本章将对自然保护区规划管理进行简单的介绍，主要内容包括：自然保护区的总体规划与管理计划以及二者之间的关系；自然保护区的总体规划、管理计划、年度计划、保护计划、发展计划等之间的区别；自然保护区总体规划的审批、变更程序及实施；自然保护区的分区管理和管理分区的含义等。

对自然保护区进行规划管理，是增强保护区管理力度的重要途径之一，是保护生态、生物多样性和自然环境的有效手段，同时也为可持续地开发利用自然资源，落实各项保护工作和提高保护绩效提供保障。自然保护区规划管理的任务是根据可持续发展的基本原则，正确处理资源保护与开发利用的关系，采取行之有效的规划措施，对自然保护区内的保护对象及各类建设活动依法实施规划管理，严格保护和合理利用自然资源，促进我国经济社会又好又快地健康发展。

4.1　自然保护区规划管理的目的与原则

自然保护区规划管理即经过自然保护区相关的主管部门审查批准后的总体规划和管理计划等，是对自然保护区范围、性质、类型、发展方向、发展目标，较高层面和长期的管理措施计划以及提高自然保护区管理能力的短期日常管理措施和计划安排等工作的总称。

自然保护区规划管理首先要符合协调人员、保护对象和环境的关系以实现有效管理的总目标，其次应通过短期日常管理措施和计划安排提高自然保护区的管理能力，并针对保护区范围、性质、类型、发展方向、发展目标等方面制定长期管理措施以达到自然保护区可持续发展的长期目标。

自然保护区规划管理应遵循以下原则：

①长期发展规划与短期日常措施相协调，保障自然保护区的长效发展，确保保护对象的健康生存和持续发展；

②分区规划分区管理，针对保护区的不同功能分区分别制定相应的保护措施；

③明确自然保护区总体规划与管理计划的关系；

④保证总体规划和管理计划的切实可行，尽量避免与当地文化和居民生活产生冲突；

⑤规划管理应有利于当地经济的发展，在保护自然环境基础上提升周边居民收益。

4.2 自然保护区的总体规划与管理计划

4.2.1 自然保护区的总体规划

自然保护区总体规划是指在对自然保护区的资源和环境特点、社会经济条件、资源保护与开发利用现状以及潜在可能性等综合调查分析的基础上，明确自然保护区的范围、性质、类型、发展方向和发展目标，制订自然保护区保护管理等各方面的计划和措施的过程。自然保护区总体规划是长期指导自然保护区建设与管理的重要依据。

根据《国家级自然保护区总体规划大纲》要求，总体规划应包括以下内容：基本概况；自然保护区保护目标；影响保护目标的主要制约因素；规划期目标；总体规划主要内容；重点项目建设规划；实施总体规划的投资估算与保障措施；效益评价。

下面对总体规划的具体内容进行较为详细的介绍。

①总论 包括任务的由来、编制依据、指导思想、建设思路、规划范围与时限。

②基本概况 包括保护区地理位置、类型及范围、自然地理条件、社会经济状况等。

③保护区建设管理现状评价 包括保护区历史沿革和建区意义、保护区性质、保护对象及其定位和评价、保护区功能分区及适应性管理措施现状评价、影响保护目标的主要制约因素。

④规划目标 包括长期目标（总目标）、中期目标与近期目标（阶段性目标）、控制目标。

⑤总体规划内容 包括总体布局、规划范围、功能区划等。

⑥专项规划内容 包括资源保护与管理规划、科研与监测规划、宣传教育规划、旅游规划、防火规划、社区共管规划、资源合理开发利用规划、环境综合整治规划、重点建设项目规划、设施和建设工程规划等。

⑦管理机构与人员编制 包括管理体制、机构设置及职能，管理人员配备及日常行政管理。

⑧投资估算 主要包括建设项目投资估算与实施、管理经费估算、其他项目及进度安排、经费来源与资金筹措等。

⑨效益评估 包括生态效益评估、社会效益评估及经济效益评估。

⑩规划实施的保障措施与建议 包括协同资源管理部门共同管理保护区各类自然资源；调动地方政府和国内外各阶层人士参与自然保护的积极性；控制区内人口数量、提高社区居民文化程度；制定优惠政策、促进保护区发展；依托政府投资为主，拓宽渠道，多方筹措资金；完善内部管理机制等。

4.2.2 自然保护区管理计划

管理计划是自然保护区开展日常管理工作的基础性文件，是针对某一阶段面临的管理问题和威胁，利用可能的资源（人、财、物）开展各项管理活动的计划，用于指导自然保护区资源的保护、管理和利用。通过管理计划的编制、执行和检查，可以有效协调和合理组织各方面的经营和管理活动，全面发挥所有人力、物力和财力资源，取得自然保护区最佳的生态、社会和经济效益。

制定管理计划是十分必要的。管理计划是自然保护区实施科学管理的重要方案，是自然保护区开展各项工作的行动纲领。它是对可以实现自然保护区总体目标而采取的各种具有科学性、逻辑性、有效性和可操作性行动的归纳。提高保护和管理效率，就要求自然保护区编制管理计划。管理计划编制和执行的效果，是衡量一个自然保护区管理水平和有效管理制度的重要指标。

管理计划的制订能够保证自然保护区管理工作的有效性、连续性，避免资源的浪费和不必要的重复工作。其作用主要包括：明确每个时期中心任务和工作重点及具体任务要求；明确管理工作宗旨、目标和战略；控制协调个性工作时间；合理安排实施的组织形式和布局；确定职责和权力；平衡调控资源；制定措施和相应政策、规章等。

4.2.3　自然保护区总体规划与管理计划的关系

按照自然保护区的建设程序，自然保护区经政府批准后，首先要编制总体规划，确定自然保护区的长远发展和宏观规划，而后再进行具体的管理计划的制订。

保护区总体规划的特征是在一个相当长的时期内对保护区的建设、管理作出指导性规划。我国的自然保护区总体规划不仅需要确定保护区的功能区划、目标、管理方针等，还需通过政府部门的审批，属于一个国家基础性投资的计划。相对于保护区内繁琐复杂的日常管理工作来说，总体规划的内容相对简单和模糊。由于总体规划属于概括的、长期的指导方案，因而对管理制度的制定并不详细，针对威胁变化的适应性调整的灵活性也有所欠缺。比如，在保护区日常管理中针对具体威胁的解决方案上，总体规划对于基础设施设备投入的针对性不足。在人力资源发展等方面，目前我国的总体规划一般没有这方面投入的内容。总体规划侧重于保护区范围、性质、类型、发展方向、发展目标及较高层面和长期的管理措施和计划。

保护区管理计划则侧重于提高自然保护区管理能力的短期日常管理措施和计划安排，具有重视全局与局部平衡、针对性和具体性与常规管理平衡、管理行动的长效性与灵活性平衡、管理目标的一致性与阶段目标的有效性平衡等特点，并强调管理机构内设部门之间和外部相关利益群体间的沟通。在中国，随着我国林业系统与世界银行的合作，以及全球环境基金（GEF）保护区管理项目的实施，保护区管理计划已经从引进阶段逐渐向完善、推广阶段发展。管理计划的主要内容主要包括以下方面。

①描述自然保护区基本情况，包括自然条件、生物资源、保护对象、人文历史、社会经济、管理体制及运作状况、管理措施等；

②根据自然保护区现状，与总体规划进行分析比较，阐明自然保护区的重要性和必要性，确定自然保护区现存的问题及遇到的困难，对所有问题根据保护区的人、财、物进行排序，提出今后一段时期内需要解决的主要问题及管理目标；

③针对自然保护区的管理目标，提出可行的管理措施和管理行动，阐明每项管理行动的目标、必要性、要求、工作程序、人员需求、经费预算和来源以及开展活动的时间和期限等；

④将管理行动分类为优先行动、一般行动和特殊行动，并据此制订管理计划实施的时间表，并统计管理计划的经费预算。

管理计划应是落实总体规划之下的分段计划，指导自然保护区一定时期内的具体工作，逐一实现总体规划确定的自然保护区阶段性目标，强调对自然保护区日常保护管理工作的指导。如果将自然保护区总体规划比喻成远景规划，那么管理计划就是自然保护区的阶段性计划。通过每一期管理计划的实施，最终实现自然保护区的总体目标。

4.2.4 自然保护区的其他计划

自然保护区除了总体规划、管理计划以外，还包括年度计划、保护计划、发展计划等方案，这些计划在目标、方法、针对内容和适用期限等方面都有所不同。

(1) 年度计划

保护区的年度工作计划是保护区以一年为期的具体工作方案。目前大多数保护区在年末都要制订下一年度的年度工作计划。为了能够确保保护区工作人员正确开展保护工作，年度计划通常会制订得比较具体，落实到自然保护区相关法律条例的宣传、界碑界桩等设施规划、保护区资源管理档案的建立、野生动植物疫病疫源的监测、办公用品的配置、工作人员业务培训等细致问题。但年度计划往往由于本年度与上年度的工作计划制订上会存衔接不当而缺乏连贯性，导致工作落实不到位。

(2) 保护计划

保护计划是指针对保护区的保护对象制订实施的保护目标与措施。国外的部分保护区也制订保护计划。保护计划一般都是针对某一个特殊的受保护物种设置的工作方案，其适用期因保护对象不同也不同，少则几个月，多至十几年都有可能。它的针对性通常很明确，方案内容也很具体。因为保护计划并非从整个保护区的角度来把握计划方向，所以也不太受相关利益群体意见的影响。

(3) 发展计划

保护区发展计划是为了进一步加强自然保护区建设而制订的符合国情的发展目标及计划。自然保护区建设是一项公益性事业，需要国家及地方各级人民政府加强领导，积极扶持。要想进一步推进自然保护区建设，并将自然保护区的建设和管理纳入国民经济和社会发展计划，有必要制订一个符合国情的全国自然保护区发展规划。发展计划通常是用于保护区筹资的，是保护区吸引保护资金的一种手段。

4.3 自然保护区总体规划的审批、变更程序和实施

按照自然保护区的建设程序，自然保护区经政府批准后，首先要进行总体规划编制。如果遇到某些实际困难而无法继续实行，则需要变更程序。程序修改通过审批机关批准后予以实施。

4.3.1 自然保护区总体规划的审批

在我国，自然保护区应参照《自然保护区总体规划技术规程》编制总体规划，经上级主管部门审查批准后执行。

4.3.1.1 审批依据

①国家有关自然保护区的工作方针、政策。

②《中华人民共和国自然保护区条例》、《森林和野生动物类型自然保护区管理办法》等现行法规和标准。

③《自然保护区总体规划技术规程》、《国家级自然保护区总体规划大纲》等规范。

④同意建立自然保护区的批复等相关文件。

⑤自然保护区建设和管理的相关文件、资料。

⑥当地经济社会长远规划和国土规划。

由中华人民共和国国家质量监督检验检疫总局、中国国家标准化管理委员会颁布的《技术规程》(GB/T 20399—2006)规定了编制自然保护区总体规划的基本思路、方法、项目规划内容、机构与人员要求、主要技术经济指标和规划文本文件组成等技术性、原则性要求。根据该技术规程的要求自然保护区应按以下程序编制总体规划：

①自然保护区主管部门应指定或委托具有相应资质的规划设计单位承担保护区总体规划的编制。

②由规划承担单位与自然保护区管理机构共同进行外业综合调查，收集有关资料文件；对调查收集的资料和文件进行整理、分析、评价，形成总体规划的原则意见。

③规划承担单位组织编写总体规划文本，绘制必要的规划图。

④规划承担单位向自然保护区主管部门提交规划送审材料(包括文本、附表、附图、附件)，并根据审查意见进行规划修改，形成报批稿。国家林业局在2000年以《国家林业局计资司关于规范国家级自然保护区总体规划和建设程序有关问题的通知》(林计财规字〔2000〕64号)发布了国家级自然保护区总体规划大纲。国家环境保护总局2002年6月以环办〔2002〕76号通知下发《国家级自然保护区总体规划大纲》。

4.3.1.2 审核重点

(1) 编制原则

重点核查自然保护区总体规划的编制是否符合有关政策法规，即始终把保护自然环境和自然资源放在自然保护区工作的首位，坚持严格保护、科学管理、合理利用、持续发展的原则，严禁开设与自然保护区保护方向不一致的生产、服务项目等。另外，总体规划应能够尽量协调当地经济建设与居民生产、生活的关系。

(2) 规划目标

重点核查自然保护区总体规划提出的目标是否与各级自然保护区发展目标、政策相符，是否体现了促进自然保护区管理能力建设和社区发展、实现可持续管理要求等。

(3) 自然保护区面积与功能区划分

重点核查自然保护区总体规划所确定的保护区面积和功能区的划分是否科学，核心区、缓冲区和实验区的范围是否合理，管理上是否可行。

(4) 资源管理规划、基础设施规划及开发利用规划

重点核查资源管理与利用、基础设施的规划是否体现了自然保护区总体规划目标的要求，实施措施是否切实可行，是否与自然保护区生态环境、自然资源、景观保护协调一致等。

(5) 投资概算

自然保护区基础设施建设资金及行政事业费等投资渠道是否明确并符合国家和地方的有关政策，规划投资项目是否必要与可行。

（6）效益评价

重点核查自然保护区建设是否能够带来合理的、预期的生态效益、社会效益及经济效益，从而评价保护区建设的必要性与可行性。

4.3.1.3 审批程序

目前，我国自然保护区制订的总体规划不仅要经过行业主管部门（如林业局）审批，还需要通过综合管理部门（环保部）的审批。

总体规划的修订本应送相应级别的自然保护区管理办公室提出审批意见，经林业局等有关处室审核后，报林业局及环保部批复。经批准的总体规划是自然保护区建设和管理的指导性文件，应认真执行。在执行过程中确实需调整的，必须按规定程序报批。凡林业局部门等审查未通过的自然保护区总体规划，原申报单位需按审查意见修改完善后另行上报审查。

4.3.2 总体规划的变更程序

自然保护区总体规划的变更程序是指原来制订的总体规划，由于某些原因在实行过程中受到阻碍，无法继续进行，而重新整理修改的程序。总体规划的变更原则上应该由总体规划的原审批机关批准，并且必须履行审批程序，任何单位和个人都不得擅自调整已经批准的总体规划的强制性内容。调整规划的非强制性内容，应当由规划编制单位对规划的实施情况进行总结，提出调整的技术依据，并报原审批机关备案。

4.3.3 总体规划的实施

自然保护区的总体规划得到自然保护区主管部门或上级有关部门的批准后，实施工作主要为基本建设和保护管理工作。

4.3.3.1 基本建设

自然保护区基本建设是社会公益性、非经营性建设，应由各级政府财政承担。其中，国家级自然保护区的基本建设按不同的比例由中央财政和地方财政分担。国家级自然保护区的基本建设内容主要包括用于保护管理、科研监测、宣传教育、基础设施及配套的生物多样性保护、站点建设、办公用房建设等工程和设备购置。按照《林业固定资产建设项目管理办法》（林计发〔2006〕61号）和《国家林业局计资司关于规范国家级自然保护区总体规划和建设程序有关问题的通知》（林计财规字〔2004〕64号）的规定，林业系统国家级自然保护区在总体规划得到国家林业局批复的前提下，保护区基本建设程序包括可行性研究、项目审批、初步设计、竣工验收和后评价等几个阶段。

4.3.3.2 保护管理工作

通过制订管理计划，管理者需要针对保护区的管理目标来分析问题的轻重缓急，根据能够获得的财力、物力和人力确定优先需要解决的问题，寻找对策，制订行动计划来实施管理。一般管理计划的期限为3~5年，管理计划应分期相续制订和执行，以逐步达到和维持总体规划确定的自然保护区管理目标。自然保护区保护管理工作涉及方方面面，应该注重各利害相关者的利益和各方的参与，而且参与和协调应该贯穿计划制订、活动实施、成果分享等全过程。

4.4 自然保护区管理计划的审批和实施

4.4.1 管理计划审批程序

自然保护区管理计划的审批程序如下。

(1) 与相关部门沟通

由于管理计划的内容和管理方案涉及自然保护区周边单位及个人的发展和经营活动，自然保护区管理机构应及时与他们沟通，以确保管理计划的顺利实施，避免产生冲突和阻力。

(2) 评审和论证

管理计划由自然保护区管理机构编制完成后，应送上级主管部门组织评审和论证。参与评审和论证的主要人员应包括主管部门领导、有关专家、社会团体和周边社区的代表等。主要从管理计划的科学性、先进性、前瞻性、有效性和可操作性等方面进行评价和论证，提出评价并指出需要补充、修改之处。

(3) 修改和完善

根据评审和论证意见，管理计划编制部门能够对自然保护区管理计划文本做相应的修改或调整，汇集成送审稿，报送主管部门审批。

(4) 审查和批准

国家级自然保护区管理计划经省级主管部门审批后，报国家有关主管部门备案；地方级自然保护区管理计划经相应地方人民政府主管部门审批后，报省级有关主管部门备案。

(5) 批准生效

经政府有关自然保护区行政主管部门批准的自然保护区管理计划，作为管理自然保护区的行政文件产生效力。自然保护区管理机构应按照管理计划开展管理工作。政府有关自然保护区行政主管部门应根据批准的管理计划，及时给自然保护区提供政策指导和技术、资金、管理上的支持。

4.4.2 管理计划的实施

管理计划批准生效后，自然保护区管理机构开始实施工作。实施过程中应注意以下环节：

①各级政府主管部门应将管理计划作为安排自然保护区投资、项目和检查监督管理工作的主要依据。

②明确管理计划的地位。自然保护区管理机构应明确管理计划是指导管理工作的基础性文件，保护区各项工作都应围绕管理计划展开，这对领导更新后保持工作的连续性十分重要。

③根据管理计划的行动计划时间表制订自然保护区的年度工作计划。

④建立岗位责任制，明确责任权力，将管理计划中的各项任务层次分解到个人，明确检查监督和激励措施。

⑤建立各科室和部门间的有效协调机制，在实施管理计划的过程中，各个科室和部门

既有分工，又有合作，大家形成合力做好工作。

⑥实施管理计划涉及面广、部门多，建立良好的工作环境，拓展外部支持的渠道，对完成实施工作十分重要。

4.4.3 管理计划的调整和修改

在管理计划的实施过程中，随着年度计划执行效果的反馈，会不断出现各种新情况，在当前的管理计划无法应对这些新情况时，就需要对管理计划按程序进行必要的调整和修改，包括管理项目的增减、具体项目内容或实施工作的调整等。一般来说，管理计划应定期修订，使之符合自然保护区不断出现的新的需求，反映新的情况。

调整或修改管理计划需要按批准程序进行。首先由自然保护区管理机构对需要调整和修改的内容进行研究讨论，提出调整意见或修改方案。必要时，聘请咨询专家进行论证，然后按批准程序报上级领导机关批准。在未获批准情况下，仍应按照原管理计划实施管理。

4.4.4 管理计划实施效果评价

管理计划实施后，经过一段时间的检验，应作出实施效果的评价。评价的目的主要是检验管理计划是否满足管理的需求，能否真正起到指导自然保护区管理工作的作用。评价效果可以从以下几个方面进行：

①科学性　确认管理计划中的各主要目标是否达到了自然保护区管理水平的要求；

②完整性　确认管理计划中各个管理方案和行动计划是否相互协调，相互促进，形成一个可以提高自然保护区管理能力的整体计划；

③针对性　确认管理计划中对本自然保护区存在的问题和面临的形势，分析是否切合实际，并且能够解决一些亟待解决的问题；

④有效性　管理计划提出的管理方案是否能有效提高自然保护区的管理能力，使自然保护区产生更大的生态效益、社会效益和经济效益；

⑤可操作性　管理计划所制订的各项方案，应该简单易行，容易操作并达到目标。

以上几个方面是衡量和评价自然保护区管理计划实施效果的准则。根据这些准则可以判断管理计划制定的优劣，从而可以总结出需要改进的、不合理的部分。

4.5 自然保护区的分区管理和管理分区

4.5.1 自然保护区分区管理

自然保护区的建设对保护我国生态环境和生物的多样性、促进社会经济向着可持续的方向发展起到了重要作用，对自然遗迹的保护也具有十分重要的意义。然而，随着社会经济的快速发展以及人口压力的增大，我国自然保护区的进一步发展面临着诸多亟待研究和解决的难题。因而，应对保护区实行分级分区管理，这是自然保护区开展资源管护、科学研究等工作的基础条件，也是实现保护区科学管理的重要手段。

按照《中华人民共和国自然保护区条例》的规定，我国的自然保护区通常区划为核心区、缓冲区和实验区，并实行分区管理。分区管理是保护区的工作原则，它规定了在保护区的不同区域内可以从事的活动。

核心区是自然保护区内保存完好的自然生态系统，珍稀、濒危动植物和自然遗迹的集中分布区，该区域需要严格保护与管理。在重点保护的迁徙性或洄游性野生动物集中分布的时段里，核心区以外有一些保护对象相对集中分布的区域，称为季节性核心区。在管理上除依照《自然保护区条例》第17条的规定经批准外，禁止任何单位和个人进入，也不允许工作人员进入从事科学研究活动。

缓冲区是在核心区外围划定的一定面积的区域，用于减缓外界对核心区的干扰。在管理上，缓冲区是保护区开展自然生态系统的科学研究、定位观测的主要区域，但这些活动必须不能与核心区的保护工作冲突。

实验区是在缓冲区外围划定的区域，允许进入从事科学试验、教学实习、参观考察、旅游以及驯化、繁殖珍稀、濒危野生动植物等活动。通常情况下，保护区不同的功能分区随保护区级别的差异而有不同，由不同级别的政府部门批准划定。如果要调整保护区的功能分区，仍然需要由原批准功能分区的政府部门重新审批。

4.5.2 自然保护区管理分区

管理分区是指在现实的管理活动中，保护区面临的威胁通常在时间和空间上会发生变化，所以不同的区域需要投入的管理和保护力度也会有所不同。因此，保护区管理机构应按照保护区不同保护对象在不同区域面临的威胁对保护区重新进行管理上的分区，确定管理的重点区域，以便于保护区管理机构更加有针对性地消除或减少保护对象所面临的威胁。

参考文献

1. 国家林业局动植物保护司. 2002. 自然保护区管理计划编写指南[M]. 北京：中国林业出版社.
2. 胡柏炯，罗杨，冉景丞，何礼文. 2009. 自然保护区管理手册[M]. 北京：中国环境出版社.
3. http://gdnr.org.cn/fagui/ShowArticle.asp? ArticleID=89
4. 国家级自然保护区总体规划大纲. http://sts.mep.gov.cn/zrbhq/fzgy/200206

习 题

填空题

1. 自然保护区管理计划的审批程序包括 _____ 、_____ 、_____ 、_____ 、_____ 五项。
2. 检验管理计划是否满足管理的需求，能否真正起到指导自然保护区管理工作的作用，应从_____ 、_____ 、_____ 、_____ 、_____ 五个方面进行。
3. 按照《中华人民共和国自然保护区条例》的规定，我国的自然保护区规划中通常区划为_____ 、_____ 、_____ 三个区，实行分区管理。
4. 自然保护区规划管理的主要内容有哪些？
5. 简述自然保护区管理计划审批、实施、调整修改及效果评价的过程。

讨论题

什么是自然保护区总体规划和管理计划？二者之间的关系是什么？

思考题

结合我国自然保护区现状，讨论不同类型的自然保护区各自管理计划编制的区别与联系。

第 5 章 自然保护区的日常管理

> **本章提要**
>
> 　　本章将着重阐述自然保护区日常管理制度、监测巡护管理、防火管理、财务管理等基本方法和原则，并附有案例加以说明。

　　为了有效地开展自然保护区各项工作，不仅要做好组织管理、规划管理、科研管理、宣教管理等专项管理，保护区的日常管理是不可忽视的一个重要管理内容。尽管日常管理的工作相对较为琐碎，但是其管理水平的高低，直接影响保护区总体管理的绩效，因此必须予以重视。

5.1 自然保护区的日常管理制度

5.1.1 制订自然保护区日常管理制度的原则

　　自然保护区要使其日常管理工作有效进行，必须制订科学合理、行之有效的管理制度。在制订管理制度时，应遵守以下几项原则：

(1) 科学性原则

　　科学性原则是指保护区的日常管理活动要遵循客观规律，采用科学的方法论进行分析问题、解决问题。具体说就是要通过对保护区各种管理实践经验的收集、归纳、总结，制订出相应的日常管理制度。制订过程中需要考虑自然保护区建设与管理工作的一般性规律，对保护区现状进行充分调查，并吸纳相关专家的意见，努力提高自然保护区的科学管理水平。

(2) 针对性原则

　　自然保护区的日常管理制度的制订过程必须因地制宜，因时而变，充分考虑各个自然保护区实际情况的差异，根据每个自然保护区自身的管理特点，建立和不断完善切实有效的规章制度，形成完整的自然保护区制度体系。

(3) 前瞻性原则

　　自然保护区是一个自然与社会相互嵌合的有机综合体。在制订其日常管理制度时，应对保护区的建设管理现状和未来发展趋势有全面的认识和分析，充分考虑实际管理中各种可能出现的问题，预测未来管理问题和效果，从而使制度具有前瞻性。

(4) 系统性原则

由于自然保护区是一个复杂的社会机构，其日常管理制度涉及面广，系统性强，因此在制订日常管理制度时要充分考虑不同级别管理人员、技术人员、社区居民、政府部门、非政府组织等方面广泛的意见，进行全面系统的分析，以保证制订的制度有系统性。

5.1.2 制订自然保护区日常管理制度的程序

自然保护区日常管理制度的制订大致可以分成6个阶段：

①准备阶段　进行人员、物资和技术等方面准备；

②调查与评估阶段　对保护区的保护及管理等现状进行调研，收集第一手资料和文件；对资料进行整理、分析和评价，形成日常管理制度大纲；

③规划编写阶段　根据上一阶段获取的保护区的实际情况，借鉴其他保护区的先进经验，起草自然保护区日常管理制度的文本草案；

④征求意见阶段　将拟定的自然保护区日常管理制度文本草案向公众公开，征求自然保护区管理人员、技术人员、社区居民、当地政府等相关利益群体的意见；

⑤修改阶段　收集相关利益群体的意见后，对其进行整理分析，修改文本后，再征求各方意见，进行修改，多次重复第四和第五阶段，直至最终确定保护区日常管理制度的方案；

⑥送审、颁布与实施阶段　修改后的文本通过有关权力部门审核通过后颁布实施。

5.1.3 日常管理制度的主要内容

根据工作实践经验，自然保护区日常管理制度至少应该包括以下几方面。

①基本管理制度　包括基本工作规则、资源保护管理办法、岗位职责等；

②财务物资管理制度　包括财务管理制度、接待费使用规定等；

③应急预案制度　包括森林火灾应急处置预案、旅游突发事件应急预案、森林生态巡护事故应急预案等；

④其他管理制度　其他管理制度可以涉及很多内容，如科研工作、奖励机制、野外安全防护等方面。

【案例5-1】

自然保护区的日常管理制度

从上文的描述中可以得知，自然保护区的日常管理涉及的内容广泛，在实际的运行中，往往不是由一份管理制度来涵盖所有的内容，而是根据不同的管理需要，设置不同的管理制度和细则。因此，本章不可能对各种管理制度进行逐一的罗列，而只能对其中有代表性的制度进行列举。

大盘山自然保护区管护员岗位职责和考核办法

为进一步规范自然保护区的资源管理，严格管护队伍建设，制订本考核办法。

一、岗位设置和工作职责

按照"管理局—保护站—保护点"三级管理体制建设要求，实行分站负责、责任到岗，区内共设花溪、牛路溪、石上三个保护站，9个保护点，4个哨卡和1个瞭望哨。根据需要配专职巡护员8名，哨卡值勤人员6名，兼职巡护员1名。

（一）花溪保护站。由花溪、陈华坑口、石坑3个保护点和九头石、西岭坑2个哨卡组成。

1. 花溪保护点。专职巡护，步行巡护为主，摩托车辅助巡护。管护范围：从乌幽坑口至石坑和杏珠坞岔路口至栗树坞止阴阳两侧所有保护区范围。巡护路线和重点：花溪景区范围，乌幽坑、枫坑、牛栏坪、栗树坞等生产生活频繁的区域。

2. 陈华坑口保护点。专职巡护，摩托车巡护为主。管护范围：从云山中田至龙潭口以及花溪方向到乌幽坑口止所有保护区范围。巡护路线和重点：中田沿大云线至龙潭口，花溪景区门口至乌幽坑口，金竹坑、火烙头。

3. 石坑保护点。专职步行巡护。管护范围：石坑和杏珠坞岔路口以上一直到大盘山顶山脊线为止，水流往花溪方向的所有保护区范围，金竹头、盘峰两村行政区域范围内所有保护区区域以及大弯坤保护区范围。巡护路线和重点：石坑至盘山横路到大盘山尖三叉口，石坑至杏珠坞、金竹坞、大弯坤，每周到金竹头、盘坑巡护一趟。

4. 九头石哨卡。专职值勤，主要负责九头石哨卡进区人员登记管理。

5. 西岭坑哨卡。专职值勤，主要负责大云线从西岭坑哨卡进入保护区从事生产活动的人员登记。

（二）牛路溪保护站。由牛路溪、西坑口、大盘岭脚、王庄、王隐坑5个保护点和龙皇坑哨卡组成。

1. 牛路溪保护点。实行专职巡护，摩托车巡护为主，辅助步行巡护，晚上在站中值勤。管护范围：市口至大盘岭头阴阳两侧保护区范围，昭明院周围至毛坞。巡护路线和重点：市口经牛路溪至昭明院至毛坞，市口至外坞至大园岭头。

2. 西坑口保护点。实行专职巡护，摩托车巡护为主，辅助步行巡护。管护范围：大园、深塘前、西坑、北山至长坑的所有。巡护路线和重点：磨石岭至北山至长坑公路沿线生产频繁区域，西坑口至深塘前、大园。

3. 大盘岭脚保护点。实行专职巡护，步行为主。管护范围：光明、后塘两村生产生活频繁区。巡护路线和重点：后塘、光明村边的生产生活区，后塘至下了坪至龙潭口，后塘沿大盘岭至大盘岭头，光明一保、盘坑后门山。

4. 王庄保护点。实行专职巡护，步行巡护。管护范围：从大云线王庄路口往王庄方向，所有王庄行政区域范围内的保护区区域，包括西岭外俺老孙范围。巡护路线和重点：王庄至下坞头，王庄至大云线至米坞、西岭外，生产生活频繁区。

5. 王隐坑保护点。实行兼职巡护。管护范围：王隐坑行政区域内所有保护区范围。巡护路线和重点：进区道路以及生产生活频繁区。

6. 龙皇坑哨卡。专职值勤。主要负责龙皇坑进区人员登记。

（三）石上保护站。由里西坑保护点，石上哨卡和盘山尖瞭望哨组成。

1. 里西坑保护点。实行专职巡护，步行巡护为主，摩托车辅助巡护。管护范围：从石上开始到牛头颈沿路两侧水流往里西坑的所有保护区范围，包括里西坑、黄曹库等地。

巡护路线和重点：石上经板岩至光明，沿马岭坑到牛头颈，小盘至里西坑至黄曹库。

2. 石上哨卡。专职值勤，主要负责石上路口进区人员登记管理。

3. 盘山尖瞭望哨。专职值勤，主要负责山顶瞭望台瞭望观察、山顶外来人员登记管理，山顶周边资源巡护等工作。

二、工资和劳保待遇

管护人员待遇主要由工资、劳保和公用经费三部分组成。管护人员工资采取岗位工资制，由岗位基本工资和月度考核奖组成。

(一)工资

1. 岗位基本工资。巡护人员每月700元，瞭望哨值勤人员550元，哨卡值勤人员每月500元。

2. 月度考核奖。每月300元。

3. 兼职管护人员。重点防火期(每年11月至次年4月)每月800元，其他时段(每年5月至10月)每月300元。

保护站临时负责人另增时，负责人另增岗位工资每月100元。

(二)劳保

1. 巡护装备。①每年配迷彩服2套，高帮防火鞋2双，矮帮防火鞋2双，雨鞋1双；②其他巡护用品根据实际需要，经局领导同意后进行添置。

2. 劳保用品(包括防暑药品)控制在每年每人200元以内。

(三)公用经费

1. 通讯费：①保护站、哨卡内的座机话费限额每月30元(不包括月租费)；②盘山尖瞭望哨、九头石哨卡2架无线座机话费限额每月60元；③移动通讯费，鼓励管护员使用移动手机，移动手机的由管理局统一缴纳虚拟网年费。

2. 摩托车巡护费用：①指定摩托车巡护的，每月补助40升汽油，使用自备摩托车的发车损补助每月50元；②需摩托车辅助巡护的，每月补助20升汽油。

三、考核办法

(一)考核总则

1. 管护人员考核实行岗位考核制，按岗位不同分别进行考核。(其中兼职管护人员考核按盘保[2004]15号文件执行)

2. 管护人员实行月度考核制，年度考核以月度考核为基础进行综合评定。年内月度考核分均在80分以上者，有资格参加局先进管护员评选。

3. 考核基准分100分，根据奖罚情况进行加扣分，每月按实际所得分值计发月考核奖，考核得分低于70分的，取消当月考核奖。

4. 区内专职巡护人员每月允许休息4天，哨卡值勤人员每月允许休息2天，瞭望哨值勤人员休息按瞭望哨工作职责执行。因工作需要无法安排休息的，发给超勤奖每天20元。全体管护人员必须严格执行请销假制度，平时原则上不得请假，有事确需请假的，每请假1天扣10分。年内请假时间累计超过15天的，取消评先进资格。

5. 本人不愿参加管护工作或因身体等原因无法继续履行管护工作的，经局里同意后可予以解除聘约，但在正式同意前应继续履行好工作职责。管护人员在岗期间，在外单位兼职打工的，一经发现核实，一律予以辞退。

6. 对能及时发现违法违规事故苗头，并有效阻止和避免重大资源破坏现象发生，管护工作表现突出的，视情加 10~20 分。

(二) 保护站负责人岗位考核

1. 负责本站管护人员管理，及时做好队伍思想工作，统筹安排管护人员休息。人员管理不到位，影响队伍思想情绪的酌情扣 5~10 分。

2. 负责所辖区域巡护、检查、协调、监督和指导等工作。因督查不力，发生本站管护人员工作失职的酌情扣 5~10 分。

3. 及时掌握本站区域内资源管理情况和社区动态，及时与管理局沟通信息。情况掌握不清，造成工作被动的酌情扣 5~20 分。

4. 按照社区共建、资源共管的要求，及时调处与周边地区的各种矛盾和纠纷。未能及时调处的，每起纠纷扣 5~10 分。

(三) 巡护人员岗位考核

1. 明确管护范围，认真履行职责，严格按照指定巡视路线做好巡逻，工作时间内不得擅自离岗，擅自离岗超过半天的作旷工处理。擅自离岗的每次扣 20 分，旷工每天扣 30 分。

2. 严格区内资源管理，加强巡视管护，及时发现、制止、报告破坏资源的行为，并协助上级部门查处破坏资源案件。发生资源破坏案件不能及时发现、制止、报告的每起扣 10 分，故意瞒报扣除当月考核奖；监管区域内发生重大的资源破坏案件每起扣 20 分；监管区域内发现野外用火的每起扣 10 分，发生森林火警的每起扣 20 分，森林火灾每起扣 30 分。

3. 保证每天打开，并随时检查在线情况。无故不打开巡护监控终端系统，每发现一次扣 20 分。

4. 认真执行定期报告和巡视记录制度，每周星期一定期向局管护处报告一周巡视情况，认真做好巡视记录。迟报告 1 次扣 5 分，漏报 1 次扣 10 分，巡视无记录的扣 10 分。

(四) 哨卡值勤人员岗位考核

1. 明确哨卡工作职责，认真坚守岗位，工作时间内不得擅自离岗，确保每天 24 小时坚守岗位，擅自离岗超过半天的作旷工处理。擅自离岗的每次扣 20 分，旷工每天扣 30 分。

2. 做好进区人员登记工作，登记内容清楚明了，做到不漏登，不乱记。人员登记不清楚，或出现漏登、乱记现象的，每次扣 10 分。

3. 加强火源监控和资源管理，禁止区内资源从哨卡流出，防火期内严禁火源进区。发现资源从哨卡流出的每起扣 10 分，发现火源擅自进区的每次扣 10 分，导致区内发生森林火警的每起扣 20 分，引起火灾每起扣 30 分。

4. 认真执行定期报告制度，每周星期一定期向局管护处报告一周哨卡管理情况。迟报告 1 次扣 5 分，漏报 1 次扣 10 分。

(五) 瞭望哨值勤人员岗位考核

1. 明确瞭望哨工作职责，按照岗位职责要求认真坚守岗位，工作时间内不得擅自离岗，确保每天 24 小时有人坚守岗位，擅自离岗超过半天的作旷工处理。擅自离岗的每次扣 20 分，旷工每天扣 30 分。

2. 禁止管护人员在岗期间从事其他经营性活动(包括种养殖)。发现一次一般性经营活动的扣 10 分。未经局里同意,在管理用房内为游客提供用餐、烧饭,或代为购买物品的,发现一次,予以警告并扣 30 分,年内发现两次将予以辞退。

3. 认真做好瞭望工作,每天应安排 2 次以上瞭望台观察,防火期瞭望次数不得少于 4 次,并认真做好瞭望记录。瞭望时间未保证的,每少 1 次扣 5 分,瞭望无记录的扣 10 分。

4. 做好进区人员登记工作,登记内容清楚明了,做到不漏登,不乱记。人员登记不清楚,或出现漏登、乱记现象的,每次扣 10 分。

5. 积极做好管护用房和瞭望哨周围火源监控和资源管理,防止资源破坏和野外用火现象发生。发生重大的资源破坏案件每起扣 20 分;发现野外用火现象的每起扣 10 分,发生森林火警的每起扣 20 分,火灾每起扣 30 分;发现盘山水库、火山湖边上以及其他林中有露营行为的,每起扣 10 分。

6. 认真执行定期报告制度,每周星期一定期向局管护处报告一周瞭望情况,森林防火期每天向管护处报告瞭望情况。迟报告 1 次扣 5 分,漏报 1 次扣 10 分。

大盘山管理局管护员请销假制度

一、为了规范管护队伍管理,严肃组织纪律,提高工作效率,制订本规定。

二、全体管护员必须严格按照局里制订的目标岗位责任制,坚守工作岗位,尽心尽力做好区内资源保护工作。未经许可,不得擅自离开工作岗位。

三、确因特殊情况,需请病、事假的,要严格依照本规定,做到事先请假,事后销假。

四、局里制订的考核办法中明确规定可以调休的,一般管护员经保护站负责人同意后,报管护处备案;保护站主要负责人须经管护处同意后,方可离开工作岗位;管护员因本局其他工作需要,要暂时离开工作岗位的,事先得向管护处报告后方可离开。考核办法规定以外请病事假的,必须由本人向管护处提出申请,三日以内的,由管护处负责批准;三日以上的须由局主要领导同意后,方可准假。

五、病事假结束后,本人应当及时向管护处做好销假工作。

六、对未经备案或同意批准,管护员擅自离开工作岗位的,均以旷工处理。因擅自离岗,造成区内资源破坏或工作被动的,依照规定严肃处理。情节严重的,解除聘用。

5.2 自然保护区的巡护管理

5.2.1 巡护管理的概念

巡护是指定期或不定期地沿着一定的路线观察、记录野生动植物及人类活动情况,并及时将所发现的重要情况上报,尽快采取行动制止非法行为的一项工作。巡护的目的是全面及时地掌握管护区域内的人为活动及破坏动植物资源的情况,以采取针对性的保护策略,打击制止这些非法活动,确保自然保护区的保护规章得以有效实施,提高保护的有效性和科学性。

巡护管理则是通过制订一系列的巡护规章制度,采用统一的标准,规范各种巡护工作,使其能够有序而高效地进行。

5.2.2 巡护管理的作用

巡护管理对于自然保护区履行保护职能具有重要作用。通过巡护管理，可以及时准确地发现和制止各种非法活动，确保自然保护区边界的完整性，制止游客违反保护区的相关规定，保证保护区的核心区等重要保护地带不受人为活动的干扰，使保护区的保护工作更为有效，更有利于资源的可持续利用和生态环境的可持续发展。

5.2.3 巡护计划的制订

巡护工作是一项季节性较强的工作，相关管理机构应根据年度或季度的特点，制订相应的巡护计划。巡护计划的主要内容包括：巡护路线的设计、巡护表格的设计、巡护员的分工、时间安排、工具用品的准备以及检查、监督和奖惩的办法等。其中日常巡护路线和巡护表格是相对固定的，因为巡护在一定意义上是为监测工作服务的，只有相对固定的巡护，才能获得有价值的监测信息。

5.2.3.1 巡护路线的设计

日常巡护应该有计划地覆盖保护区的部分周边地区、所有进入保护区的道路、与村寨相连接的树林、偷猎活动频发的区域以及各种具有代表性的生境等，并综合考虑距离保护站、哨卡、驻地的路程，路线不宜太长。如果有特殊情况必须设定较长的路线，则应将较长的路线分成若干段，有利于确切记录数据采集的地点。

一般而言，每个保护区都应划分为几个巡护区，每个巡护区又可以进一步划分为几个巡护片，并将巡护路线在地图上标出，以利于巡护员按路线进行巡护工作。保护站的领导应该负责为巡护员制订巡护计划，并亲自带领巡护员进行巡护。

5.2.3.2 巡护表格的设计

巡护表格应涵盖三方面的信息，即：

第一，基本情况，如天气、河流水位、水灾、火灾、旱灾等造成的痕迹、草叶湿润度等；

第二，遇见野生动植物的情况，如野生动物的数量、身体状况、痕迹、幼崽数量，珍稀植物的数量、分布、生长状况等；

第三，人为活动的情况，如砍伐、放枪、人数、放牧、焚烧等。

5.2.3.3 巡护员的分工

保护区（站）的领导应根据巡护的工作量和工作强度，合理分配巡护员的职责，使其能够发挥特长，各尽所能。在巡护小组编组时，应将具有不同特长的人合理搭配，互相补充。另外，每个巡护小组必须设置1名组长和至少2名巡护员，以防意外事故的发生。

5.2.3.4 时间安排

巡护计划应对巡护的时间和频率做出明确的规定。日常巡护的时间应该是相对固定的，通常每条路线每周或半个月就需要进行一次巡护。稽查巡护则根据实际情况而定。在旅游的旺季、生产季节、狩猎季节和防火季节应加大稽查巡护的力度。

5.2.3.5 工具用品的准备

在制订巡护计划时应列出野外巡护所需要的工具，并安排好人员和经费。在巡护任务较轻松的季节，应安排检查维护野外巡护工具和设备，以保证巡护时所有设备工具都处在良好的状态。

5.2.4 巡护报告的编写

编写巡护报告有一定的要求和技巧。一般而言，可以按照以下几个要求进行：
①明确谁将阅读报告，有针对性地进行编写；
②很快地吸引阅读人的注意力；
③客观地陈述事实，不要凭自己的印象添油加醋；
④对问题的讨论要适可而止，不要过于夸大，除非有很多事实依据的支持；
⑤叙述要清楚、有条理；
⑥报告的组织应合理，最好是将数据附在报告的后面，编上号，以便查阅；
⑦每段文字不宜太长，每段应有一关键的句子，帮助读者掌握要点；
⑧应用一些特殊的标记，如下划线或下标点等来强调要点；
⑨报告应有一个清爽的页面；
⑩要有概述、概括要点和结论。

【案例5-2】

自然保护区日常巡护记录参考表

_____保护区(站)

巡护员姓名：_____ 日期：____年____月____日

其他参与人员：_____

巡护方式：_____ (1. 步行 2. 驾车 3. 其他)

地点：_____ 天气：_____

巡护路线：_____

开始时间：_____ 结束时间：_____ 巡护时间：_____

巡护路段	1	2	3	4	生境	备注
海拔						
野生动物						
野生植物						
人类活动						

注：性别：X1—雄　X2—雌　X3—不清
　　年龄：N1—成体　N2—亚成体　N3—幼体　N4—新成体　N5—不清
　　痕迹：H1—实体　H2—叫声　H3—粪便　H4—卧迹　H5—洞穴巢　H6—食迹　H7—足迹　H8—爪痕　H9—蹭痕　H10—咀嚼物　H11—其他
　　人为活动：R1—绳套　R2—盗伐　R3—偷猎　R4—开荒　R5—火烧　R6—放牧　R7—捕鱼　R8—其他
　　坡向：N—北　S—南　E—东　W—西
　　生境：S1—森林　S2—灌丛　S3—草地　S4—农田　S5—水域　S6—沼泽　S7—其他
　　无代码表示的应在备注栏里做文字描述

5.3　自然保护区的监测管理

自然保护区监测管理就是根据监测的目的和要求，制订相应的制度，组织安排好各项监测活动，提高监测效果。自然保护区监测是指按照预先设定的时间和空间，采用可比较的技术和方法，对自然保护区内的动植物资源、生物种群、群落及非生物环境进行连续观测和生态质量评价的过程。

自然保护区监测的目的是了解自然因素与人类活动对保护对象及其相关因素的影响和危害，为调整保护措施、改进保护管理提供依据。监测工作具有长期性、连续性等特点，其主要内容有：野生动植物监测、植物群落生态系统监测、水质监测、地质环境监测、旅游、放牧、非法入区等人为活动的监测、社区发展和经济发展监测等。以下重点介绍动物监测、植被监测、社区监测、水质监测和地质环境监测。

5.3.1　动物监测

5.3.1.1　监测内容

野生动物监测：包括野生动物种群的动态（包括年度变化和随季节在不同区域的数量变化）、生境选择（包括微生境选择）、天然林禁伐和退耕还林后野生动物栖息地变化、相关生态学数据的收集。

干扰因子监测：干扰因子包括天然因素的干扰和人为因素的干扰，人为干扰为主，如放牧、偷猎、挖药、盗伐、旅游以及竹笋采挖等。

5.3.1.2　监测方法

动物监测主要采用以固定样线监测为主、随机样线监测为辅的方法。

（1）布设监测样线

采用样线法监测保护区内各野生动物种群及相关分布生境状况。抽样强度一般为每 10 km² 布设 1 条监测样线，林区样线长度根据地形控制在 3~10 km，在开阔的草原或荒漠地带，样线长度可为 50~100 km。

（2）确定监测方法

监测人员借助 GPS、望远镜、罗盘仪等仪器设备，沿着固定监测样线行进，仔细观察样线上野生动物的活动痕迹及干扰因子情况，做好相关的记录。为了避免重复记录，对于已做记录的动物痕迹应在当次记录后将其破坏。监测样线的单侧距离在林区步行进行实体调查时，控制在 25~50 m，在开阔地区 50~100 m 为宜。如果调查足迹或其他痕迹，样线单侧宽度 20~25 m 为佳。

5.3.1.3 监测强度

固定样线监测一般每年不少于2次，加强可至每季1次。兽类调查应在繁殖产仔期之前，一般以冬季为宜，冬季的透视度好，也易于雪地跟踪。随机巡护样线可根据各保护区干扰情况在时间和空间上的不同进行调整。

5.3.1.4 监测表格

野生动物及干扰因子监测记录表主要包括：监测线路表、生境表和干扰表。填写表格应按照真实性、完整性、客观性和数据的高质量性、整洁性、相关性和系统性的要求进行。各保护区还应建立起表格及时检查和输入的机制。

5.3.2 植被监测

5.3.2.1 监测内容

主要监测自然保护区植被分布、种群结构、生长现状和生物多样性变化趋势等。

5.3.2.2 监测方法

自然保护区植被监测可采用样线样方结合的方法。样线法是从核心区最高点开始往南往北布设样线，向海拔低处进行，每100 m垂直高度上设一样方，对样方四角定桩标记。通常乔木层样方大小在寒温带与暖温带为0.2 hm^2，温带阔叶混交林、阔叶林与亚热带针叶林为0.25 hm^2，亚热带常绿阔叶林、针阔混交林为0.3 hm^2。灌木层样方大小为5 m×5 m，草本样方为1 m×2 m，一个乔木层样方内配置灌木样方在寒温带与暖温带不少于3个，亚热带与热带林内不少于4个；草本层样方则在寒温带、温带与暖温带林内不少于15个，在亚热带与热带林内保守估计15~20个。以此保证林下植物多样性调查的准确性。除了按海拔由高至低不同变化梯度上设置样方外，还应对保护区内主要植物群落类型设置典型监测样方。森林类型保护区要按照建群种的不同设置监测样方，乔、灌、草的样方面积大小与上述样线设置的样方相同。

5.3.2.3 监测强度

由于自然保护区植被监测具有特殊性，监测强度小于动物监测，一般每3年一次或者每5年一次。

5.3.2.4 监测表格

根据植被监测的要求及所要收集的数据信息，填写植被监测所需要的内容及相关信息，表格填写要求同动物监测表。

5.3.3 社区监测

5.3.3.1 监测内容

社区监测的内容较多，主要包括：社区自然地理概况、社区人口情况、社区资源利用现状、社区居民收入来源及状况、社区耕地情况、社区农作物种植和牲畜家禽养殖情况、社区公路状况、野生动物危害情况等。

5.3.3.2 监测方法

与动植物监测的方法不同，社区监测通常采用访谈和问卷调查等方法。监测开始之前，首先要选择周边社区的1~2个自然村为调查监测对象。监测对象的选择有一定的要求,例如:生产生活与保护区密切相关的、位于保护区境内或与保护区相邻的、经济收入来源少且贫困落后的、有狩猎习惯的少数民族村等。选择监测的农户应具代表性,一般应涵盖富裕、中等、贫穷农户,监测频率为每年一次。

5.3.3.3 监测表格

社区监测表内容主要包括典型村情况调查和农户社会经济调查两方面,表格填写要求同动物监测表。

5.3.4 水体监测

5.3.4.1 监测内容

对于保护区,特别是内陆湿地和海洋类型保护区,水体监测是环境监测的一个重要内容。应对保护区内的水文和水质开展长期性、常规性监测,以求真实全面地反应保护区的水体状况。水体监测的内容及标准可参照相关的环境影响评价内容和标准,此处不再赘述。

5.3.4.2 监测方法

水体监测主要采用采样方法进行。采集的水样一般有两种:一种为等比例混合水样,指在某一时段,在同一采样点位所采水样量随时间或流量等比例的混合水样;另一种是等时混合水样,指在某一时段内,在同一采样点位(断面)按等时间间隔所采等体积水样的混合水样。具体采样方法可参考《地表水和污水监测技术规范》。样品采集后的保存可参见《水质采样样品的保存和管理技术规定》。检测方法和标准则可以参考《地表水环境质量标准 GB 3838—2002》、《海水水质标准 GB 3097—1997》等。

5.3.5 大气监测

5.3.5.1 监测内容

由于保护区中有许多对环境敏感物种,因此对保护区的大气进行监测也是非常必要的。大气中的有害物质是多种多样的,不同地区污染类型和排放污染物种类不尽相同。因此,在进行大气质量评价时,应根据各地的实际情况确定需要检测的大气环境指标。大气中常见的污染物有悬浮颗粒物、降尘、可吸入颗粒物、二氧化硫、氮氧化物、总烃、铅、氟化物、臭氧等。

5.3.5.2 监测方法

对于不同的监测指标其检验的方法也各不相同。一般来说,大气的监测与水体监测一样,首先需要进行采样。根据《中华人民共和国环境保护行业标准(HJ/T194—2005)》中的规定,大气采样的方法有 24 小时连续采样、间断采样、无动力采样等多种。每种监测指标适用的采样方法及采样设备可以参看《中华人民共和国环境保护行业标准(HJ/T194—2005)》。采样后的监测分析方法可根据国家颁布的标准分析方法或国家环保总局颁布的标准分析方法。对没有标准分析方法的监测项目,可采用《空气和废气监测分析方法》中推荐的方法。

5.3.6 土壤监测

5.3.6.1 监测内容

土壤监测内容主要包括 pH 值、镉、汞、砷、铜、铅、铬、锌、镍、六六六、滴滴涕等 11 项。通常土壤监测的常规项目主要有 3 类：一为金属化合物，包括镉（Cd）、铬（Cr）、铜（Cu）、汞（Hg）、铅（Pb）、锌（Zn）；二为非金属无机化合物，包括砷（As）、氰化物、氟化物、硫化物等；三为有机化合物，包括苯并（α）芘、三氯乙醛、油类、挥发酚、DDT、六六六等。具体监测标准参照国家《土壤环境质量标准（GB 15618—1995）》。

5.3.6.2 监测方法

土壤的监测一般采用采样点监测。在土壤监测中，样品的采集是一项非常重要的工作。相对于水体采样和大气采样而言，其复杂性和难度都比较高。通常样点选择方法有对角线采样法、蛇形采样法、棋盘形采样法和梅花形采样法。监测方法有：第一方法，即标准方法，按土壤环境质量标准中选配的分析方法；第二方法，即由权威部门规定或推荐的方法；第三方法，即根据各地实情，自选等效方法，但应作标准样品验证或比对实验，其检出限、准确度、精密度不低于相应的通用方法要求水平或待测物准确定量的要求。具体土壤监测方法参见《土壤环境监测技术规范（HJ/T 166—2004）》。

5.3.7 地质环境监测

对于地质遗迹类的保护区而言，地质环境监测是其日常工作的重要组成部分之一。地质环境监测主要包括地下水动态监测、地质灾害监测两个方面。

①地下水动态监测　主要是指对地下水的水位、水质、水量及水温等的动态变化以及地下水运移规律的监测，包括地下水常规监测和地下水污染监测。

②地质灾害监测　是指对由于自然和人为因素造成和引起各类地质体的变化情况实施的监测。地质灾害监测又可以分为缓变型地质灾害监测和突变型地质灾害监测两类。

【案例 5-3】

大熊猫主食竹监测

（一）监测内容

大熊猫主食竹在保护区的分布、生长状况；大熊猫主食竹被采食情况；大熊猫主食竹的变化情况。

（二）监测方法

样方法：大熊猫主食竹监测样方按竹径大小设置样方，小径竹样方大小为 1 m×2 m，大径竹（如刺竹子）为 2 m×2 m。样方设置根据保护区内不同的竹种分布，可以植被监测样方为基础，在 20 m×50 m 的植被监测样方的四角及中央各设置预定大小的小样方，并用木桩固定四角，用绳索围成小样方。若因为不同竹种的分布原因，所要布设的样方不能与植被监测样方同样线，则可根据情况设置 5 m×5 m 的大样方，再在此样方的四角及中央设置 1 m×2 m 的小样方进行监测。

(三) 监测强度

大熊猫主食竹监测每年监测两次。每种主食竹在每个样方点至少布设一个竹子样方，另外可根据实际需要增加同种主食竹的样方数量。

(四) 监测表格

大熊猫主食竹监测样方记录表见附表5-1。根据表中所涉及的内容，详细真实记录竹子样方中相关主食竹的信息。

表 5-1　自然保护区监测大熊猫主食竹样方表

样方编号：			竹种名称：			样方大小：		日期：　　年　　月　　日
海拔：			东经：				北纬：	
数量(株)		竹笋		幼竹		成竹	枯死竹	开花竹
采食情况(株)		大熊猫			其他兽类			昆虫
	竹笋	幼竹	成竹	竹笋	幼竹	成竹	竹笋	幼竹　成竹

5.4　自然保护区的火灾防护管理

5.4.1　火灾防护概述

防火是自然保护区的重要工作之一。此项工作涉及范围较广，难度较大，一旦发生火灾未及时救护，其后果将是毁灭性的。为了预防森林等火灾发生，实现资源持续生存和有效保护，保护区管理人员应根据保护区的实际情况，落实综合救护措施，加强资源林政管理，坚持牢固树立预防为主、积极扑灭的方针。此外，广大群众的积极参与，是搞好护林防火工作的重要保障。

5.4.2　火灾发生的原因

森林燃烧是自然界中燃烧的一种现象，其发生和发展有其本身的规律，不同的火源可以引起不同的火灾。因此，只有首先弄清火源，才能主动预防和杜绝森林火灾的发生。

火源种类较多，但是大体上可以分为两类：一类是天然火源，如雷电火，泥炭发酵自燃，滚石火花，火山爆发等。天然火源在全火源中发生概率仅占1%。另一类是人为火源，人为火源又可以分为三类：

① 生产火源　有烧荒，烧地格子，烧灰积，火烧防火线等；
② 非生产火　包括吸烟、烤火、林内弄火、做饭驱蚊、上坟烧纸等；
③ 其他火源　有外来火源和人为故意放火。这类火源并不多见，但不能放松警惕。

5.4.3　防火的措施

星星之火，可以燎原。发生火灾的地区，生态系统会遭到毁灭性的破坏，损失难以估量。因此，必须做好自然保护区防火工作，主要措施有：

(1) 加强领导，完善制度，健全队伍

①加强领导　自然保护区管理人员应坚持落实"预防为主，积极消灭"的防火方针，把保护区的防火工作摆在突出重要位置，常抓不懈。

②完善制度　为加强防火及安全管理，保护区管理人员应制定出台一系列的防火制度，如《自然保护区野外用火管理办法》、《自然保护区火灾扑救、处理办法》、《自然保护区防火值班制度》、《自然保护区防火处置预案》等，使防火工作能规范化运行。

③健全组织　成立以行政领导为组长的"自然保护区防火领导小组"，同时成立以行政领导为队长的"自然保护区火灾扑火队"、"自然保护区防火管火队"、"自然保护区防火督查队"等预防救护小组，全面负责保护区的防火工作。

④责任到位　明确自然保护区防火管理的责任和义务，对防火工作做出定性定量的分工，并将责任纳入年度考核内容，实行防火工作一票否决制，进一步增强职工防火工作的责任心。

(2) 加强宣传，营造氛围

抓好宣传工作是做好自然保护区防火工作、确保安全的基础。保护区宣传人员应根据林农用火习惯及气候特点，着重针对"三时段"开展宣传工作，即：春播生产季节、清明节前后和冬春干旱期。在这三个极易引发森林火灾时期，利用多种方式，深入林区和村庄进行宣传。

(3) 加强管理，严格控制

保护区应注意防控"三类人"，即外来游客、外来作业人员和各村庄精神或智力有障碍的人员。对这三类人员要进行重点的宣传教育，做好游客登记、教育培训等工作，对外来作业人员实施有效监督，并可以会同当地政府工作人员对各村的精神智力障碍人员进行摸底登记工作，落实户主的监管责任，防患于未然，杜绝这几类人员的野外用火。另外，要坚持"有法必依，执法必严"的方针，加大执法力度，时刻注意可疑人员的动向，确保保护区资源不受损失。

(4) 加强沟通，群防群治，搞好联防

为了更好地预防火灾，保护区还可以与当地政府、社区居民等建立联防组织，制订防火联防细则，加强纵向和横向的交流，通力协作，互相配合，为护林联防工作奠定坚实的基础。同时，保护区管理人员应走访毗邻村庄，积极帮助各村解决实际问题，深入村民心中，缔结良好关系，营造互帮互助的氛围，形成人人参与防火的良好风气。

(5) 硬件保障，固本强基

硬件设施是保护区防火的基础，保护区管理人员应做好以下几方面的工作，以提供硬件保障：

①在保护区的边缘设置防火线，定期维修，定期除草。

②搞好通讯设施建设，确保各保护站的通讯畅通。

③及时维修各林区的交通要道。做好保护区干道和机耕路的维修和各林区林道的维修工作，确保道路畅通无阻。

④确保防火期间车辆到位值班，要确保在高危防火期能及时整装待发，保证出得去、行得快。

⑤准备好扑火工具及相应设备。为扑火队员配备简单的扑火工具，以备不测。

5.5 自然保护区的财务管理

自然保护区的财务管理是指在一定的整体目标下，关于保护区资产的购置（投资）、资本的融通（筹资）和经营中现金流量（营运资金）以及利润分配的管理。财务管理是根据财经法规制度，按照财务管理的原则，组织各种财务活动，处理财务关系的一项经济管理工作。简单地说，财务管理是组织各种财务活动，处理财务关系的一项经济管理工作。在保护区，财务管理和其他管理工作同样重要。

5.5.1 自然保护区财务管理概述

一般来说，自然保护区财务管理的主要内容有四项，即制订预算、制订财务管理规定和标准、财务审核和监督、财务状况分析。

5.5.1.1 制订预算

制定预算是财务管理的基础。在编制预算前，保护区的财务管理人员需要全面了解保护区工作的进展情况，以便及时对预算进行必要的调整。

5.5.1.2 制订财务管理规定和标准

财务管理规定和标准不是一成不变的，而是可以在满足国家相关财务管理规定的基础上作出一定程度的调整，通过调整，可以有利于工作的开展和激发员工的积极性。

5.5.1.3 财务审核和监督

日常的票据审核和财务监督工作也是财务管理人员的主要工作内容之一。财务票据的审核可以使财务管理人员清楚地了解财务管理规定和标准制订的适宜情况和实施程度，从而掌握第一手信息，以便规定和标准的修改。另外，财务审核和监督也是保证保护区日常管理活动有序进行一个重要环节。

5.5.1.4 财务状况分析

财务分析对于保护区领导的决策而言非常重要，因为通过这一分析，可以为领导者进行各项决策时提供有效支持。在财务分析过程中，除了需要提供保护区财务收支状况的一般信息、财务健康状况的分析结果以外，还需要提供如何节省开支的建议。通过财务分析，可以获取平均人员资金使用量的数据。这一数据与人事部门对各内设机构保护成效的贡献值评估结果相结合，可以得出每单位人力对保护成效的贡献值，从而形成保护区绩效考核奖惩机制实施的重要依据。此外，通过财务分析，还可以向保护区决策和管理层在人力资源配置、人事调整、工作职责调整、保护活动调整等方面提供建设性的建议。

5.5.2 自然保护区的"开源"

充足的资金是自然保护区各项工作顺利开展的重要保障，也是做好对保护对象进行有效保护工作的关键。在国家对保护区投入资金有限的情况下，保护区必须进行合理的开源，增加经费的收入。

开源的形式有多种，除了从中央和地方财政得到一定比例的资金以外，还可以通过其他各种方式增加收入。如对于具有较好的旅游资源的保护区，可以开展合理的、不与环境保护冲突的旅游方式或经营活动，在经营收入中抽取一定比例，形成保护基金并用于自然保护区的日常管理。对于南方的一些自然保护区，管理机构可与当地政府共同组成保护协调委员会，对保护区提供的环境服务功能（如水土保护、空气净化、水源涵养等）也每年向当地的企业等机构收取一定的补偿费用。

通常情况下，如果一个机构的资金渠道很单一，那么其风险就相应地比较高；而资金渠道多样化，其风险就相应比较低。因此，应鼓励保护区通过多种方式开源，扩大资金渠道，降低财政风险。

5.5.3 自然保护区的"节流"

保障保护区资金充足的途径，除了开源以外，还有一个途径就是节流。节流的方式也有多种，下面做简要的阐述。

第一，组织有关员工参与保护区资金使用的讨论，形成共同的意见。首先，资金使用透明化可以使员工了解保护区目前的财务状况，认识到资金争取的不易。其次，员工们共同参与制订资金使用计划，可以使大家有真正当家做主的体会，把厉行节约的作风落实到实际工作中。再次，透明化的资金管理模式可以有效防止腐败，保障干部廉洁。最后，资金使用透明化可以唤醒广大员工的忧患意识，使员工团结一致，共谋发展。

第二，设置内部规定，节省开支。例如，对于长时间不使用的设备，应削减其采购计划，采取多部门共享的方式解决需求问题；对于车辆的使用和保养，可以就单位里程消耗达成一致意见；对于日常办公用品的使用，采用回收制，要求在领取新品的同时，将旧物品交回，减少消耗；对于内部各部门的通信费用，进行阶段性的统计，从而制定限额等。

第三，对于保护区管理计划中暂时还没有资金支持的工作内容，需认真思考都有哪些潜在相关利益群体可以共同开展活动，形成伙伴关系以节省开支。

参考文献

1. 国家林业局野生动植物保护司.2002.自然保护区巡护管理[M].北京：中国林业出版社.
2. 国家林业局野生动植物保护司.2008.国家级自然保护区工作手册[M].北京：中国林业出版社.
3. 余久华.2006.自然保护区有效管理的理论与实践[M].咸阳：西北农林科技大学出版社.
4. 国家林业局野生动植物保护司.2004.中国自然保护区管理手册[M].北京：中国林业出版社.
5. 中国科学院南京土壤研究所.1978.土壤理化分析[M].上海：上海科学技术出版社.
6. 国家环境保护总局.2006.环境空气质量手工监测技术规范：HJ/T 194—2005[S].北京：中国标准出版社.
7. 国家环境保护总局.2005.土壤环境监测技术规范：HJ/T 166—2004[S].北京：中国标准出版社.

习 题

简述题

1. 制订自然保护区日常管理制度的原则有哪些？
2. 自然保护区有哪些日常管理制度？
3. 如何制订自然保护区的野外巡护计划？
4. 自然保护区的监测有哪些方法？请分别述之。

5. 要有效预防自然保护区发生火灾，应采取哪些措施？
6. 自然保护区的财务管理有哪些主要内容？

讨论题

在国家对自然保护区投入有限的情况下，有什么途径可以改善保护区的财务状况？请予以讨论，并给出详细的方案。

思考题

假如你是一名保护区的管理人员，除了本章中提到的管理内容以外，你认为在日常管理中还应注意哪些方面？

第6章 自然保护区的保护对象管理

本章提要

为了对保护对象进行有效管理，本章重点介绍基于保护对象的保护区分类、保护对象管理的原则和保护对象管理的分类，并着重介绍由美国大自然保护协会（TNC）创立的保护行动计划方法。

自然保护区是国家为了保护各种珍贵的物种资源、生态系统、自然景观、历史遗迹等而建立的特殊管理区域。中国的自然保护区根据主要保护对象的不同，分为三大类别九种类型。保护区的重点对象由于它们具有典型性、代表性、稀有性、天然性、感染力、潜在的保护价值以及作为科研基地的属性和特征而对我国的生态文化发展具有重要价值。

6.1 保护区分类概述

不同国家对保护区的分类各不相同。我国根据自然保护区主要保护区对象，将自然保护区分为生态系统、野生生物和自然遗迹三大类别九种类型，具体分类依据和分类方法可参考《自然保护区类型与级别划分原则》（GB/T 14529—1993）。本节着重介绍世界自然保护联盟（IUCN）的分类方法。

IUCN根据管理的目标将其分为科学研究、荒野地保护、物种和遗传多样性的保护、环境设施的维护、独特的自然和人文景观的保护、旅游和重建、教育、自然生态系统中资源的可持续利用以及文化和传统习俗的保护九大类。根据保护地欲实现的首要目标，IUCN把保护对象分为6个类别，其政策含义是针对IUCN制定的六类保护地，可以根据不同的保护和利用目的采取不同的管理方法和要求，具体内容如下：

（1）严格的自然保护区和荒野地保护区

严格的自然保护区和荒野保护区（strict nature reserve and wilderness area）又包括两种：①科学保护区/严格自然保护区（strict nature reserve）。这种保护地是在不受外来干扰的自然状况下通过保护自然及其生态过程，提供具有典型生态意义的自然环境，用以进行科学研究、环境监测和教育，在动态和进化状态下维护遗传资源。②自然荒野保护区（wilderness area）。这种保护地是指大面积未经破坏或破坏很轻的陆地和海洋区域，确保和维护在自然环境中具有国家意义的物种类群、生物群落以及需要人类的特殊管理。设立这类保护区主要是为了保护自然荒野地，尚未有过永久或大型人类居住的区域，努力保持其自然特色及影响，保存其天然条件。

(2) 国家公园

国家公园(national park)是指主要用于生态系统保护及娱乐活动的保护地——自然陆地或海洋。建立国家公园的目的是：为现在及将来一个或多个生态系统的完整性保护；禁止对该区进行有害开发及占用；为精神、科学、教育、娱乐及旅游等活动提供基础，这些都应与环境及文化配套。1969年在IUCN第十届全会上确定了国家公园应具有相当大的面积，包括1种或几种基本上未受人类开发利用的具有代表性的生态系统类型，并包括一定的自然景观。出于科学教育和娱乐的目的需要对其中具有突出的国家和国际意义的自然区和风景区进行保护，在这些地区禁止进行商业性资源开发。

(3) 自然遗迹/自然纪念地

自然遗迹/自然纪念地(natural monument)是指主要用于保护某些具有自然特色的保护地——拥有1种或多种自然或自然/文化特色的地区。其特点为稀有、具代表性或在美学或文化上意义重大而超乎寻常。

(4) 栖息地/物种管理区

栖息地/物种管理区(habitat/species management area)是为了维护栖息地和满足特殊物种生存及发展需要而建立的，通过积极干预的手段进行管理以达到保护目的的一片陆地或海洋。通过对这类保护地的保护，可以实现某些物种对生境的特别要求。

(5) 风景保护区

风景保护区(protected landscape)是在保证当地正常的生活和经济活动的情况下，既保护居民和土地相协调的具有国家意义的自然景观，又为社会提供娱乐旅游场所的地区。这类保护地主要用于风景/海景的保护及娱乐。在这类地区中，由于人类与自然的长期相互影响而形成了具有重要美学、生态学或文化价值，且生物多样性较丰富的资源。维护人类与自然间传统的相互影响的完整性对该区的保护、维持及进化极为重要。

(6) 资源管理保护区

资源管理保护区(managed resource protected area)是为综合利用和保护自然资源，如水体森林野生生物牧场和户外娱乐场所而设立的保护地。主要用于自然生态系统的持续性利用。这类保护地通常拥有显著未经改造的自然系统，需要对其进行管理以确保长期保护及维持其生物多样性，同时根据当地村社需求，持续提供自然产品及服务。

6.2 保护对象的属性

自然保护区的主要保护对象是具有代表性的、自然的、近自然的、半自然的、人工的以及破坏或退化后能够恢复的生态系统；濒危、孑遗、珍稀的遗传物种资源；山地、河流、水源；国家和地方公园及自然景观、历史遗迹等。主要保护对象的价值高低在很大程度上决定了自然保护区的级别高低。保护对象的主要属性包括：

(1) 代表性

自然保护区的保护对象是否具有代表性，这一标准对于作为保护典型生态系统的保护区来说尤为重要。通常在保留有原始植被的地区，保护区最好能包括对本区气候带最具有代表性的生态系统。从群落地理学的观点来说，即应设在地带性植被的地域，它应包括本地区原始的"顶极群落"。如果原始的生态系统遭到破坏，那么保护区应选择在具有代表性的次生的生态系统中。

（2）稀有性

对于很多自然保护区来说，保护对象是稀有的动植物种类及其群体。如果某些自然保护区集中了一些其他地区已经绝迹的、残留下来的孑遗的生物种类，就会提高自然保护区的价值。特别是我国南方有些地区，由于特殊的山地地形和温暖湿润的季风气候，没有受到第四纪冰川的严重破坏，形成了所谓第三纪动植物的"避难所"。拥有这样具有稀有性特征的保护对象的自然保护区具有特别重要的意义。

（3）脆弱性

脆弱性是指保护对象对环境改变的敏感程度。脆弱的生态系统往往与脆弱的生境相联系，并具有很高的保护价值，但是对它们的保护比较困难，需要特殊的管理。我国自然保护区基本是占据地带性的原生生境，相对于周围环境来说接近于一个岛屿，所以，难以忍耐长期的高强度干扰，具有一定脆弱性。尤其是很多自然保护区的建立具有一定的抢救性质，对于外界干扰，包括资源的开发等的承受能力是有限的。

（4）多样性

这一属性主要是针对保护对象为自然生态系统的自然保护区而言的。一般来说，种类数量越多，即多样性程度越高的自然保护区，其保护价值越大。如果保护区中能包括一定生态序列的各种生物类型的组合，则最为理想，例如垂直带系列，随着距海滨的远近而发生的生物群落的空间变化序列，由于植被发育时间的差异和人为干扰造成的生物群落的演替系列，以及由于局部地区的小气候、地形、坡向、坡位、母岩、土壤、土地利用和生产实践上的区别所造成的多种多样的生物群落。

（5）天然性

天然性表示保护对象未受人类影响的程度。这种特性对于建立以科学研究为目的的保护区或是保护区的核心区，有特别重要的意义。有的保护区内的保护对象既有天然的，又有半天然的，也是非常理想的。如果一个保护区内的保护对象既具有天然性，同时又具有稀有性和脆弱性的特点，则会显著提高其保护价值。

（6）美学价值

感染力是指保护对象对人们的感官所产生的美感的程度。虽然从经济观点来看，不同物种具有不同的利用价值，但是由于人类科学的发展和认识的深化，许多动植物正在被发现新的经济价值。同时，不同种类的物种和生物类型是不可代替的，因此从科学的观点来说，很难断言哪一种类型的物种更为重要。由于人类的感觉和偏见，不同的有机体具有不同的感染力。例如，对大多数人来说，大熊猫就比某些蜘蛛或甲虫更为重要，即使后者具有更加古老的历史和更高的稀有程度。这一特征，对选择风景保护区来说尤为重要。

（7）保护价值

有些地域曾一度有很好的自然环境，但是由于各种原因遭到了干扰和破坏，如森林受到采伐和火烧，草原经过了开垦或放牧，沼泽进行了排水等。在这种情况下，如能适当地进行人工管理，或通过天然的改变，生态系统过去的面貌可以得到恢复，有可能发展成为比现在价值更大的保护区。

(8) 科研价值

许多野生动植物物种具有重要的学术价值。人们可以通过对孑遗植物的研究，了解生物的进化规律与其对环境变迁的适应性；通过对具有经济价值的野生动植物研究，进一步发掘用于食品、药物、纤维、油料、观赏的新动植物品种与品系；有些动植物还是推动人类科技进步、发现创造的启迪者与仿造源。物种的灭绝，特别是那些至今尚未被人类发现，未被人类研究过的物种的灭绝，将给人们带来多么大的损失，这是我们无法估量的。

6.3 保护对象管理的原则和方法

6.3.1 保护对象管理的原则

建立自然保护区，首先要以保护自然环境、自然资源为中心，以保证生物多样性和被保护对象的安全、稳定、生长与发展为目的，促进生态恢复，确保生态系统的整体性、稳定性和生物资源的多样性；在保护优先原则的前提下，积极开展科学研究，对保护对象进行合理的利用；让公众参与自然保护区工作，了解保护区面临的问题以及保护对象的生存状况，以利于保护工作得到支持并顺利开展，让社区和社会力量适度介入保护区，可以缓解保护区的保护和周边经济发展之间的矛盾。

6.3.1.1 保护优先原则

建立自然保护区的根本目的就是保护资源，维持保护对象的安全、稳定、生长与发展。在保护区管理保护对象时，首先就要坚持保护优先的原则。

①保护管理必须有利于保护森林生态系统；有利于拯救珍稀濒危野生动植物资源；有利于科学研究；有利于促进科学技术、文化教育、环境保护的发展；有利于在不破坏自然资源、保护对象的生存栖息环境的前提下，进行各项规划建设，发挥自然保护区的多功能效益。

②自然保护区管理要严格遵循分类保护、分区保护、分级保护的原则。对核心区实施绝对保护，不得进行任何影响或干扰生态环境的活动，进入核心自然保护区实行"准入证"制度；缓冲区实施重点保护，缓冲区内禁止开展旅游和生产经营活动。因教学科研目的，需进入缓冲区从事非破坏性的科学研究、教学实习和标本采集活动者应事先向管理处提交申请和活动计划，经批准后方可进入；实验区实施一般保护。实验区可根据自然资源条件，开展科学实验、教学实习、参观考察、多种经营（可持续利用）和生态旅游等项目。开展的项目要有利于保护资源，不得破坏生态环境、植被、水系等自然景观。生物资源的利用必须遵循以保护为主的原则，不得扩大利用范围和强度。

6.3.1.2 合理开发利用原则

在全面有效的保护管理基础上，自然保护区应该充分利用自然资源优势和技术优势，实施绝对保护与不同程度开发利用相结合的动态保护，在保护中开发、在开发中保护。把保护、科研、教学、生产等有机地结合起来，可以不断增强自然保护区自身的经济实力。

在资源利用的掌握上要强调保护优先，坚持科学发展观，以最小的并可恢复的生态损失，取得合理的经济效益，把长远的可持续发展放在首位。要明确自然保护区可利用的资源范围和权属，明晰哪些资源属于保护区管理和利用的范畴。在资源利用方面应具有规范的指导和严格的审批制度，对于因不合法的资源利用而造成严重后果的行为要依法追究责任。

保护和利用是一对矛盾，但是两者却有共同的目的：都是为了人类的利益。通过开发利用自然可以使人类获得利益，获得的经济价值可以缓解保护带来的矛盾；保护的目的则是要保证这种利用能持续下去，以不断满足人类的获益要求。要想积极开发和合理利用自然资源，必须以生态规律和经济规律为指导，保护目标与经济目标相结合，近期利益与长远利益相结合，资源利用与生态平衡相协调，实现永续利用。其主要原则有：

(1) 经济、社会和生态效益相结合的原则

资源的开发利用是一种社会经济现象，因此，必须考虑经济效益问题，即为了达到一定目的，采用某些措施和办法，投入一定的人、财、物力之后，所产生的效果和收益。在资源开发利用中，应力争以最少的投入，为全社会提供更多的使用价值，这是进行资源开发利用研究的根本目的。

开发利用资源必须与资源的性质相适应，这样才能有较高的生产力，做到低成本、高收入。各个地区的现有经济基础、交通运输状况、劳动力多寡、民族构成等社会经济条件不同，这些都影响和限制着地区资源的开发利用。因此，要立足本地资源，选择已有一定开发基础，并有较大潜力的种类进行开发利用。这样可以做到投资少、见效快、收益大。开发利用的过程中，应该不断地向开发利用的深度和广度进军，做到既能充分利用资源，又能取得更大的经济效益。如耕地的开发利用，应考虑采用什么利用方式，种植哪种作物产量高、质量好，怎样做最能充分地发挥土地的生产能力，不断提高单位面积产量。与此同时，大力提高土地的利用率，把一切宜农土地都开发利用起来，做到多产多收。当前，随着商品生产的发展，广大农村可以大搞工副业，对大宗农副产品进行多层次的加工增值，提高收入水平。

开发资源要注意社会效益。一些资源是工农业生产和尖端技术不可缺少的，一些资源与人民的生活休戚相关，资源开发的重点首先是那些社会急需的，影响国计民生的资源。开发资源要把经济效益、社会效益与生态环境效益结合起来。尽管有些资源的经济效益高，社会效益大，但是对其开发会对生态环境造成较大的负面影响，也是不可取的。如果满足当代人的经济增长和社会需求，却破坏了子孙后代的利益，是得不偿失的。因此，资源的开发应遵循经济效益、社会效益和环境效益相统一的原则。

(2) 生物资源开发量应与其生长、更新相适应的原则

对生态系统中生物资源的开发利用，其开发量要小于资源的生长、更新量，才能保持生态系统的平衡稳定。每个生态系统都有其特定的、大小不同的能量流动和物质循环规模，其生态平衡关系也有差异。因此资源更新的速度、规模、完整性皆有差异。如果各生态系统内部各个组分能年复一年地保持统一稳定水平，那么这个系统就是稳定的，或者说是保护了生态平衡；如果每年从该系统取走大量物质与能量，超出了维持资源更新的界限，而得不到适当的补偿，则必将引起该系统的退化，直至崩溃，也就无法确保持续利用。据美国科罗拉多州的实验结果显示，当牲畜采食量超过牧草植株产量的40%~50%时，就会引起牧草产量降低，草质变坏，并导致畜产品降低及经济收入减少。只有在这一限度内实行合理放牧，最终报酬才是最高的。一旦草地生态平衡破坏将很难恢复，有时甚至是完全不可能恢复的。澳大利亚的荒漠草原，过去曾因为超载而失去生态平衡，后经禁牧25年后才勉强恢复。越是生境条件恶劣的地方，其生态系统越脆弱，也最难忍受环境的压力，就越要注意保护。

(3) 当前利益与长远利益相结合的原则

环境是资源的组成部分，也是整个生态系统的重要方面，地区资源的开发利用，必然引起周围环境的变化。资源利用不当，就可能造成生态系统失衡，给社会生产和人类生活带来危害。随着科学技术的进步，生产投入的增加，资源的种类可以增多，数量可以扩大，能力可以挖掘。经过人类积极干预，施加一定的影响之后，就会加快这种进程。但是，开发资源要有规划，要与国民经济的发展速度相适应，还要与当地资源量相一致，不可为了一时的经济快速增长，而极大地开发资源，这种短期发展行为，只能导致资源枯竭。因此，开发利用资源要有长远眼光，既要考虑资源的开发利用，又要考虑资源的保护改造；既要考虑开发利用的经济效益，又要考虑开发利用的生态效益，使得资源的开发利用得以持续进行，受益当代，造福后代。

只利用不保护，只顾当前，不顾长远，搞索取大于给予的掠夺式开发利用，就会扩大资源供求之间的差距，导致资源变质、退化、灭绝，甚至出现恶性循环，给人类生存造成威胁。相反，如果对资源进行合理利用，认真保护，大力改造，就能使整个环境不断改善，形成良性循环，提高环境提供资源和人类利用资源进行生产的能力。

(4) 因地制宜的原则

由于地域分异规律的作用和影响，各个地区所处的地理位置、范围大小、地质形成过程、开发利用历史等在空间分布的不平衡，使得每个地区资源的种类、数量、质量等，都有明显的地域性。因此，首先要按照本地区资源的种类、性质、数量、质量等实际情况，采取最适宜的方向、方式、途径和措施来开发利用本地区的资源。重点发展与本地区资源优势相适宜的生产部门和产品，使其成为地区经济的主导部门和拳头产品，并因此带动地区经济的发展。

(5) 统筹兼顾、综合利用的原则

一个国家或者地区的资源，都是在一定范围内组成互相促进、相互制约的综合体，有些资源还有共生和伴生的特点。因此对资源必须综合地开发利用，不能单打一。比如，土地资源是农业最基本的生产资料，从物质交换和能量转化的角度来看它的农业利用应组成一个统一的整体。农业可以生产牧业所需的饲草料；畜牧业可以供给农业有机肥料；林业除本身能发挥综合作用外，还可以保护农牧业生产的顺利进行。因此，在开发利用某地区的土地资源时，不能仅考虑耕地资源的利用，而且要考虑林地、草地以及其他土地资源的开发，实现一业为主，农牧业多种经营，全面发展。在土地类型多样的丘陵地区是如此，在类型单一的平原河谷地区也应该是这样，以便充分利用土地资源，最大限度地挖掘它的生产潜力。

6.3.1.3 公众参与原则

这里所说的公众参与包括社区参与、非社区部分的参与（包括外界的旅游管理者参与、游客的参与、相关保护组织的参与等等）。公众参与原则是指在资源保护中任何单位和个人都享有保护环境资源的权利，同时也负有保护环境资源的义务，有平等地参与环境资源保护事业、参与环境决策的权利。非社区部分的参与主要通过非社区的呼吁与关注、捐助等行为来实现。通过广泛的社会宣传，提高公民的自然保护意识，建立自然保护的公共参与机制是实现对公众的环境教育和保护区获得发展资金的双赢举措。另外，还可以提供激励机制和探究多种方法鼓励其他部门，包括企业和事业单位投资保护区建设。社区参与是公众参与的重要部分，以下主要从社区参与方面来进行论述。

由于多数自然保护区处于较为贫困的地区，当地政府和居民对资源的依赖性很大。自然保护区的建立在短时间内还会限制地方对资源开发，这必然会造成自然保护区管理和周边社区发展的矛盾。在以保护为主的前提下，自然保护区与周边社区应建立伙伴关系。社区居民世代生活于此，自然环境与自然资源与他们的生产生活休戚相关，同时他们对当地的生态资源状况也最为熟悉。在制订自然保护区规划、实施自然保护措施等方面应充分听取社区农户的情况介绍，尊重和广泛听取农户的意见，扶持社区经济发展，使保护区与社区群众对区域资源进行共同管理。

社区参与是指社区居民自主参加政策制订、实施、利益分配及监督和评估等活动的行为及其过程，以及政府和非政府组织介入社区发展的过程、方式和手段。社区参与体现了居民对社区发展责任的分担和对社区发展成果的分享。

社区参与的实现，可以从以下几个方面入手：一是让社区居民参与到生态旅游的开发中来，密切他们与旅游区的关系，这样可以缓解社区居民对资源环境保护施加的压力，改善其经济和生活条件。同时在现实利益的驱动下，也可以增强他们保护生态环境的意识。二是运用多种形式的宣传手段，提高居民环保意识。运用宣传教育栏、广播、电视等形式，把生态旅游环境保护的观念和当地文化、风俗等结合进行宣传，便于让这些利益相关者接受。三是采取补偿措施，促进社区参与保护区的有效管理。社区的损失主要来自两个方面：大部分自然保护区的土地权属均为集体所有，保护区占用了土地的同时也限制了居民的经济发展，通过生态公益林补助、天然林保护工程等专项建设资金可以给予社区居民一定的补偿。自然保护区的保护对象，尤其是在保护较好的情况下，时常会发生野生动物肇事事件，给周边社区居民带来经济甚至是人身安全的损失。在这些情况下，完善补偿制度，有助于减少这类损失带来的保护区与社区的冲突。

6.3.2 保护对象管理的方法

自然保护区的保护对象多种多样，这里重点介绍按照尺度进行分类的管理方法。从大尺度上看，保护对象的管理方法主要用于生物多样性的全球和区域保护规划；中小尺度上的管理方法主要用于针对性和专一性的具体保护行动计划和措施。

6.3.2.1 大尺度管理方法

从大尺度上看，生物多样性保护规划管理的方法主要有：生物多样性热点地区评估（biodiversity hotspot assessment）、生态区评估（ecoregional assessment）和系统保护规划方法（systematic conservation planning）等。

生物多样性热点地区评估方法用以确定特有种丰富且其生境正在迅速消失的热点地区，探讨怎样以最小的代价，最大限度地保护区域内的生物多样性。通过两个指标可以确定一个地区是否是热点地区：① 0.5%特有种：本地特有的维管束植物种占全球维管束植物的0.5%以上（1 500/全球300 000种）。② 70%原始植被消失：用于确定符合0.5%特有种指标的地区，分析其生境消失的程度。经过分析，全球陆地有25个生物多样性热点地区。这25个生物多样性热点地区有全球维管束植物的44%、脊椎动物的35%。

生态区评估方法用于确定生物多样性和具有重要生态过程的所有生态系统和生境类型

的典型代表。它把保护物种多样性与保护独特生态系统和生态过程相结合，主要指标有物种丰富程度、特有种、特殊的物种以上分类群、非同寻常的生态或进化现象、生境类型的稀有性。世界自然基金组织(WWF)把全球划分成了238个生态区，其中有142个陆地生态区、53个淡水生态区、43个海洋生态区。而美国大自然保护协会(TNC)的生态区划分方法又有所差异，是先进行全球生境类型评估(global habitat assessment)，分析全球尺度的生物多样性分布格局，划分出主要生境类型(major habitat types，生态区的集合体，体现全球尺度的生物多样性的生态格局)。该组织把全球分为27个主要生境类型，其中：陆地生境13个，森林7个，草地4个，沙漠和半干旱2个，淡水生境8个，海洋生境6个。然后进一步划分出每个主要生境类型内的生态区(指具有明显地理差异的生态系统和自然群落的陆地和水域)。

系统保护规划方法是根据生物多样性属性特征，确定保护目标，利用多学科和技术对一个地区生物多样性进行有限保护和保护区规划设计。系统保护规划侧重于保护区选址和设计的结合，以保护整个地区生物多样性特征作为目的，其中包括物种、生态系统和景观。系统保护规划方法可用于区域生物多样性保护规划和保护区网络建设研究，对保护区的宏观规划和保护政策的制订具有积极意义。

6.3.2.2 中小尺度管理方法

从单个自然保护区的角度来看，保护对象的管理方法主要是各相关保护机构具体的管理计划和保护规划。这些管理方法主要是阐明保护区的生物多样性保护、旅游、户外娱乐、解说、经营等的目标和对策。如美国国际开发署(USAID)的管理计划框架、美国大自然保护协会(TNC)的保护行动计划(CAP)等。

USAID的管理计划框架步骤是：确定保护的地理范围、利益相关者；分析威胁因子和保护机会；选择优先保护的对象；确定保护行动；预算；监测评估及适应性管理，即管理计划修改、调整。下文将对CAP方法作一介绍。

【案例】

保护行动计划(CAP)方法

下面以TNC创立的保护行动计划(Conservation Action Planning，CAP)为例，说明保护对象的具体管理方法。CAP是由TNC创建的一套系统、科学且行之有效的生物多样性保护与自然资源管理规划方法，主要是针对保护对象排序分析其关键威胁因子，制订有效的保护策略和监测方案，并根据保护成效的反馈来调整行动方案，从而实现动态的适应性管理。CAP的具体操作步骤有：

(1)确定主要保护对象

CAP所指的主要保护对象是指本保护区重点的、有代表性的保护对象，包括单一物种、物种集群、生态系统，主要保护对象数量不宜多于8个。如果保护对象共同存在于同一地貌下，需要的生态过程相似，某一保护对象与可看作是另一个保护对象的指示因子或者面临的威胁相似，就可以进行嵌套或者合并。

(2)主要保护对象生存能力分析

生存能力指的是保护对象抵制或者抵抗各种改变其结构或组成的外来压力的能力，以及在偶尔遭受严重的压力破坏之后，仍能恢复至原来的状态的能力。生存能力按类别可以分为大小、生存条件、景观环境三类。大小是用来测量保护对象的面积或者多度的。生存条件是对影响保护对象发生的保护对象的组成、结构及生物间的相互作用的综合评价。属于生存条件的属性可能包括：繁殖、年龄结构、生物组成（例如，本地种与外来种是否出现，生态系统中特征性斑块类型是否出现）、结构（例如，森林群落中的林冠、林下植被、地面植被的盖度、空间分布、生态系统中斑块类型的分布或者群落演替阶段）和生物间的相互作用（例如，竞争水平、捕食与疾病）。景观环境是指支持和维护保护对象发生及其连通性的主要环境系统与过程的综合体。常见的环境系统与过程主要包括：水文、水化学系统（地表水与地下水）、地貌过程、气候系统（温度与降水）、火系统以及许多自然干扰。连通性包括物种保护对象为完成其生活史而接近不同的生境与资源以及在不同的生态系统与片段化群落中移动的能力，以及保护对象为适应环境变化而进行扩散、迁徙或者重新定居的能力。景观环境这一生态属性主要是针对保护对象是生态系统或者已经成为保护对象本身的一种属性而言的。指标就是用来衡量主要生态属性的特征，反映主要生态属性的状态或者"健康"状况。指标分为非常好、好、一般、差4个级别。指标如果量化为数字，通过数字的变化可以监测保护的成效。

(3) 压力和威胁分析

CAP 中所指的压力和威胁都是由英语翻译而来，与中文原本的理解有所差异。压力通过影响保护对象的主要生态属性（大小、生存条件及景观环境）而使保护对象遭到破坏、受损或者退化。这里的威胁指的是产生压力的直接原因，也是最表层的原因，不用一直追究到社会体制、社区经济之类深层的原因。同一种威胁是导致对同一个保护对象的多个压力的直接原因，也可能是导致多个保护对象的多个压力的直接原因。压力和威胁都分为非常高、高、中等、低4个级别。压力等级的评判方法是就目前的状况来看，推测今后10年内保护对象将会受到的影响；威胁的等级评判方法是假定维持现有的管理和保护状况不变的情况下，推测保护对象受到的影响及恢复的难度。

根据分析出的压力，具体分析每类保护对象面临的压力的直接原因，即威胁，并进一步判定各威胁的贡献率和不可逆性等级。CAP 可以使用软件自动生成威胁的总排序。

(4) 制订保护策略

保护策略是指为达到降低威胁或者提高保护对象生存能力的预期目标而开展的一系列保护活动的总称。保护策略通常由三部分组成：保护目标、策略行动和行动步骤。制订详细的行动步骤，可以从效益、可行性及成本3个方面考虑策略行动有助于评估保护策略的有效性。为了以后评估保护成效的需要，在制订保护策略的时候往往要关联监测指标，而且保护目标的制订格式一般要包含完成时间和一个量化的目标。

(5) 项目资源分析

CAP 中所指的项目资源通过人力资源、内部资源、外部资源3个方面的员工领导能力、多学科队伍、机构领导能力、资金、保护有关的社会/法律框架、社区居民支持6个指标进行评估。其中机构领导能力是指私营性的保护组织（非政府组织）、政府机构、其他私营机构或者机构的联盟为项目保护策略的制订与实施提供指导和加以管理。

CAP 是一个具有迭代过程的适应性管理框架。前面所述的5个步骤只是第一次迭代的内容，后续工作还需要由更多社区居民、企业和专业人士的参与完成修正和进一步完善工作。在收集保护区全面信息的前提下,确定保护区的主要保护对象、威胁因子和产生的原因,制订相应的保护措施和行动方案,通过监测体系对保护成效进行评估,下一轮的保护行动规划将根据评估结果的反馈情况进行适应性调整。除此以外,在一个项目周期中,下一步骤评估的结果可以调整和修正之前的步骤。根据评估结果,我们可能需要重新设定目标、重新分析威胁、重新制订策略。一个保护行动计划的制订,往往需要经过多次讨论进行更新和修正。

参考文献

1. 国家林业局野生动植物保护司.2008.国家级自然保护区工作手册[M].北京:中国林业出版社.
2. 李文华,赵献英.1984.中国的自然保护区[M].北京:商务印书馆.
3. 张铁平.2008.广西海洋山自然保护区的保护与管理[J].中南林业调查规划.27(3):42-44
4. 泉志和,赵洪林,王旭强.2007.黑龙江省森工林区自然保护区资源利用及保护策略探讨[J].(3):23-24.
5. 金鉴明,王礼嫱,薛达元.1991.自然保护区概论[M].北京:中国环境科学出版社.
6. 欧恒春.2004.生态旅游中的社区参与问题[J].商业时代(36):70-71.
7. 吕忠梅.2000.环境法新视野[M].北京:中国政法大学出版社.
8. 王钰.2007.自然保护区建设的社区参与共管实践[J].江西林业科技(4):56-58.
9. 解焱,汪松,Peter Schei,等.2004.中国的保护地[M].北京:清华大学出版社.
10. 季延寿.2005.中国自然保护区可持续发展有效管理[C].中国生物多样性保护基金会.
11. 保护中国生物多样性 http://www.chinabiodiversity.corn/protected-area/protected-index-cn.htm.2006-10-10.

习 题

作业题
1. 自然保护区根据保护对象的不同分为_____、_____、_____三大类别。
2. 自然生态系统类的保护区根据其保护对象不同分为_____、_____、_____、_____、_____5种。
3. 请阐述保护对象的管理需要遵循哪些原则以及为什么要遵守这些原则。
4. 制订一个保护行动计划(CAP)需要完成哪些步骤?

讨论题
讨论中小尺度的保护对象管理的几种管理方法的共同点和不同点。

思考题
本章所提到的保护对象管理方法侧重于生物多样性保护,思考自然遗迹类的自然保护区是否可以通过这些管理方法来实现管理。

第7章 自然保护区生态旅游管理

本章提要

本章首先介绍了自然保护区生态旅游管理的基本概念、目的、原则和方法,然后结合保护区特点重点阐述了自然保护区旅游资源的分类、游客管理、服务质量管理、安全管理及旅游标准化管理等。

自然保护区有生态环境保护教育和为公众展示生态美景的功能和职责。自然保护区由于景观的独特性与原生性使其逐渐成为生态旅游活动的理想场所之一。同时,自然保护区大多位于经济欠发达的地区,经费短缺一直是自然保护区发展面临的最大制约因素。而生态旅游恰好可以解决此问题,一举双赢。生态旅游是一种对自然资源和自然环境影响最小的利用方式,是一种对自然负责任的,建立在环境影响评价和旅游开发可行性论证基础上的旅游。同时还有严格的法规制度管理,以防止旅游活动可能带来的不良影响。因此,生态旅游是促进自然保护区资源保护与合理利用结合十分有效的开发方式。

7.1 自然保护区生态旅游管理概述

7.1.1 保护区生态旅游管理的内涵

目前对生态旅游还没有一个公认的定义,其概念一直是国外学术界争论较多的一个问题。这里我们介绍 IUCN(1996)对生态旅游的定义,即:生态旅游就是前往那些相对没有受到干扰的自然区域进行的对环境负责任的旅游。其目的在于享受并了解自然以及相应的过去和现在的文化特色。旅游者带来的负面影响较小,能给当地人提供具有收益的社会和经济参与机会。

目前,虽然国内对生态旅游的概念争议也较多,但总的来说,这些概念都有一些共同点。即认为生态旅游是一种可持续发展的旅游,应对当地的环境保护和环境建设作出贡献,或至少没有负面影响。生态旅游能使旅游者了解自然、学习知识、受到教育,并使当地社区经济获益。

自然保护区生态旅游必须符合自然保护区总体规划,必须服从自然保护区管理办法,在自然保护区管理机构的统一协调下有序开展。自然保护区管理机构是自然保护区的专业管理部门,掌握着自然保护区的管理手段和发展规划,对自然保护区的建设、保护对象的生存与发展负有主要责任，因此，自然保护区管理机构是理所当然且责无旁贷的综合管理者。自然保护区管理机构对自然保护区生态旅游的资源、游客、服务、安全等进行的管理，即为自然保护区生态旅游管理。

7.1.2 保护区生态旅游管理的目的和原则

自然保护区旅游资源丰富，开发前景广阔。宝贵的自然资源和景观会吸引大量游客前往，同时保护区管理机构也有责任和义务将保护区的自然资源和自然遗迹等介绍给人们。通过旅游活动增加人们的自然和历史知识，加强人们的旅游教育，增进公众的自然保护意识。由于我国生态旅游还处于起步阶段，保护区管理经验有限，相关法律法规等也还不完善，加之由于利益之争而形成的多头管理模式等因素，都可能导致保护区生态旅游的不合理开发和实施，造成管理混乱、环境破坏、得不偿失。因此，必须开展科学合理的生态旅游规划和管理，在保护好保护对象的前提下，使保护区管理机构以及当地社区受益，保证保护区的可持续发展。

对保护区进行生态旅游管理应遵循以下原则：

①坚持保护为第一要义，保障生态旅游的可持续发展，确保保护对象的生存和发展，对环境的影响应控制在可承受范围内；

②明确环境经济与政策间的相互依存关系；

③协调各部门间关系，保证生态旅游的管理健康有序；

④应尽量避免对当地文化和居民生活产生影响，并使当地居民收益最大化；

⑤建立长期检测系统，评估并减轻对生态与环境的影响。

7.1.3 保护区生态旅游管理的基本内容和方法

从保护区生态旅游开发前的可行性研究、论证，到实施规划、建设、监督、检查，再到生态旅游活动的进行，最后到生态旅游项目的评估，生态旅游管理对一个项目生命周期的全程管理发挥着重要作用。保护区生态旅游管理的基本内容主要包括：

①游客管理　即对游客行为、游客的权利和义务、游客集会活动等的管理。

②区域管理　即对旅游景点、产品、设施以及旅游地的开发等进行的管理。

③人事管理　即对保护区管理机构的工作人员进行管理，包括日常规定、奖励机制以及定期培训等。

④安全管理　即对生态旅游过程中出现的意外伤害、群体事件等突发情况建立成熟有效的急救、处理等应急机制。为加强和规范旅游安全管理，国家特别制定了《旅游安全管理暂行办法》、《旅游安全管理暂行办法实施细则》等。在进行安全管理时，还应按照这些国家相关法律法规参照执行。

⑤经营管理　即对生态旅游的投资、收益、分配等问题的管理。

⑥环境监测管理　定期对保护区主要生态旅游区的环境和保护对象进行监测、评估、反馈，对旅游活动造成的破坏采取相应对策进行及时的控制和修复。

从管理方法上，宏观上生态旅游管理可分法制管理、规划管理、监督管理等。另外，针对不同的管理内容也有相应的管理方法。总的来说，自然保护区生态旅游管理系统由3

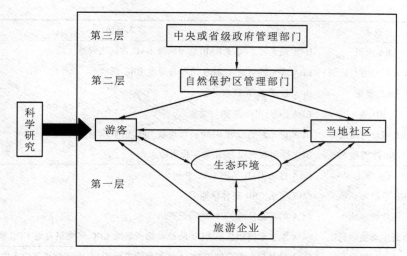

图 7-1　自然保护区生态旅游管理系统示意图
（引自　房艳刚，2003）

个层次构成，如图 7-1 所示。

7.2　自然保护区的旅游资源分类与评价

旅游资源是构成旅游业发展的基础。旅游资源评价是在旅游资源调查的基础上，对旅游资源的规模、质量、等级、开发前景及开发条件进行科学的分析和可行性论证，为旅游资源的开发规划和管理决策提供科学依据。

7.2.1　旅游资源的概念与分类

旅游资源是指对旅游者有吸引力的自然存在和历史文化遗产以及直接用于旅游目的的人工吸引物。中华人民共和国国家标准《旅游资源分类、调查与评价（GB/T 18972—2003）》中将旅游资源分为 8 主类、31 亚类和 155 个基本类型（表 7-1）。

表 7-1　旅游资源分类表

主类	亚类	基本类型
A 地文景观	AA 综合自然旅游地	AAA 山丘型旅游地 AAB 谷地型旅游地 AAC 沙砾石地型旅游地 AAD 滩地型旅游地 AAE 奇异自然现象 AAF 自然标志地 AAG 垂直自然地带
	AB 沉积与构造	ABA 断层景观 ABB 褶曲景观 ABC 节理景观 ABD 地层剖面 ABE 钙华与泉华 ABF 矿点矿脉与矿石积聚地 ABG 生物化石点
	AC 地质地貌过程形迹	ACA 凸峰 ACB 独峰 ACC 峰丛 ACD 石(土)林 ACE 奇特与象形山石 ACF 岩壁与岩缝 ACG 峡谷段落 ACH 沟壑地 ACI 丹霞 ACJ 雅丹 ACK 堆石洞 ACL 岩石洞与岩穴 ACM 沙丘地 ACN 岸滩
	AD 自然变动遗迹	ADA 重力堆积体 ADB 泥石流堆积 ADC 地震遗迹 ADD 陷落地 ADE 火山与熔岩 ADF 冰川堆积体 ADG 冰川侵蚀遗迹
	AE 岛礁	AEA 岛区 AEB 岩礁

(续)

主类	亚类	基本类型
B 水域风光	BA 河段	BAA 观光游憩河段 BAB 暗河河段 BAC 古河道段落
	BB 天然湖泊与池沼	BBA 观光游憩湖区 BBB 沼泽与湿地 BBC 潭池
	BC 瀑布	BCA 悬瀑 BCB 跌水
	BD 泉	BDA 冷泉 BDB 地热与温泉
	BE 河口与海面	BEA 观光游憩海域 BEB 涌潮现象 BEC 击浪现象
	BF 冰雪地	BFA 冰川观光地 BFB 常年积雪地
C 生物景观	CA 树木	CAA 林地 CAB 丛树 CAC 独树
	CB 草原与草地	CBA 草地 CBB 疏林草地
	CC 花卉地	CCA 草场花卉地 CCB 林间花卉地
	CD 野生动物栖息地	CDA 水生动物栖息地 CDB 陆地动物栖息地 CDC 鸟类栖息地 CDE 蝶类栖息地
D 天象与气候景观	DA 光现象	DAA 日月星辰观察地 DAB 光环现象观察地 DAC 海市蜃楼现象多发地
	DB 天气与气候现象	DBA 云雾多发区 DBB 避暑气候地 DBC 避寒气候地 DBD 极端与特殊气候显示地 DBE 物候景观
E 遗址遗迹	EA 史前人类活动场所	EAA 人类活动遗址 EAB 文化层 EAC 文物散落地 EAD 原始聚落
	EB 社会经济文化活动遗址遗迹	EBA 历史事件发生地 EBB 军事遗址与古战场 EBC 废弃寺庙 EBD 废弃生产地 EBE 交通遗迹 EBF 废城与聚落遗迹 EBG 长城遗迹 EBH 烽燧
F 建筑与设施	FA 综合人文旅游地	FAA 教学科研实验场所 FAB 康体游乐休闲度假地 FAC 宗教与祭祀活动场所 FAD 园林游憩区域 FAE 文化活动场所 FAF 建设工程与生产地 FAG 社会与商贸活动场所 FAH 动物与植物展示地 FAI 军事观光地 FAJ 边境口岸 FAK 景物观赏点
	FB 单体活动场馆	FBA 聚会接待厅堂(室) FBB 祭拜场馆 FBC 展示演示场馆 FBD 体育健身馆场 FBE 歌舞游乐场馆
	FC 景观建筑与附属型建筑	FCA 佛塔 FCB 塔形建筑物 FCC 楼阁 FCD 石窟 FCE 长城段落 FCF 城(堡) FCG 摩崖字画 FCH 碑碣(林) FCI 广场 FCJ 人工洞穴 FCK 建筑小品
	FD 居住地与社区	FDA 传统与乡土建筑 FDB 特色街巷 FDC 特色社区 FDD 名人故居与历史纪念建筑 FDE 书院 FDF 会馆 FDG 特色店铺 FDH 特色市场
	FE 归葬地	FEA 陵区陵园 FEB 墓(群) FEC 悬棺
	FF 交通建筑	FFA 桥 FFB 车站 FFC 港口渡口与码头 FFD 航空港 FFE 栈道
	FG 水工建筑	FGA 水库观光游憩区段 FGB 水井 FGC 运河与渠道段落 FGD 堤坝段落 FGE 灌区 FGF 提水设施
G 旅游商品	GA 地方旅游商品	GAA 菜品饮食 GAB 农林畜产品与制品 GAC 水产品与制品 GAD 中草药材及制品 GAE 传统手工产品与工艺品 GAF 日用工业品 GAG 其他物品
H 人文活动	HA 人事记录	HAA 人物 HAB 事件
	HB 艺术	HBA 文艺团体 HBB 文学艺术作品
	HC 民间习俗	HCA 地方风俗与民间礼仪 HCB 民间节庆 HCC 民间演艺 HCD 民间健身活动与赛事 HCE 宗教活动 HCF 庙会与民间集会 HCG 饮食习俗 HGH 特色服饰
	HD 现代节庆	HDA 旅游节 HDB 文化节 HDC 商贸农事节 HDD 体育节

数量统计：8 主类　31 亚类　155 基本类型

7.2.2 旅游资源的评价

旅游资源评价是对不同地域的旅游资源的组合特点及由此而产生的质和量的差异、旅游吸引力的大小进行科学划分。旅游资源评价主要目的是确定旅游资源的开发价值,从而进一步确定旅游资源的开发顺序、重点和方向,是旅游规划的重要依据。其主要内容包括:确定某地区的旅游资源的类型、基本特征、空间结构、数量和质量等级、开发潜力和开发条件等。

旅游资源按照评价客体的不同,可以分为:

①针对资源本身的评价。主要包括旅游资源的质量特征(如其美感度、奇特度、医疗价值、体育价值等)、丰度和集聚程度、环境容量、开发利用现状和开发潜力分析等。

②开发利用的可行性分析。包括环境质量现状、旅游资源所在的区位距中心城市的距离、气候条件、交通(包括铁路、公路及航空交通现状及交通建设的难易程度)、服务、基础配套设施建设现状、当地经济发展水平及对旅游业的投资力度等。

③客源市场的分析。包括分析旅游资源对各类群游客的吸引力,确定目标市场、潜在市场及市场的地理区域。

旅游资源的评价方法主要分为两类:

①经验分析法。在大量调查、考察的基础上,凭经验进行评价。

②定量评价。将评价指标数量化,建立量化模型,一般采用旅游资源质量等级加权。

旅游资源往往具有多样性、复杂性等特点,给评价带来许多困难。完全的定量评价通常带有机械性,而完全的定性评价则包含主观成分,只有将两者有机地结合起来,才能做出科学评价。

7.3 自然保护区生态旅游的游客管理

7.3.1 游客容量管理

7.3.1.1 旅游容量和生态旅游容量的概念和含义

旅游容量又称旅游承载力,是指在可持续发展前提下,旅游区在某一时间段内,其自然环境、人工环境和社会经济环境所能承受的旅游及其相关活动在规模和强度上极限值的最小值。生态旅游容量是由一系列的容量组成的概念体系,主要包括生态容量、设施容量和社会容量等。

(1) 生态容量

通过实验研究旅游活动可能对植物、动物、土壤、水、空气品质等造成的影响程度进行分析评估,进而确定的旅游容量称为生态容量。生态容量具体又可以分旅游资源容量,即在保持旅游资源质量的前提下,一定时间内旅游资源所能容纳的旅游活动量;旅游场所容量:在保证生态系统不致退化的前提下,一定时间内旅游场所所能容纳的旅游活动量。生态容量将环境视为一种资源,根据上述各项环境组成分析,确定该生态环境所能容许的人类的干扰程度,以免使环境的组成或功能发生一时或长期的变化。否则在生态系统干预因素的影响超过一定的阈值时，生态系统就将面临失衡或崩溃的危机。因此，必须通过生态旅游生态容量这个指标来约束旅游活动量，包括旅游者数量和旅游产业规模等。对于保护区来说，生态容量是开展生态旅游最需要重视的一个方面。

（2）设施容量

旅游设施，如餐饮设施、休息区、停车场、露营区等人为设施的供给量，也可以作为指标来求得旅游容量。旅游设施的承载量和人为设施的规模有密切的关系，比如说，该旅游区的水资源、供电现状等可提供多少人使用，该地区的交通运输能承载多大的量、旅游区住宿设施的床位数等。因此旅游设施容量在计算方法上较为直观和简单。同一环境的设施容量根据不同季节、不同时期可能会产生变化，例如北方冬夏两季自然环境差别较大，旅游设施可容纳的量也相差较大。

（3）社会容量

旅游者的感受和体验是旅游经营成功与否的重要指标之一，因此社会容量的研究也越来越受到重视。它是衡量作为旅游互动行为方面的旅游者与旅游目的地居民彼此在社会价值观方面能够达成谅解的限值。旅游社会容量可以分为两种：一是旅游感知容量；二是社会文化容量。从旅游心理学来看，如果旅游者在进行旅游活动时感到拥挤、空间小等，就会感到不愉快。那么在旅游空间一定的情况下，多大的旅游量产生的拥挤感是游客能够承受的呢？这个量就是感知容量。当地社会的道德观念、社会价值观、文化传统、宗教信仰和生活方式等社会规范，就是社会文化容量。

7.3.1.2 生态旅游容量控制方法

在生态旅游活动中，游客完全是生态系统的外来入侵者。如果对游客量不加以控制，就有可能造成环境破坏和生态系统恶化。生态旅游容量控制方法主要是门票管理、对游客进行宣传教育、导游管理和培训等。具体可以从以下几个方面入手：

（1）科学计算

根据生态旅游容量的内容，选择科学的方法，通过实验、专家研讨论证等，计算出保护区生态旅游容量的保守数字。这个数字的合理与准确是进行生态旅游容量控制的前提。

（2）监测

要科学、实时地监测保护区的游客量，一旦出现超过旅游区承载量极限，应马上采取相应措施。通过限量售票、提高票价、预约、限制开放等手段，同时疏导游客分散前往其他游点，以加强对保护区的保护。

（3）分区管理

根据保护区内不同景点的价值、承受能力、生物脆弱性等进行分区管理，划分生态旅游的中心保护区、控制区、适度开放区、开放区，并进行监测研究，建立不同的监测档案。定期对植物、动物、土壤、水、空气品质等资源状况进行分析，研究其变化，对出现不良反应的区域应立即采取相应的游客控制措施。

7.3.2 游客行为管理

7.3.2.1 保护区生态旅游的主要表现形式

自然保护区生态旅游活动项目主要有观鸟、野生动物旅游、自行车旅游、漂流旅游、沙漠探险、保护环境行动、自然生态考察、滑雪旅游、登山探险、探秘游等。旅游形式也呈现出诸如游览、观赏、科考、探险、狩猎、垂钓、田园采摘及生态农业主体活动等多样化的格局。

7.3.2.2 游客行为管理办法

游客行为会直接对自然保护区的环境及保护对象产生影响,对保护对象的正常发展产生干扰。这种破坏一旦造成,短时间内很难恢复。因此,在开展生态旅游时,游客行为的管理也是一个重要方面。常用的游客行为管理办法主要有以下几个方面:

(1) **有效控制游客活动**

游客个体在保护区内的行为和活动方式决定了其对生态与环境造成的干扰和破坏程度。生态旅游管理要规定游客的旅游线路、旅游时间、活动范围和活动方式,对游客的活动采取比其他旅游区更加严格和特殊的限制管理措施。

(2) **加强对游客的宣传和教育**

游客在自然保护区的旅游,既是一种放松身心的休息活动,又是一种认识自然、了解自然的旅游方式。因此,在生态旅游活动中,可以通过导游讲解、设置宣传栏、开设展览馆等形式,对游客进行全面的生物多样性保护宣传和自然生态科学普及教育,一方面强化资源的管理,另一方面也激发公众的自然保护意识。

(3) **明确游客责任**

通过倡议等宣传方式,使旅游者意识到在旅游的同时保护生态与环境、不干扰保护对象的正常生活也是自己应承担的责任和应尽的义务。例如,美国旅行商协会(ASTA)通过制定游客游览生态旅游地的十条戒律,来使游客明确自己的责任:

① 要尊重地球的脆弱性。要认识到,只有所有的人愿意帮助和保护地球,独特而美丽的风景区方会被后代享有。

② 只留下脚印,只带走照片。不折树枝,不乱扔杂物。

③ 充分了解你所参观的地方的地理、习俗、礼仪和文化。

④ 尊重别人的隐私和自尊,拍照时要征得别人的同意。

⑤ 不要购买用濒危动植物制成的产品。

⑥ 沿着划定的路线走。不打扰动物,不侵犯其自然栖息地,不破坏植物。

⑦ 了解并支持环境保护规划。

⑧ 只要可能,就步行或使用对环境无害的交通工具,机动车在停车时尽量关闭发动机。

⑨ 以实际行动支持景区内那些致力于节约能源和环境保护的企业。

⑩ 熟读有关旅行指南。

【案例7-1】

四川王朗国家级自然保护区游客守则

欢迎来到四川王朗国家级自然保护区!王朗保护区建立于1965年,是我国最早建立的大熊猫保护区之一。您的到来将会帮助我们更好地保护国宝——大熊猫:我们会把门票和其他收入的一部分作为王朗的大熊猫保护基金。为了保护这里原始的自然环境和完整的野生动植物栖息地,请遵守以下规定:

1. 王朗是天然林保护重点区域,严禁破坏天然林和生物多样性的行为。

2. 火是森林的大敌！严禁在野外用火和吸烟，违者予以重处。

3. 保持卫生！把垃圾丢到指定的垃圾箱里，请把您的电池带走。如果您能把塑料制品也带走，我们会非常高兴。

4. 一草一木都受到保护！游览时请勿采摘花草、蘑菇，不要捕捉蝴蝶等昆虫，违者保护区管理机构有权予以罚款处置。

5. 保护王朗的生物多样性！禁止在保护区内挖药、狩猎、捕获或伤害任何物种。

6. 请不要惊扰野生动物，不要接近或喂食野生动物，观看时请保持在五十米以外。当您看见野生动物生病或有异常举动时请立即告诉工作人员。

7. 请沿着规定线路行走，以免践踏地表植被引起水土流失。

8. 请保持环境清洁，不要在保护区的任何地方乱涂乱画。

9. 请使用保护区提供的卫生间。当您在森林时，请不要留下卫生纸。

10. 保持安静！请不要大声喧哗、高音量播放音乐，尽量减少使用喇叭。

11. 为了保护植物和野生动物栖息地，机动车只能在指定的区域内行驶，在保护区内行驶时车速请不要超过20公里/小时。晚上请不要驾车。

12. 保持愉快的心情！

7.4 自然保护区生态旅游服务管理

7.4.1 旅游服务质量基本概念

旅游服务质量就是某种旅游服务满足旅游者需要和期望的程度，是旅游活动中旅游服务的期望和其实际经历与该旅游服务所形成的感知之间的比较。旅游者是评价旅游服务质量高低的主体。美国学者 Parasuraman 等人将旅游服务质量界定为 5 个维度，即：①可靠性(reliability)，可靠、准确和一致地履行服务承诺的能力；②保证性(assurance)，员工的知识、礼貌和传达信任的能力；③有形性(tangibility)，物质设施、设备及人员的外表；④响应性(responsiveness)，提供快捷的服务和帮助顾客的愿望。⑤移情性(empathy)，员工关注顾客特别需求并提供个性化服务的能力。旅游服务质量除了包含这 5 个维度以外，还包括安全性维度。因为旅游活动是旅游者暂时离开其常住地而进行的活动。在这一过程中，旅游者有人身安全及财产安全方面的需要，其中包括旅游交通的安全性、酒店的安全性、旅游景点设施的安全性、目的地的安全性等。安全性构成了旅游者选择目的地和旅游企业以及评价旅游服务质量的重要因素。

7.4.2 旅游服务管理内容

旅游服务管理涉及旅游管理机构对旅游服务的设计、销售、生产和传递，以及对旅游服务的参与者之间的相互作用等方面进行的管理活动。旅游服务管理主要包括对以下几个方面的管理。

(1) 产品内容

任何旅游服务产品都是无形服务和有形产品的组合，也是核心服务和一系列辅助服务的结合。旅游服务组织要通过管理整体旅游服务产品为顾客提供旅游价值，通过辅助服务体现差异化竞争优势。

(2) **教育与促销**

旅游服务组织需要向消费者提供产品利益等方面的信息，提出建议并劝说其在组织所希望的时间内采取购买行动。另外，由于旅游服务的生产和消费需要顾客的参与，顾客的服务体验在很大程度上也受到其自身参与情况的影响。所以旅游服务组织还要指导顾客如何更加有效地参与服务过程。

(3) **价格和其他使用成本**

旅游者外出旅游不仅要支付旅游服务产品的费用，如酒店住宿费用、飞机航班费用、景点门票或者旅游总线路包价，同时还要付出其他非货币成本，如时间、精力及由认知风险所引起的心理负担等。旅游服务组织需要确定旅游服务的价格，并通过尽可能减少旅游者的其他非货币成本来增加其价值。

(4) **地点和时间**

旅游服务组织要确定向顾客传递服务的时间、地点和服务传递方式，通过服务传递系统的设计和管理保证顾客在需要的时间和地点方便快捷地获得服务。当前信息技术的发展为旅游服务组织传递服务提供了更多的选择。很多旅游企业用网络这一虚拟空间代替传统的服务地点，向顾客提供预订、咨询、投诉处理等辅助性服务。

(5) **服务过程**

过程性是包括旅游服务在内的所有服务的一个重要属性。在服务过程中，顾客要与旅游服务组织的人员、设备、系统发生多方位的接触。服务程序、服务持续时间、等候服务时间、技术等诸多过程因素都影响着顾客的服务体验。

(6) **生产率和质量**

对于快餐企业以及低价航空运营商来说，高服务和生产率往往意味着高质量。但对于采取定制化服务战略的旅游服务组织来说，生产率和质量却经常表现为一对矛盾。提高生产率意味着花费在每位顾客身上的平均时间减少，意味着更少的个性化关注，意味着服务质量的降低。所以，这样的旅游服务组织需要在两者之间寻求平衡，既要满足组织对服务生产率的要求，又要满足顾客对服务质量的要求。

(7) **人员**

服务人员、顾客等旅游服务的参与者，及他们之间的相互作用都会对顾客的旅游服务体验和服务质量认知产生影响，因此旅游服务组织需要对人员这一最活跃、最能动的因素进行有效管理，通过员工的满意与留任实现顾客的满意与忠诚，最终实现组织长期发展的目标。

(8) **服务环境**

服务环境也可称作服务的有形证据，通常包括服务设施设备、员工着装以及指示牌、工具、菜单、登记表、票据等其他有形物。旅游服务中往往存在着大量的有形证据。它们不仅是旅游服务生产所必需的物质基础，同时还作为整体旅游服务产品的重要组成部分以及与无形服务相关的有形线索，对顾客的质量期望和感知产生重要影响。因此，旅游服务组织有必要对服务环境因素进行管理，充分发挥其信息沟通的作用。

旅游服务管理主要涉及以上八个对象。概括地来说，即营销管理、运营管理和人力资源管理。在开展保护区生态旅游时,要将保护区的实际情况与以上八个对象相结合,根据保护区特点、当地社区及主要游客目标群等,进行合理高效的游客服务质量管理。

7.4.3 旅游服务管理方法

此部分主要对三种旅游服务管理的方法进行简要介绍。

(1) 服务流程图与服务蓝图

旅游服务过程的环节较多且复杂,通过绘制服务流程图和服务蓝图的方式可使复杂的服务过程简单化、有形化。服务流程图的设计过程如下:

确定核心服务和辅助服务──→确定服务各阶段与顾客间的关系──→梳理时间顺序──→整理、成图。

与服务流程图相比,服务蓝图更为复杂。建筑图纸通常被称为蓝图,因为这种图纸是用蓝线绘制的,它能够展示建筑物出口建筑过程中的一些具体规范。采用类似建筑图纸的方式来进行的服务设计,即为"服务蓝图"(service blueprint)。服务蓝图与建筑图纸类似,能够展示出服务过程中的具体规范,直观展现服务的全部过程。此外,它还能用来进行新服务的设计。服务蓝图与服务流程图的不同点在于:服务流程图只关注前台的服务传递,而服务蓝图则包含了所有服务步骤。服务蓝图的突出优点在于:可以帮助管理人员发现服务过程中可能的失败点,从而提前预防或者及时补救;使管理人员找出可能让顾客等候的环节,从而通过游客体验和员工调查等制定各环节完成时间的标准。

(2) 因果图

因果图也称作"鱼骨图",是最早运用于制造业中的一种分析方法。一般来说构成某一问题的因素有5类,即设备、人员、原料、程序及其他。美国服务营销领域的著名学者与实践者 Christopher Lovelock 提出了用于服务业质量管理的八类因素,即在上述5类因素中加入了"信息"这一内容,并把"人员"这一类因素分成了前台人员和后台人员两部分。因为在服务业中,有许多服务质量问题源于与信息有关的失误。例如,旅游服务中有关服务时间的信息提供不及时或不准确,游客在出行前所获得的服务内容信息不确切或不全面,都可能引发严重的服务质量问题。另外,服务生产与消费的特点突出了前台人员影响顾客服务质量感知的重要性,所以把其单列出来作为服务质量问题形成的一个重要指标。

(3) 运用旅游服务标准管理旅游服务质量

旅游服务标准是旅游服务组织用以指导和管理旅游服务行为的规范,可分为量化标准或客观标准和非量化标准或主观标准两类。其中,量化标准是指那些能够以数字计量的标准;非量化标准是指那些无法用数字衡量,只能以文字形式表示出来的标准。通过制订旅游服务标准,规范保护区管理机构及工作人员的行为,可以有效提高保护区整体的服务质量。

【案例 7-2】

某酒店旅游服务标准

量化标准	非量化标准
电话铃响三声之内必须接听	尽可能称呼每位客人的名字
当客人在 20 英尺范围内，用目光接触	护送客人到达目的地，而不是仅仅指出方向
当客人在 10 英尺范围内，报以微笑	制服整洁，佩戴胸牌
接到客人客房用餐要求后 30 分钟之内要提供服务	尊重其他员工，同他们保持密切合作
	用"乐意效劳"而不是"没关系"来回答顾客
	当客人向某个员工询问时，员工应解决问题，而不是推给其他员工

（引自 黄晶，2006）

7.5 自然保护区生态旅游的安全管理

7.5.1 生态旅游安全管理的意义

旅游安全管理是指为了保障旅游活动中一切当事人和财、物的安全而对旅游安全工作进行的计划、组织、协调、控制的活动。如果说旅游安全保障是旅游安全学研究和旅游安全工作的最终目的的话，那么，旅游安全管理则是实现旅游安全保障这一最终目的的有效途径。自然保护区大多处在较为偏远的地方，地势险要、环境原始，其神秘性也常常引起探险爱好者、科研工作者等前往，科学、严谨、全面的安全管理显得更为重要。

7.5.2 生态旅游安全管理主要办法

结合自然保护区实际，生态旅游安全管理的主要办法有以下几项。

(1) 安全管理制度

安全管理制度是在国家相关法规条例指导下，为保证景区员工和旅游者人身及财产安全所制订的符合景区安全管理实际情况的章程、程序办法和措施的总称，是景区员工做好安全工作所必须遵守的规范和准则。景区安全管理制度的主要内容有：①建立完善安全管理工作制度。按照保护区对安全管理的客观要求，根据对保护区生态旅游活动安全管理的范围、内容、程序和方法等，制订整个景区的安全管理制度和各个方面的分管制度，如库存管理制度，值班巡逻制度等。②主要领导责任制。保护区生态旅游安全管理的领导责任制非常重要，它规定了安全管理中领导的具体职责和要求，以及发生问题和事故时的责任追究。"谁主管，谁负责"，通过领导责任制加强主管领导的责任意识。③具体人员岗位责任制度，即规定了保护区员工在各自岗位上所担负的安全工作范围、内容、任务和责任，把安全工作的具体任务和责任明确到每个人身上，以达到全员安全管理的目的。④特别岗位安全责任制。保护区可以挑出容易发生安全问题或一旦发生问题对整体影响较大的部门或者环节制订专门的管理制度、安排专门管理人员。如大型野生动物出没较多的景点、易发生火灾的林区等。⑤奖励、激励制度。将工作成效与员工经济利益挂钩，表现突出的员工应给予一定奖励，从而调动全体员工做好安全工作的积极性，促进和保证各项安全制度的贯彻落实。

(2) 预警机制

通过建立安全预警机制，使保护区工作人员、游客和社区居民等形成安全意识，提高他们的安全防范能力。一般来说，安全预警系统由保护区信息管理部门、宣传教育部门、市场营销部门等构成，主要措施有发布景区安全管理法规、条例和进行宣传教育等。具体的工作方法有：在人流量较大的地方，如重点景点、车站、旅馆等设置安全宣传栏和发放安全宣传手册，在事故频发的偏僻景区地段设置安全宣传橱窗与告示牌；在旅游活动进行前或者较危险的项目开始前向游客介绍注意事项、应急措施和急救常识；在旅游旺季时尽量疏散游客，在旅游宣传上也可以适当减小力度，将游客量控制在景区所能承受的旅游容量范围之内，以此减轻景区巨大的环境保护和安全保障压力。

(3) 安全教育

保护区一般地处偏僻、地形复杂，因此，应使安全工作群众化。对保护区管理者、工作人员以及游客和当地社区居民，都进行深入细致的普法教育、安全教育和急救知识普及。对当地社区居民，可以在日常工作中采用宣传橱窗、广播、幻灯片等方式进行安全教育，并在经济落后的社区开展"旅游致富"等理念的宣传。另外，对于那些见义勇为者可以给予表彰和奖励，从而鼓励工作人员和当地居民的科学救助意识，倡导良好的道德风尚。

7.6 自然保护区旅游标准化管理

7.6.1 我国旅游标准化管理现状

20世纪80年代中后期，我国制定发布了《旅游涉外饭店星级的划分与评定标准》，标志着我国旅游标准化工作的开端，随后特别是最近几年取得了长足发展。

国家旅游局率先在国际上成立了第一个国家级旅游标准化专业委员会——全国旅游标准化技术委员会。1998年8月，国家旅游局在质量规范与管理司设立了"质量标准处"，负责全国旅游行业的质量标准化工作。2000年3月，经国家质量技术监督局批准，国家旅游局颁布施行《旅游标准化工作管理暂行办法》，对全面提高旅游服务质量和管理水平，实现旅游业科学管理起到了积极的促进作用。该办法共分7章40条，对旅游标准化工作的宗旨、范围、任务、管理和旅游标准的制定、审批、发布、实施、监督等作出了具体规定。2001年初，全国旅游质量认证管理委员会成立，也标志着旅游标准制定与实施的领导机构的初步建立。在申报工作上，须使用国家旅游局统一印制的《旅游标准项目申报书》申报国家标准和行业标准，国家旅游局采取由旅游标准化技术委员会上报的年度计划的方式进行。

7.6.2 我国旅游标准化主要内容

目前，旅游业标准包括已经立项和即将发布的国家标准和行业标准，数量已达到40个左右，已颁布国家标准11项，行业标准5项，其中旅游饭店用公共信息图形符号行业标准(LB/T001—1995)已并入国际GB/10001.2—2002。另有十几项国家标准和行业标准已经立项，正在编制中，这些标准为旅游业管理和经营服务打下了基础。

经过多年的研究探索，国家旅游局于 2000 年 11 月发布实施了《旅游业标准体系表》，并向国家质量技术监督局备案，作为旅游业标准立项工作的依据。根据国家旅游局制定的编制说明，《旅游业标准体系表》（以下简称《体系表》）是对国务院"三定"方案和国家质量技术监督局《旅游行业标准归口管理范围》的具体实施，是旅游标准化工作开展的基础性工作。在协调与其他部门的工作中，对于管理交叉关系的协调问题，《体系表》将作为解释的重要依据；在与世界旅游组织、国际标准化组织的交流过程中，《体系表》是解释我国旅游标准化工作开展情况的最基础资料。按照标准的一般划分，该表分成基础标准、设施标准、服务标准、产品标准和方法标准五大类，并按照旅游业的构成要素，分成食、住、行、游、购、娱六大类，并且增加一大类综合类，共 7 类。以上两种分类方法同时参照开放，系统设计建立了《旅游业标准体系表》（表 7-2）。除了表中的六大类外，综合类基本标准有：《旅游服务基础术语》、《标志用公共信息图形符号 第一部分：通用符号》、《标志用公共信息图形符号 第二部分：旅游设施与服务符号》、《旅游规划通则》、《旅行社计算机管理系统技术规范》《旅游电子商务技术规范》、《旅游饭店计算机管理系统技术规范》、《导游 IC 卡技术规范》、《旅行社组团运作规范》等。

2009 年下半年，国家林业局发布实施了《自然保护区生态旅游评价指标》（LY/

表 7-2 旅游业标准体系

	设施标准	服务标准	产品标准	方法标准
食	《旅游餐馆设施与服务规范》《旅游团队餐质量标准》			
住	GB/T 14308—2003《旅游饭店星级的划分与评定》《旅游公寓（别墅）星级的划分与评定》旅游度假设施与服务规范	LB/T 003—1996《星级饭店客房客用品质量与配备要求》《饭店服务指南》		旅游饭店计算机管理系统建设规范 青年旅馆网络建设规范
行	GB/T 15731—1995《内河旅游船星级的划分及评定》《游览船设施与服务规范》《旅游汽车设施与服务规范》《海上游轮星级评定》	LB/T 002—1995《旅游汽车服务质量》《旅游汽车公司资质等级的划分与评定》《旅游客车星级评定》《旅游船服务质量》	专项旅游产品、生态旅游产品、农业旅游产品、工业旅游产品、修学旅游产品、特种旅游产品	
游	GB/T 18973—2003《旅游厕所质量等级的划分与评定》《国家旅游度假区》《国家生态旅游区》《旅游滑雪场设施与服务规范》《旅游咨询中心设施与服务规范》《旅游索道设施安全》	GB/T 15971—1995《导游服务质量》GB/T 17775—2003《旅游业质量等级的划分与评定》LB/T 004—1997《旅行社国内旅游服务质量要求》LB/T 005—2002《旅行社出境旅游服务质量》《旅行社资质等级的划分与评定》《旅行社入境旅游服务质量》《旅游区（点）服务指南》旅行社门市服务质量规范、旅游游览点讲解服务质量规范	旅游商品质量标准	《旅游资源分类调查与评价》《分时度假操作规范》
购	《旅游购物场所设施与服务规范》			
娱	《旅游娱乐场所设施与服务规范》	GB/T 16767—1997《游乐园（场）安全和服务质量》		

T1863—2009），针对自然保护区开展生态旅游的各个方面的评价指标进行赋值。按照被评价的自然保护区所属类型（自然生态系统类、野生生物类、自然遗迹类），从三套自然保护区生态旅游资源评价指标中选择使用的评价指标进行评分，自然保护区生态旅游资源各评价因子的评分值之和为自然保护区生态旅游资源评价分值，将其分值与自然保护区的区域环境质量评价、生态旅游开发利用条件评价所得的分值相加，最终分值为自然保护区生态旅游评价分值。最后，根据评价分值将被评价的自然保护区生态旅游进行等级评定。

参考文献

1. 蒙睿，周鸿．2007．乡村生态旅游［M］．北京：中国环境科学出版社．
2. 余久华．2006．自然保护区有效管理的理论与实践［M］．咸阳：西北农林科技大学．
3. 王德辉．2009．生物多样性与自然保护区管理培训班论文集［C］．北京：中国环境科学出版社．
4. 王秋莲，孙韧．2003．自然保护区生态旅游管理规划的基本原则［J］．城市环境与城市生态，16(6)：40–41．
5. 房艳刚．2003．中国自然保护区生态旅游开发与管理研究［D］．吉林：东北师范大学．
6. 刘肖梅．2004．旅游生态容量问题研究［J］．泰山学院学报，26(1)：58–60．
7. 王志臣，唐小平，徐基良．2009．中国自然保护区生态旅游政策研究［M］．北京：北京出版社．
8. 黄晶．2006．旅游服务管理［M］．天津：南开大学出版社．
9. 郑向敏．2003．旅游安全学［M］．北京：中国旅游出版社．

习 题

作业题

1. IUCN对生态旅游的定义是：生态旅游就是前往那些_____的自然区域、对环境负责任的旅游，其目的在于_____。
2. 旅游资源是指_____。
3. 中华人民共和国国家标准《旅游资源分类、调查与评价（GB/T18972—2003）》中将旅游资源分为_____主类、_____亚类和_____个基本类型。
4. 保护区旅游服务的管理方法有哪些？

讨论

除了书中所提到的生态旅游安全管理办法，你还能想出一些其他行之有效的办法吗？

思考题

任意挑选一个保护区生态旅游活动的环节，设计此环节的量化或非量化的标准。

第 8 章　自然保护区资源的经营利用管理

> **本章提要**
>
> 本章首先介绍了自然保护区资源的定义、分类、特征及其价值评估，然后重点阐述了资源利用的形式、原则和方法，并提出了资源利用的优化管理模式——适应性经营管理。

自然保护区资源是大自然赐予人类的珍贵遗产。为了人类自身的生存和长远发展必须保护好这些资源。那么，人类是否可以利用自然资源呢？回答是肯定的。几千年来，人类一直在利用大自然、改造大自然，目前要用，将来也一定要用。问题的关键是如何在保护好自然资源的前提下可持续利用自然资源，实现永续发展。自然保护区内的生物资源大都是可再生资源，其自身具有一定的再生能力和忍耐适度干扰能力，机械的保护是不可取的，应该按照生态演替规律，科学、合理地利用自然保护区资源，为人类造福。

8.1　自然保护区资源概述

8.1.1　自然保护区资源定义

资源的概念源于经济学科，是指实体可被人们利用的物质。但随着经济技术、科技水平的不断发展进步，资源的概念已经出现通用化、泛化，其内涵逐渐从实物形态扩展到非实物形态，演化为泛指一切可被人类开发和利用的物质、能量和信息的总称。自然保护区是受人类保护的特殊区域。自然保护区资源的概念目前还没有明确的定义，不过自然保护区资源的概念和一般资源概念既有一定联系又有一定的区别。根据我国目前自然保护区的现状，自然保护区的资源是指在特定的自然保护区范围内，对其保护和发展有价值的生物环境因素及文化等有形和无形资产的总和，包括生物多样性资源、景观资源、土地资源、水资源、空气资源、人文资源等。

8.1.2　自然保护区资源分类

按照资源的存在形式将保护区资源分为七大类，如表 8-1 所示。

表 8-1　按照存在形式划分的自然保护区主要资源类型

类型	含义	组成
生物资源	在目前的社会经济技术条件下人类可以利用与可能利用的生物，包括动植物资源和微生物资源等	生物圈中对人类具有一定经济价值的动物、植物、微生物有机体以及由它们所组成的生物群落，包括基因、物种以及生态系统三个层次
气候资源	人类和一切生物生存所依赖的和社会发展可能开发利用的气候要素中的物质、能量、条件及其现象的总体	太阳辐射、热量、降水、空气及其运动等要素
水资源	目前技术和经济条件下可以被人类利用的陆地淡水资源	大气水、河流水、湖泊和湿地水、地下水和冰川积雪融水
土地资源	地球陆地便是由地形、土壤、植被、岩石、水文和气候等因素组成的一个独立的自然综合体	按利用类型分为耕地、林地、草地、沼泽滩涂、水域等
矿产资源	经过一定的地址过程形成的，赋存于地壳内或地壳上的固态、液态或气态物质，当他们达到工业利用要求时，称为矿产资源	按物理性质和用途划分为：黑色金属、有色金属、冶金辅助原料、燃料、化工原料、建筑材料、特种非金属、稀土稀有分散元素等 8 类
能源资源	能够提供某种形式能量的物质或物质的运动都可以称为能源	地球热能、风能、潮汐能等
景观资源	能提供一般舒适享受等环境服务，并为旅游者提供游览、观赏、求知、乐趣、度假、疗养、休闲、探险猎奇、考察研究的景观	地貌景观、江河景观、气象景观、生物景观、人文景观等

8.1.3　自然保护区资源特征

自然保护区资源既有一般资源的某些特点，同时也有自己的一些独特特点，主要包括自然保护区资源的原始性、多样性、动态性、教育性和脆弱性。

(1) 资源的原始性

自然保护区资源的原始性是指保护区内资源作为一个系统原本是自然生成的，是大自然经过几十亿年的演化，生物与当地的环境相互作用而形成的。原始的自然生态系统是保护区最珍贵的资源和财富，在自然保护区资源利用过程中，要特别注意保持其原始性。

(2) 资源的多样性

自然保护区资源的内涵十分丰富，既包括生物多样性资源，也包括文化资源、土地资源、水资源和洁净的空气资源。生物多样性资源不仅具有直接的经济价值，能够满足人类对物质生活的需求，同时也具有环境保护、科研研究、美学欣赏等价值。这种资源的多样性对社会经济的发展，人类生存环境的稳定以及人们精神生活需求的满足均有重要意义。

(3) 资源的动态性

保护区的生态系统是一个不断演替进化的系统。森林、草原、湿地等生态系统类型都是大自然长期进化的产物，生态系统所包含的生物多样性资源不断随着环境的变化而发生变化。同时，自然保护区景观也存在着年份和季节的变化，这些都体现了保护区资源的动态特性特征。

(4) 资源的脆弱性

我国自然保护区主要保护着地带性原生生境，相对于周围时刻变化的环境来说相当于一个孤岛，难以承受各式各样、不同程度的人类干扰，因此具有一定脆弱性。我国的很多保护区是为了保护一些珍稀物种和资源而建立的，是一种抢救性的保护，其资源常常已经遭受严重破坏，对于外界干扰，如资源的开发等行为的承受能力是极其有限的。因此，在资源利用中必须考虑这一特性，不能只顾眼前效益，忽视长远利益。

(5) 资源的保护性

自然保护区和其他区域性质不同，是受特别保护的自然区域。所有的资源利用都必须以保护好资源为前提。保护区为了自身的发展对区域内资源进行利用时要充分考虑保护区保护资源的承载力、保护目标和利用目的，尊重资源利用的科学依据，在保护的前提下开展资源的规划利用。

8.1.4 保护区资源的价值评估

保护区蕴含丰富的资源，其价值有多种体现形式。保护区的资源除了具有直接使用和间接使用价值之外，还具有潜在使用价值。资源的使用价值是指通过直接或间接利用环境资源而获得的效益，它是人类目前已享受到的福利，包括直接使用价值和间接使用价值。

(1) 直接使用价值

直接使用价值是资源直接满足人们生产和消费需要的价值，由资源对目前的生产或消费的直接贡献来决定。以森林为例，木材、药品、休闲娱乐、植物基因等都是其直接使用价值。直接使用价值易于理解，但并不一定在经济上易于衡量，如森林产品的产量可以根据市场或调查数据进行估算，但药用植物的价值却难以衡量。

(2) 间接使用价值

间接使用价值包括环境所提供的用来支持目前的生产和消费活动的各种功能中间接获得的效益。间接使用价值类似于生态学中的生态服务功能，营养循环、水域保护、小气候调节、减少空气污染等都属于森林的间接使用价值范畴。它虽然不直接进入生产和消费过程，却为生产和消费的正常进行提供了必要条件和基础。

(3) 潜在使用价值

野生生物种类繁多，而人类已经做过比较充分研究的种类却只是极少数，大量野生生物的使用价值目前还不清楚。但是可以肯定，每一个物种在生态环境中都有其作用和贡献，对人类社会也有不可估量的潜在使用价值。一个生物物种一旦从地球上消失就无法再生，它的各种作用价值也就不复存在了。因此，对于生态环境中每一种野生生物，都应当同样珍惜和保护。

8.2 自然保护区资源的经营利用与管理

自然保护区资源的经营管理是对自然保护区资源进行区划、调查、分析、评价、决策、利用和信息管理等一系列工作的总称。其主要内容包括对保护区内的资源进行区划、调查、编制利用规划、经营决策、资源利用监测和资源信息管理等。保护区资源经营管理的对象是保护区内已经开展或者未来可能开展经营利用的各种资源，宗旨是在资源保护好的前提下实现可持续利用。

8.2.1 自然保护区资源利用形式

自然保护区资源利用的形式多种多样。按照利用对象及利用方式的不同,自然保护区资源的利用主要有生态旅游、采集、狩猎、人工林经营、经济动植物人工种养殖、加工业、新能源利用及研究资源补偿和资源管理等8种方式。这8种方式将在"8.2.3 资源可持续利用方式"一节中阐述。

8.2.2 自然保护区资源经营利用原则

(1)保护优先原则

保护优先的原则是指尽管自然保护区内资源的内涵和分类与一般意义的资源存在着一致性,但自然保护区本身是一种特殊的土地类型,是以保护为目标和任务的重要区域。自然保护区的资源相对于已开展的旅游考察或其他各种资源的经营利用活动的承受能力是有限的,超出一定限度就会影响和破坏自身生态系统的稳定,其脆弱的特点使得保护优先原则尤为重要。在经营和利用保护区内资源时,要坚持保护资源为优先的原则,不能开展任何威胁和破坏资源的活动,不能将保护和收益本末倒置。在保护自然资源的同时,还要传承自然保护区为社会文化带来的精神资源,实现保护区的根本职能——为人类保存一块净土。

(2)科技先行原则

自然保护区进行资源开发经营活动前,要对利用对象、利用形式、利用范围及利用强度等进行深入严谨的调查、科学研究和论证分析,以调查和评价的结果为依据,采取合适的经营手段,合理开发利用资源,避免盲目开发,防止高负荷的资源利用给自然保护区资源造成的破坏。坚持科技先行原则就要求我国自然保护区根据自身的特点,在制定保护区总体规划时,要明确保护区可利用资源的类型和方式,并在实际操作中认真执行、科学评估、深入落实、严格管理总体规划中提出的资源开发方式。

(3)非营利性原则

自然保护区的性质和功能决定了自然保护区的主要任务是保护生物多样性,保护人类赖以生存的环境。所以,实现生态资源和物种的可持续发展是自然保护区的根本目的和职能。虽然目前许多保护区因国家和地方政府没有提供足够的经费,或由于保护区自身运转的需要,必须通过对保护区的丰富资源进行开发利用等各种途径增加保护区的收入,但是保护区经营并不是为了满足经济和利益的需求,而是为了弥补国家财政支持的不足,促进保护区与社区发展,获得的收益也应主要投入保护区的建设和资源物种的保护中。如果以营利为目的进行开发,只会造成保护区资源的严重破坏,得不偿失。因此在保护区开展资源经营利用时,要明确经营目标,合理规划,坚持非营利性的开发原则。

(4)惠益共享原则

由于多数自然保护区处于较为贫困的地区,当地政府和居民对于资源的依赖程度较大。自然保护区的建立在短时间内会限制地方对资源的开发利用,从而影响地方的财政收入,影响保护区内及周边社区人口的生活。在这种情况下,仅仅依靠国家的生态补偿是不够的。在国家和自然保护区管理机构的监督和管理之下,在保护区规定的范围之内,通过保护区与周边社区共同签署相关协议，协商资源的合理利用方式和利益分配形式，保障双方的基本利益，坚持惠益共享原则，是缓解保护区和周边社区之间矛盾的有效途径之一。

（5）可持续发展原则

自然保护区在资源利用中，必须以生态规律和经济规律为指导，保护目标和经济目标相结合，近期利益和长远利益相结合，资源利用与生态平衡相协调，实现保护区资源利用的可持续发展。

8.2.3 资源可持续利用方式

自然保护区资源利用的方式多种多样。目前我国自然保护区资源利用方式主要包括生态旅游、种养业和采收业等。不同的资源利用方式所产生的经济效益和对自然保护区生物多样性保护所产生的威胁和破坏程度是不同的。因此，为避免或减少对自然保护区保护对象的影响，资源利用范围一般应限制在保护区的实验区内并经过科学论证的特定区域。同时，根据不同的资源利用方式对保护区威胁和破坏程度不同，不同类型的自然保护区对资源利用方式要区别对待。要鼓励那些影响范围小、影响时间短、破坏程度低、经济效益高和可持续的资源利用方式的发展，限制影响程度大、追求短期效益的资源利用方式的发展。

8.2.3.1 生态旅游

自然保护区独特优美的自然景观为开展生态旅游提供了有利条件，具有极大的发展潜力。旅游业的经营涉及交通、住宿、餐饮、通讯等相关行业，可以多方位拉动地方经济发展，有利于缓解当地社区劳动力的就业问题。与其他传统资源利用方式（如种植业、养殖业等）相比，生态旅游对资源的破坏相对较小，而且旅游经营者为了从旅游中得到长期回报，会积极主动地保护赖以生存和发展的自然资源。

目前我国自然保护区旅游业收入已占保护区资源利用收入的50%以上，是保护区开展最多的资源利用方式。在上一节中已介绍了保护区生态旅游管理的相关概念，这里主要介绍生态旅游的3种经营形式。

（1）自主经营

由自然保护区管理机构负责开发旅游资源，经营和管理旅游活动，收取门票，提供住宿交通等旅游服务。例如甘肃连城自然保护区管理局、长白山自然保护区管理局以及西双版纳自然保护区管理局等均成立了自己的旅游公司或旅游管理所（科），主管旅游经营。这种经营方式在我国自然保护区旅游业的开发中占据主体地位。

（2）股份制经营

保护区管理机构与地方政府、企业或公司合作，以股份制形式开展保护区旅游经营活动，利益与风险共享。以九寨沟自然保护区为代表，保护区与旅游部门及地方社区共同成立了股份制企业——九寨沟旅游总公司。该公司统一管理和经营九寨沟的旅游开发。保护区管理处收取旅游门票，联合经营公司收取住宿餐饮费，绿色观光公司收取观光车费。该经营方式成功地解决了保护区自身以及周边社区发展问题，是值得推广的生态旅游经营形式。

（3）外部经营

以外部相关部门为主的经营形式是由于历史原因或土地使用权的限制。一些自然保护区自身不具备旅游开发的主导权，因而由外部的组织、机构、公司等经营，保护区从总收入中提取少量资源保护费。如广东鼎湖山自然保护区、江西井冈山自然保护区所开展的旅游活动即是由当地旅游公司主导，获取旅游收益，保护区只负责保护资源，不参与利益分配。

值得注意的是，目前保护区生态旅游发展存在很多问题，给保护事业带来很大的冲击和负面影响。因此必须从法律和制度的角度规范生态旅游业的发展。以下一些原则需要遵循：

①生态旅游活动必须在自然保护区的核心区和缓冲区之外；

②生态旅游的机动车道路建设、接待设施（如宾馆、饭店、商店）、各种娱乐设施（如索道、游乐场），必须在保护区外或保护区的实验区内进行建设；

③在实验区内，可建设与环境相匹配的旅游线路、人行便道、小型售货亭；在旅游线路上还应建生物多样性保护宣教广告牌，以及供游人休息用的仿自然桌椅、垃圾收集箱等设施。

8.2.3.2 种养业

大多数保护区具有土地和动植物资源优势，发展种植和养殖是保护区最早开展，也是最普遍的生产经营活动，主要活动包括经济植物、药用植物、苗木种植及珍稀动物或经济动物养殖等。种植和养殖是保护区最初级的也是最易开展的资源开发利用活动。

种养业在一定程度上会对保护区内的生物多样性保护和生境的恢复产生影响，因此对于自然保护区种养业的规模和范围一定要加以控制，使其不得超过保护区建立之初时种养业的种类和规模，并且随着生态补偿金的发放以及替代产业（如生态旅游等）的发展，种养业规模和范围要逐渐减少。开发种植业需要遵循以下几条原则。

①对于种植业，如农作物、经济植物、药用植物、苗木和其他植物等，应严格限制在保护区的实验区内；严禁在生境廊道以及重点植被恢复地段从事种植业，严禁使用污染性强的农药、化肥等，并且要注意外来物种入侵问题。

②对于畜牧业和经济动物及珍稀动物的人工繁育，应严格限制在保护区的实验区内，严禁在缓冲区和核心区内放牧；家畜和人工繁殖经济动物及珍稀动物等必须在自然保护区实行笼养或者圈养，以防止对植被和生物生境的破坏以及疾病的传播。

③应严格限制传统的作物耕种和畜牧业等资源利用方式，取而代之的是在经过科学论证的基础上，发展以经济作物、药用植物、苗木种植，经济动物、珍稀动物繁育等对于保护区生态系统破坏程度较低的资源利用方式。

8.2.3.3 采收业

保护区的资源采收主要包括林木间伐、风倒木、枯木、病腐木清理，野菜野果、药用植物或其他经济植物的采集和采挖等。例如，盐城自然保护区和大丰麋鹿自然保护区在冬季对滩涂芦苇的采收和对沙蚕的采挖；武夷自然山保护区对实验区毛竹的合理采收等都是资源的合理利用方式。

对野生植物资源的采集和经营利用是保护区及周边社区居民的传统经营方式之一。应加强野生植物的采集和经营管理，采收活动应严格限制在核心区以外地区进行，并且严格按照相关法律法规的要求，根据采集对象的不同，实行采集证管理、分级审批、报环保部门备案制度等。采集证的格式由国务院野生植物行政主管部门制定。进行采集活动的单位和个人，必须按照采集证所规定的种类、数量、地点、期限和方法进行采集。县级人民政府野生植物行政主管部门对本行政区域内采集重点保护野生植物的活动，应当进行监督检查，并及时报告批准采集的野生植物行政主管部门或者其授权机构。同时要加大打击乱捕滥猎、违法收购、运输、倒卖走私珍稀野生动植物的违法犯罪行为的力度。

8.2.3.4 人工林经营

自然保护区内的人工林虽然可以开展经营活动，但应该极为慎重。目前森林生态系统类自然保护区中仍存在人工林经营现象。自然保护区建立后，在确保不对保护对象产生影响的前提下，经科学考察和规划，报请保护区管理机构审批通过后，可以适当进行一定面积的人工林的经营。对于自然保护区建立之前已有的人工林，根据保护区建立后功能区划进行安排，核心区内的人工林不允许任何方式的人工经营；缓冲区和实验区内的人工林根据科学规划和论证，可以采取必要的人工干预和经营方式，如清理风倒木、枯木、病腐木和林木间伐，人工促进植被恢复和更新等。

8.2.3.5 狩猎

自然保护区条例规定保护区内禁止狩猎。但自然保护区内某一类动物数量过多，不但会干扰周边居民的正常生产生活，而且可能造成保护区种间关系失调，导致生态系统不平衡，在这种情况下可以进行有计划、科学合理的捕杀。同时开展狩猎活动还可以为保护区带来一定的经济效益。但是捕杀活动必须在指定的专业科研人员进行科学调查并制订合理的捕杀规划的基础上，由保护区管理机构上报主管部门，经国务院或省、自治区、直辖市人民政府有关自然保护区主管部门批准之后方可进行，并由自然保护区管理机构通过人工干预的手段，控制捕猎种群的数量。

8.2.3.6 工业生产

根据保护区条例的要求，在自然保护区内禁止开展工业生产活动。但由于中国的自然保护区面积广大，区域内人口众多，为了促进当地经济发展，作者认为在不影响保护对象的前提下，在实验区适当开展一些资源的初加工工业也是可行的。如贵州梵净山自然保护区利用当地楠竹资源纺织床席和其他竹制品，并加工山野菜；福建武夷山自然保护区利用当地丰富的毛竹资源发展毛竹加工及竹笋保鲜加工，使其成为当地社区经济的支柱产业之一；黑龙江凉水自然保护区通过加工处理间伐、择伐原材料，提高了经济效益。值得注意的是在自然保护区内应严禁从事大规模的工业生产建设和发展，同时对已经开展的初级加工行业的生产经营项目实行定期检查，确保资源利用的生态化、社会化和经济效益。

8.2.3.7 资源补偿与资源管理费

自然保护区内丰富的自然资源不仅具有直接使用价值，而且具有重要的生态价值，在维护生态平衡、保持水土、涵养水源、调节气候、改善人们的生活环境等方面发挥着不可替代的作用。因此，对于任何人从自然保护区获取资源或从中受益的活动都可以收取一定的补偿费。资源补偿费的收取可增加保护区的收入和促进保护区的有效管理，主要包括资源管理费、资源补偿费、资源返还金（育林金、林政费和更改资金的政策性补助）及罚款等。自然保护区管理机构对在区内进行上述几种资源利用方式的个人或单位，可以通过签订协议的方式收取一定比例的资源补偿与资源管理费。如武夷山保护区对实验区内的生产毛竹按销售价格的8%收取资源保护费，大约每根毛竹0.8元；盐城自然保护区对当地农民的鱼虾小采小收收取适当的资源补偿费，每年可达30万元。

8.2.3.8 新能源利用

自然保护区在科学考察和合理规划下，报请保护区管理机构审批通过后，可以进行水电站或风力发电站等新能源经营，不仅能够有效地利用资源为保护区带来经济收益，同时还能福泽社区，改善当地居民的生活条件。较大型水电站或风能发电站等的主要设施应在保护区实验区内建设。按照自然保护区条例有关条款及开发建设项目的环境管理规定，对开发项目从环境影响评价审批上严格把关，把对保护区的影响降低到最低限度。同时建设项目要实行定期检查、监测，作出动态的环境影响评价。

8.3 自然保护区资源利用优化管理模式——适应性经营

8.3.1 适应性经营概念

适应性经营(adaptive management)是一种从经营管理过程和结果中学习知识，确定和优化管理战略的系统方法。其特点是对经营活动中可能出现的不确定性因素(可能出现的问题或威胁)提前进行预测，提出预警方案，并制订防范和应对措施。该方法具有较大的灵活性，可根据实际行动监测结果和经验动态调整经营策略和采取干预行动。在保护区开展资源的适应性经营利用是一种行之有效的管理方法。

8.3.2 适应性经营目标与原则

8.3.2.1 适应性经营的目标

适应性经营的目标是在保护好主要保护对象和自然生态环境的前提下，使某种资源获得最优利用。保护区的适应性经营要以"保护是基础，适应是手段，盈利是目标，管理靠规范"为准则，其中"适应是手段，盈利是目标"这两条是开展工作的关键。

8.3.2.2 适应性经营的原则

(1) 法制原则

资源的经营要符合国家、各省级及各地方的法律法规和相关管理条例。当前，保护区相关法律法规都对自然保护区内各种资源的保护和管理作出了比较详细的规定。

(2) 保护原则

自然保护区是各种自然资源的天然富集区，无论是从资源的保护还是资源的可持续利用角度，都需要优先保护好区域内的各种资源。由于保护区的资源在一定程度上易受各种利益驱使而被无节制开发，因此在资源利用上必须强调保护优先。

(3) 分区原则

自然保护区资源利用势必会对保护区的生物多样性保护带来一定的影响。为有效解决保护和利用的矛盾，根据相关法律法规、政策要求以及保护区发展现状，保护区的资源利用必须限定在实验区的一定范围内。

(4) 可持续利用原则

在保护区内从事资源利用活动时，必须遵循生态规律和经济规律，将保护目标和经济目标相结合、近期利益与长远利益相结合、资源利用与生态平衡相协调，实现保护区资源利用的可持续发展。

(5) 社区参与原则

由于保护区多处在偏远贫困地区，经济欠发达，当地居民多依赖本地资源生活。因此，在资源开发利用中一定要与保护区及周边社区协商资源的利用形式和利益分配形式，实行社区共管，进行适度的资源利用。

8.3.3 适应性经营内容与方法

适应性经营管理倡导一种实验的方法，认为管理过程就是管理实验的过程，是降低不确定性的一种有效方法。管理战略或政策只是进行管理实验的假设，可以在实施的过程中通过实时的监控和评估，对实验的假设、战略及政策进行修订和改进，达到自然和社会可持续发展的目标。

8.3.3.1 适应性经营内容

保护区适应性经营的主要内容不仅包括经营范围（明确经营的位置和面积、资源的限制经营级别）、经营时期、经营强度、经营流程，也包括对所利用资源动态监测体系的建设方案及相应的保护措施。此外还包括应急预案，以及对方案实施过程中可能出现的问题进行动态调整。

(1) 适应性经营范围

保护区资源适应性经营范围主要包括资源利用的地域范围和类型两方面。

①资源利用的地域范围

根据《中华人民共和国自然保护区管理条例》，我国的自然保护区主要分为3个功能区，即核心区、缓冲区和实验区。不同功能区域利用原则如下。

核心区：条例规定任何类别、任何级别的自然保护区，其核心区除了经上级主管部门批准的科研监测活动外，不能有任何有形的资源利用。但对于特殊类型的自然保护区应区别对待，如以候鸟迁徙停留地为主的湿地保护区，候鸟栖息时间要严格保护，候鸟迁徙之后，目标保护对象不在自然保护区范围之内可考虑进行适度有序的资源利用。

缓冲区：在保护区的实验区内，对于生态系统类型和遗迹类型自然保护区可以适度开展生态旅游，利用无形资产收获种源、开展科学试验研究工作等；野生生物类自然保护区应该严格禁止经营活动。

实验区：不同类型自然保护区的实验区资源利用有所差别。野生生物类自然保护区在实验区只能开展生态旅游、人工林经营、野生动物繁育和相关科学试验。生态系统类自然保护区和遗迹类自然保护区在实验区内可以进行各种科学试验、生产示范、旅游、收获种源、收获野菜及野果等活动。

②不同类别自然保护区的资源利用类型

自然生态系统类自然保护区：此类保护区的目的是保护一个生态系统，如森林、草原、湿地、红树林或荒漠生态系统。对这类自然保护区，在实验区内可以经营利用人工林、竹林，可以进行为了促进林木生长的抚育间伐，可以进行科研和生产试验、采摘和参观游览等。

野生生物类自然保护区：此类保护区目的是保护珍稀物种，属于严格保护类保护区，即使旅游和科研也要严格管理，必须限制利用。比如野生动物和候鸟多数情况下可能在核心区或者缓冲区，但是受到极端气候影响，以及在食物资源短缺的情况下，它们也可能游荡到实验区甚至自然保护区外。因此即使在实验区，也要在不影响野生动物的情况下有限制地开展人工林利用、人工饲养动物、人工栽培经济植物等。

自然遗迹类自然保护区：此类保护区目的是对各类大自然的遗迹进行积极保护和资源管理。可在缓冲区和实验区进行科学的经营和利用，比如进行科普教育等；也可以利用无形资产，如开展旅游、展览、会议、科考等方面的活动。但要从保护对象的脆弱性进行考虑，注意保护好化石类生物和非生物资源，避免不必要的破坏。所有的自然遗迹类保护区都应该开展生态旅游。

(2) 适应性经营时期

根据自然保护区类型、资源特点和地域特征（如南北）及市场需求制定资源经营的最佳时期，并列出科学依据、参考模式和注意事项。适应性经营时期的主要确定依据包括保护对象影响最小的时期及资源利用产生经济效益最大的时期。

(3) 适应性经营强度

资源利用必须考虑资源承载力问题。所谓资源承载力是指在保持系统相对平衡、稳定的条件下，自然资源可接受的最大开发利用强度和持续时间。资源承载力是可再生资源管理及其自然生产力合理布局的基础性的前提条件，一旦资源利用超过了系统的资源承载力，就不能进行可持续发展，否则将导致各种生态危机。影响保护区的资源承载力的主要因素有：保护区内部动植物种群数量、种类、生产能力、更新能力以及自我维持和自我调节能力。

对生物资源的利用应该科学合理。以野生动物资源为例，在确定资源利用量方面主要涉及两个重要的概念：最大持续产量（maximum sustainable yield，MSY）和最适持续收获量（optimum sustainable yield，OSY）。MSY是指能使可更新资源既提供最多的产量，又不影响和危害其种群的增长，可长期被利用的资源产量。或者说MSY是可供猎取而又不影响种群原有数量基数的剩余生产量，也叫猎取剩余量。OSY是指既考虑最大持续产量，又考虑经济效益和眼前与未来利用比重的资源产量，能获得这一产量时的种群数量称为最优种群水平。

(4) 适应性经营管理模式

根据保护区资源经营要求制定相应的经营管理模式，主要内容包括：管理体制、组织、人员、投资、监管、调控等，最终确定的经营方案，即为实现目标可选择的管理行动。

(5) 资源动态监测体系建设方案

资源经营利用的监测主要包括资源本身和重点保护对象。美国、加拿大和澳大利亚等国在法律中对保护区的监测和评价进行了明确的规定。虽然各国的监测和评价体系不尽相同，但大多建立了保护区监测体系。通过监测评价不同时期资源利用方式中各种活动强度的改变对资源的影响。如加拿大保护区的监测包括在不同尺度上监测生物多样性、生态系统的健康状况或其完整性、特殊的威胁或压力、环境状况和人类影响、全球变化在地区水平上的反映、游客数量和财政收入、地区发展和保护区之间的相互作用等。

目前我国自然保护区开展监测和评价方面的工作还不够。因此,应借鉴国外保护区管理经验,加强保护区的监测和评估工作,制订全面、详细的监测计划,将科研、调查以及常规监测有机地结合起来。对于资源利用来说,除了应对利用资源的生长状况和利用现状进行动态监测外,更要对资源利用产生的生态影响进行监测,特别是对保护对象的影响。保护对象是否能继续生存取决于那些使它们能够繁衍的自然进程是否能维持下去。因此,监测的主要内容包括种群大小、生存条件和景观条件等。

8.3.3.2 适应性经营方法

适应性经营管理是一种独特而系统的管理方法,也被称为"适应性管理循环圈"(the adaptive management cycle),如图8-1所示。适应性管理循环圈是一个以反馈和调整为核心内容的管理学习过程,它包含几个阶段,如图8-1和表8-2所示。

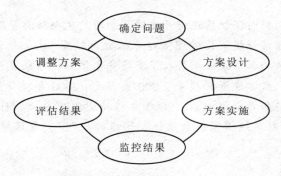

图 8-1 适应性管理循环圈(引自 朱立言等,2008)

表 8-2 适应性管理阶段

阶段	任务	内容
①确定问题	评估和确定问题	目标——管理者目标和利益相关者目标; 行动——确定为实现目标可供选择的管理行动; 指标——确定可以用来监控和判断管理行动效果的指标; 不确定性——列出手段选择和效果的不确定性; 假设——对不确定性解决方案的假设
②方案假设	涉及实验性管理方案	方案必须具有详细的管理措施、实施计划、监控和反馈,以判断效果。 涉及多种可供选择的措施方案,在不同方案的实验效果 对比选择
③方案实施	实施设计好的实验性管理方案	完整地实施原有的管理方案,分析不确定性和积累新的管理知识
④监控结果	执行监控 效果监控	监控管理者和利益相关者的行为,是否按照原有的设计被实施; 监控管理措施是否有效,是否达到第一阶段确定的管理目标; 建立系统的信息采集和管理体系,以保障重要指标信息的记录和反馈
⑤结果评估	分析、对比和评估	通过实验设定的知识性指标分析、对比,评估在实验初期预测的情况是否准确,获得哪一种管理行为更适合实现管理目标的实施。是学习的阶段
⑥调整方案	调整管理目标和政策、措施	根据监控和评估的结果,对比实验初期的假设和判断,重新调整确定新的管理目标、管理政策和管理手段

(引自 季延寿,2005)

【案例8-1】

云南西双版纳自然保护区资源利用的管理经验

云南省西双版纳国家级自然保护区是以保护热带雨林、季雨林和珍稀动植物为主要目的的森林生态系统自然保护区，是联合国"人与生物圈"网络成员之一，也是全国和云南省的科普教育基地。下辖5个保护区管理所、科研所和生态旅游管理所，另设有森林公安分局和7个自然保护区派出所，总编制285人。近年来，西双版纳自然保护区管理局在国家林业局、省林业厅的领导和当地政府的大力支持下，在资源保护、扶持社区发展、科研资源利用及自然保护区的全面建设中取得了很大的成绩。

(1) 开展生态旅游

保护区建立了专门针对保护区旅游开发进行管理的生态旅游管理所，并理顺了管理体制。对保护区内的景区实行规范化管理，对森旅公司按照"政企分开、产权明晰"的思想进行了改制，使保护区的各个景区都引入了市场竞争体制。野象谷已成为全州乃至整个云南省的著名景区，已完成谷底资产投资2 000余万元，2000年接待游客16万人次；望天树景区在经过管理调整和资金注入后，2000年接待2.3万人次。目前保护区根据社会发展的需要已编制了"西双版纳国家级自然保护区旅游规划"，景区建设正在有条不紊地健康发展。

(2) 发展多种经营

保护区内有丰富的森林资源和宜林地，管理局试探性地在实验区种植樟茶群落、橡胶、热带水果和南药，部分已初见成效。在其他资源经营利用中，保护区开展了蚂蚁酒酿、人工饲养蝴蝶、蝴蝶工艺品加工、热带花卉栽种、苗圃和动植物养殖等产业。一方面为保护区提高了造血功能，另一方面为保护区的社区经济发展做出示范，鼓励保护区内的村民利用优势资源，在保护资源的前提下发展经济。

(3) 营造经济林草

为了贯彻国务院西部大开发，再造秀美山川的精神，保护区管理局加大了支持保护区内村寨开展植树造林的力度。2000年无偿向社区村寨提供21万株杉木、1万株金钱草、4 500株山桂花、900株省藤等；2001年又无偿提供苗木组织居民在荒坡种植20 600株柚木。这样既绿化了荒山，又为群众脱贫致富打下了基础。

以上项目的开展，改善了群众的生活条件，密切了社区关系，调动了当地居民爱林护林的积极性，促进了保护区社区共管的发展。

【案例8-2】

天目山自然保护区开展宣教的管理经验

天目山位于浙江省西北部临安市境内，地质古老，历史悠久，气候宜人，动植物资源丰富。1986年被国务院批准成立国家级自然保护区，1996年被联合国教科文组织吸纳为"人与生物圈"网络成员。保护区现有面积4284公顷。天目山由于历年来在科普教育方面工作突出，成绩显著，先后被国家科技部、全国科协等单位授予"全国科普教育基地"、

"全国青少年科技教育基地"。

1. 天目山发展学生实习基地的优势

(1) 天目山自然保护区资源丰富多样

天目山自然保护区内有我国特有的古老植物银杏的野生种,还分布着天目紫荆、天目铁树、天目杜鹃等近3 000种高等植物,是我国中亚热带林区高等植物分布较多的地区,共计246科974属2 160种。动物资源有51目286科2 139种。天目山动物中被列为国家一级保护的有5种,二级保护的有34种,天目山因此被誉为"物种基因库"。此外,天目山地质独特,地形、地貌类型丰富多样。

(2) 天目山自然保护区的硬件优势

天目山自然保护区博物馆现有较丰富的动植物标本,有天目山全貌模型沙盘以及能体现天目山地质发展史的部分化石等,同时还有气象站等均可为学生提供必要的教学、实习设备。

(3) 天目山自然保护区的政策优势

天目山历届管理机构将接待学生教学作为科普教育的重点工作来抓,出台了优惠政策。如门票优惠,推荐提供廉价住宿等;对部分来天目山实习的学生,有保护区科技人员进行自然保护区知识讲座;编辑出版《天目山》季刊、《实习手册》等宣传资料和工具书赠送给广大学生。

2. 天目山接待实习情况

历年来天目山已接待来自华东地区70余所院校的在校学生开展植物学、树木学、动物学、地质学、地理学、土壤学、气象学等学科的教学实习。

3. 开展教学实习对自然保护区的促进作用

(1) 为保护区的科研工作积累了丰富的基础性资料;

(2) 为保护区的科研工作带来生机和活力;

(3) 加大自然保护宣传教育的力度;

(4) 学生实习为保护区带来一定经济收益。

参考文献

1. 季延寿. 2005. 中国自然保护区可持续发展有效管理[C]. 中国生物多样性保护基金会.
2. 国家林业局野生动物保护司与自然保护区管理司. 2008. 国家级自然保护区工作手册[M]. 北京:中国林业出版社.
3. 余久华. 2006. 自然保护区有效管理的理论与实践[M]. 咸阳:西北农林科技大学出版社.
4. 黑龙江省环境保护局. 2003. 黑龙江省生物多样性保护及对策. 生物多样性与自然保护区管理培训班论文集[C]. 北京:中国环境科学出版社.
5. 何腾发. 2007. 森林资源管理[M]. 北京:中国林业出版社.
6. 王祖良,沈月琴. 2007. 自然保护区资源的分类管理研究[J]. 浙江林学院学报,24(6):736-740.
7. 王军. 2009. 资源与环境经济学[M]. 北京:中国农业大学出版社.
8. http://wenku.baidu.com/view/2e0f56bff121dd36a32d8229.html.
9. 徐慧,蒋明康,钱谊,彭补拙. 2004. 鹞落坪自然保护区非使用价值的评估[J]. 农村生态环境. 4:6-9.
10. 亢新刚. 1994. 森林资源经营管理[M]. 北京:中国林业出版社.
11. 封志明. 2004. 资源科学导论[M]. 北京:科学出版社.
12. 朱立言,孙健. 2008. 适应性管理的兴起及其理念[J]. 湖南社会科学(6):12-17.

习 题

简述题
1. 保护区主要的资源类型有哪些?
2. 保护区资源利用的原则是什么?
3. 简述适应性经营管理的主要内容。

讨论题
如何控制好自然保护区开展资源利用的度。

思考题
试针对一两个保护区进行资源可持续利用分析,并提出适应性经营方案。

第9章 自然保护区的科研管理

本章简要阐述了自然保护区科研管理的目的、内涵、特点和基本方法，重点从科研人员管理、设施设备管理、科研项目管理和科研成果管理方面进行了探讨。

自然保护区的科研管理工作是保护区管理工作中的一个重要方面，也是开展各项保护工作、政策制定和经营管理的基础。通过科研管理工作，保护区的管理机构不仅能够及时掌握保护对象的生存状态、环境影响和威胁因素，更重要的是这些有针对性的管理活动可以保障保护区的良性发展，减缓负面影响。科研管理应以保护区管理需求为宗旨，其管理理念、管理方法和管理手段应该直接为管理决策提供依据并发挥相应作用。

9.1 自然保护区科研管理概述

自然保护区的科研管理能够高效落实保护区各项管理工作的开展，促进各项管理目标的实现。它是保护区获取丰富科技信息资源的途径和保证，是推动自然保护区各科学分支发展的重要支撑力量。

9.1.1 保护区科研管理的目的和意义

保护区科研管理的目的在于：

第一，探索保护与持续利用生物多样性资源的技术和知识，保障物种不消失，自然基因不丢失，保护生态系统的完整性和多样性。

第二，保护和协调人类生存发展的资源需求，保护人类赖以生存的自然生态环境。

在保护区开展科研工作就是为保护区进行科学有效的管理提供手段和依据。保护区应该将科研计划纳入管理计划的制订中，并给予资源支持和政策鼓励，以保证开展的科学研究能充分发挥保护区的社会、经济和生态效益，为保护生物多样性、保护生态系统作出贡献。

保护区科研管理的实际意义有：

第一，保护区的科研工作是保护区进行计划、决策、实施及开展各项工作的前提和依托，是保护区实现可持续发展的保证。

第二，保护区的科研工作可以为保护区的选址、总体规划、机构设置、人员配备等各项具体工作的实施提供科学依据。

第三，保护区的科研工作为生物多样性知识的科学普及、宣传和教育工作创造了有利的条件，为提高公民热爱自然、保护自然的自觉性提供了多元的途径。

第四，保护区的科研工作取得的优异成绩可以有效地改革旧的管理理念，推动新的管理方式，为科学管理注入活力，提高科学管理水平，推动保护区事业的蓬勃发展。

9.1.2 保护区科研管理的内涵

科学研究是自然保护区整个管理工作的灵魂。保护区科研管理水平和其活跃程度是衡量保护区管理水平的标准之一。

9.1.2.1 保护区科研的管理主要内容

第一，保护区科研人员管理。科研队伍的建设就是要建立一支人员稳定、技术娴熟、实践经验丰富的研究团队。自然保护区的科研人员要在易变和不确定环境中从事创造性的知识工作，其工作过程往往没有固定的流程和步骤，而呈现出很大的随意性和主观性。因此，科研人员管理成为保护区科研管理工作的主要挑战之一。科研人员管理的最终目的是为了激发他们投入艰苦科研和保护工作的热情。保护区可以通过提供创造性的条件、强化激励等方式来解决稳定科技人员队伍、提高科技人员的科研生产率等问题。

第二，保护区科研设备与资金管理。自然保护区科研设施和设备的建设和配备必须和保护区的基本功能和保护目标相符合。科研设备管理是指围绕保护区所需的各类科研设施设备所开展的一系列计划、组织、协调和管理工作的总称，包括设施设备的选择、采购、安装和维护等各个环节。其目的是在科研资金允许的前提下，最大限度地、最合理地为科研工作提供后备支持。科研资金的管理是按照研究课题的需要与国家政策的规定合理使用资金。年度有结算，课题完成时有总结，资金不能用于课题外的支付。

第三，保护区科研项目管理。保护区的科研工作常需要依托科研项目进行。科研项目作为科学研究活动的基本单元，是科研管理的基本环节，是科研与保护区建设管理相结合的重要过程，也是提升保护效果和促进保护区自身发展的关键要素。

第四，保护区科研成果管理。科研成果的数量与质量是反映一个保护区科研实力的主要标志。做好科研成果管理工作，及时准确地提供科研成果统计资料、数据，使保护区管理者及时掌握整个保护区科研发展状况，为科学、合理地制订保护区发展规划、管理决策、保护工作计划，提供科学的依据，促进保护区资源的保护、科研和利用的协调发展。科研成果管理也是检验各类科研项目执行情况和衡量科研工作管理水平的重要指标，是科研管理工作的重要组成部分。

9.1.2.2 保护区科研管理的特点

自然保护区的科研与其他学科的科研相比，具有以下特点：

第一，实验条件难控，可重复性差。自然保护区是客观条件不断变化的野外实验室，实验因素很难控制，无法通过改变实验影响因素来准确地度量自变量和因变量之间的关系。自然保护区的研究一般是在范围较大的地区进行。气候、土壤、生物因素如物种间和物种内竞争强度对研究结果有很大影响，随时间（如季节、年度）的不同而变化，因此无法准确地计量研究对象的个体数量和准确地度量动物种群数量的变化与环境因子之间的相互关系。保护区进行科研的主要研究方法是简单对比，多数研究只能进行描述性研究。

第二，研究对象的自由性和不确定性。保护区中野生动物行动生活自由，具有自己独特的行为方式。这对环境的变化采取主动对策，物种之间存在互相作用和影响，人为干预的影响更具有随机性，研究人员对研究对象难以进行调控管理。所以保护区的科学研究方法，必须要与保护区特殊的科研环境和对象相适应，必须考虑到研究对象的自由性和独特能动性。

第三，科研人员的主观性和随意性。在自然保护区的研究中，实验设计的优劣对研究结果是否真实、可信具有重要意义。再加上科研实验的环境的不确定和研究对象的不可控，这对科研人员的理论素养和研究经验有很大的挑战。科研人员的主观能力对实验的进行、发展和结果有重要影响。

第四，生物统计学的依赖性。由于环境因子的不确定性，自然保护区的科学研究需要借助生物统计学的原理和方法进行实验设计和数据分析。所有从事自然保护区科学研究的人员需要自己或者通过生物统计学家的帮助，运用生物统计学的原理和方法进行实验设计、数据分析、解释研究结果。

由于保护区科研自身的特点，使得保护区科研管理也有自己的独特之处：

①容量性　保护区科研管理既是自然科学研究自然生态系统世界运动规律的"硬科学"；又是社会科学和工程技术研究运筹与安排、规划与设计、组织与管理的"软科学"。是"软科学"与"硬科学"理论和方法的融合交错，是科研管理科学化、定量化的综合。

②系统性　保护区科研管理的对象是"人—事—物—保护对象"系统，在管理过程中要求全面考虑、研究和处理人、事、物和保护对象的问题及其相互关系。

③优化控制性　解决保护区科研管理问题的方案有很多，常常不止一个，需要按照优化的观点和方法对方案进行甄选。

④综合性　解决保护区科研管理的问题，常常需要充分利用人文社会科学、自然科学、工程技术等各类学科的知识、经验和方法，是一种集成式的管理科学。

⑤科学决策性　保护区科研管理的研究和实践有效提高管理和决策的科学化，促进保护区的可持续发展。

9.1.3　保护区科研管理的基本方法

保护区科研管理的主要任务包括：制订合理的研究计划；在有限的条件下完成既定的研究目标；合理分配研究任务和职责，实现人力资源的最优配置；提高现有资源质量，包括人员培训、建立国际互联网络、科研设备和设施的更新；提高资源的使用效率等，以降低客观条件的制约，比如有效使用有限的研究资金来完成研究目标。

上述任务要求保护区的科研管理人员必须清楚地了解保护区存在的主要问题以及需要开展的研究项目。通过保护区的 SWOT 分析，即优势(strength)分析、劣势(weakness)分析、机会(opportunity)分析、威胁(threat)分析，来了解保护区科研管理的现实环境，同时采取有效的管理措施支持保护区的科学研究工作。争取政府和社会对保护区的科研资金投入也是保护区科研管理的任务。此外，也可以通过广泛的国际交流合作来争取技术和资金的援助。

通常，保护区可以通过以下方法来实现保护区的科研管理。

（1）设立科学研究管理机构

自然保护区的科学研究管理是自然保护区管理工作的重要组成部分。保护区应设置科研管理机构（如科研所或科研科），由专人进行分管领导。科研管理机构除了进行日常科研工作以外，还可以开展形式多样的学习和交流活动，提升科研人员的综合研究素养。通过申请，保护区可以邀请与本保护区保护任务和目标趋同的国外专家进入自然保护区进行科学技术交流。地市级保护区的申请应报经省人民政府有关自然保护区行政主管部门批准；国家级保护区，则应该报经国务院有关部门批准。保护区的各项科学研究活动都应纳入保护区科研管理规划或年度计划的范围内，以便年终时总结和评估。

（2）制订科学研究规划和计划

保护区科研规划要根据保护对象的特点、现状和保护管理中的问题确定科学研究总体发展方向、发展目标及主要科学研究内容，安排和争取各个时期的科学研究项目；提出保护区科学研究队伍建设、与国内外科学研究机构开展科学技术合作的方案；提出科学研究设施建设的方案，以及科学研究活动所需经费的筹措等安排。

按照科学研究规划，自然保护区的科学研究管理机构应每年制订科学研究活动的年度计划，内容应该包含每年的科研项目（课题）、名称、负责人、项目起止时间、主要研究内容、预算经费、经费来源等。

《中华人民共和国自然保护区条例》第二十七条规定："禁止任何人进入自然保护区的核心区。因科学研究的需要，必须进入核心区从事科学研究观测、调查活动的，应当事先向自然保护区管理机构提交申请和活动计划，并经省级以上人民政府有关自然保护区行政主管部门批准；其中，进入国家级自然保护区核心区的，必须经国务院有关自然保护区行政主管部门批准。工作结束后，自然保护区科学研究管理机构应收取其科学研究副本，并作为该自然保护区科学研究资料积累"。

国内的科学研究机构需要在保护区内进行独立的研究工作的，应该向保护区研究管理部门提交活动报告，并纳入年度计划进行相应的管理。国外研究机构或专家要在我国保护区内进行科研活动，应该报请政府有关自然保护区行政主管部门批准。其科学研究活动应该纳入保护区管理规划和年度计划，合作的成果由双方共享。

（3）科学研究项目的实施

由上级下达或自然保护区开设的科学研究项目，应按照科研年度计划逐步实施。由国内研究单位独立进行的科学研究活动，或国际合作的研究项目，自然保护区科研部门应该协调各管理部门对其研究工作进行支持、协调、监督、检查，保证和督促各项科研活动遵照计划顺利实施。

（4）科学研究成果的归档

科学研究项目结束后，要进行全面总结。保护区组织进行的或上级要求进行的项目，应将总结的研究报告或论文，连同项目任务书及批件、开题报告、年度实施计划、重要调研资料和实验原始记录、图片、照片等资料进行归档。外单位在自然保护区的科学研究成果副本及国际合作科学研究成果要严格按照《中华人民共和国涉外科学研究管理规定》要求进行归档。

（5）科学研究成果的评价、验收和报奖

已完成的项目，要按项目隶属关系，由项目负责机构或保护区科研管理机构进行严格的评审和验收。具有国内外领先水平的重大科研成果，应该由项目责任人按相关要求逐级上报申请奖励。

（6）科学研究成果的应用和推广

科学研究的成果应尽快地在自然保护区的相关工作中应用，具有普遍意义的科学研究成果在公开发表后，由主管部门组织推广，促进自然保护事业和保护区管理工作的发展。

9.2 自然保护区科研人员的管理

9.2.1 科研队伍建设

科研队伍建设就是要建立一支人员稳定、技术娴熟、实践经验丰富的研究团队。为了保证科研队伍的建设，最切实的办法是：提高科研人员待遇，保障科研人员的切身利益，营造宽松的工作环境，吸引更多的科研人员投入自然保护事业。加强与国内外科研院所的联系，积极参与科研合作，聘请知名的研究专家、教授到保护区讲课或兼任课题负责人，进一步推动保护区的科研工作。培养科研人员的理论水平，是科研队伍建设不断完善的途径之一。引进竞争机制，充分调动保护区现有科研人员的工作积极性，鼓励在职培训，调整专业设置，改善科研人员专业结构，拓宽知识面。

为公正客观地评定保护区工作人员、管理人员及科研人员的水平，建立专业的技术职称评定工作室是有效措施。职称聘任和待遇福利挂钩，可以提高科研人员的业务素质和积极性。同时，应把培养人才、选拔人才、任用人才、留住人才与保护区制度化管理的目标结合，确保职称评定工作的正规化，相应的评审制度规范化。

9.2.2 科研人员管理制度

自然保护区科研人员是保护区人员构成的重要组成部分，对保护区的科研、建设和管理的全面发展有重要作用。为了顺利开展保护区各项科研活动，保护区应制订相应的科研人员管理制度。科研制度的制订应遵循以下原则：

①科研人员要坚持严谨、求真、务实的态度从事科学研究，探索科学真理，不沽名钓誉，不弄虚作假。

②科研人员应严格遵守保护区各项规章制度，服从保护区的统一管理，认真完成所承担的各项研究任务和工作任务，爱护仪器设备和公共设施。

③科研人员应积极申报或参加各项科研项目，撰写科学研究报告和工作总结报告，发表学术研究论文。

9.2.3 科研人员培训

自然保护区是一个专业性要求很高的部门，需要有大量的专业素质较高的自然保护工作人员的热情参与。积极开展人员培训，是提高保护区现有人员的业务、管理及科研水平的有效途径。

9.2.3.1 培训方式

培训方式有正规培训、在职培训、岗位培训以及各种培训相结合的方式。正规培训可以依托大中院校的师资，聘请专业人员进行系统的课程培训，或者选派保护区的管理人员到大专院校、研究单位接受系统学习和深造；在职培训可参加各部委、各省市、兄弟保护区承办的各类短训班，或邀请有关专家来保护区举办讲座讲学，也可采取开办在职职工夜校的形式；岗位培训，则要根据保护区现有人员的工作岗位特点，通过参与科研单位、大专院校的科学研究与教学实习、调查等其他形式进行培训。

9.2.3.2 培训计划

保护区要在管理规划或年度管理计划中制订保护区工作人员的轮训计划，对从事自然保护的人员，安排短期及长期的培训计划，逐渐形成培训制度。工作人员也需要进修，由领导根据每个工作人员的特质与专业背景，制订因人而异的进修计划。计划包含短期和长期的个人目标、主要培训需求、培训方式及培训日程等详尽内容。一般的工作培训以地区要求为主；科级干部和工程师及以上人员的培训以中央要求为主。

9.2.3.3 培训内容

对保护区科研人员培训的内容主要有：①针对学科要求，以讲授的形式普及科研人员某一领域的知识和技能，比如重要保护对象的检测新方法、外来物种入侵检测新方法、地理信息系统（GIS）培训等。学员通过培训能够系统地了解某一领域的知识框架，从而进一步提高自身科研能力；②成果介绍型的培训，主要以介绍国内外保护区科技研究动态以及最新科研成果为主要内容，使学员对自己所从事的科研领域前沿及时掌握。这类学术交流性质的培训有可能催生某一个新的前沿研究课题；③经验介绍型的培训，主要介绍某个科研领域的实践经验。

9.3 自然保护区科研设施和设备的管理

9.3.1 科研设施和设备管理概述

自然保护区科研的设施、设备管理要受到两个方面因素的制约：一个是保护区的目标和任务；另一个是自然保护区财力和经费。

科研设施和设备主要分为两类：一是科研基础设施，如科研办公室、实验室、标本室、野外工作用房等；二是科研设备，如电脑、打印机、档案柜、恒温箱、标本陈列柜、除湿机等办公用品和科研监测系统设备（红外线监测设备等）、野外巡护监测用的仪器设备、野外工作人员的装备、数码相机录像机、望远镜、GPS等科研仪器。列入管理计划中的设施设备应是自然保护区现有的以及需要改进或补充的设施设备。预算时应尽可能列出面积、规格型号、单价、数量、厂家以及性能等要求。制定统一规格的预算单，与每一行动的代码相对应，互相通用的，不会造成重复配置。

自然保护区科研设施和设备的完善和配备必须和保护区的基本功能和保护目标相结合。在设施设备的最初购置应依照保护区总体的规划和管理计划进行，例如管理机构的办公场所、人员住宅、野外保护站点的设施。随着科研管理的逐步开展，当科研设施和设备难以适应科研发展要求时，阶段性的科研管理计划就应该发挥作用。在分析阶段发展目标的基础上，对保护区现有科研设施和设备进行统计分析，能够满足科研需要的继续使用，难以满足要求的设备就要加以改造和完善，缺少的设备应当及时购置。

9.3.2 科研设备管理制度

制订科研设备管理制度的宗旨是为科研服务，加强仪器设备计划管理、技术管理、经济管理的力度，提高投资效益。

设备管理制度中应当注意的问题有以下几个：

①仪器设备必须按精密程度分级使用，并定期对其性能和技术指标进行校验、计量、标定，以确保仪器设备的精度和性能。

②各单位间借用仪器设备，要办理借用手续，做到有据可查。

③私人不得占用或变相占用各种仪器设备。

④仪器设备（保修期已过）的检修一般由物资设备处仪器设备维修中心负责。精密贵重仪器设备应按规定由使用保管人进行定期维护。

⑤固定资产未经批准任何单位和个人不得擅自对仪器设备进行处置（包括报损、报废、无偿调拨、出售等）。

⑥仪器设备的管理人员进行调动时，须及时办理交接手续，做到账、实相符，并报知物资设备处。

⑦在仪器设备的使用和管理过程中产生的先进个人或集体给予精神鼓励和物质奖励。对于因失职或违反管理规定，客观上造成损失和浪费的个人给予批评教育或处罚。

【案例】

黑龙江呼中自然保护区科研管理办法

自然保护区作为科研的基地，科研管理是一项非常重要的管理工作，确保保护区发展方向，为保护和合理利用自然资源提供科学依据。为了充分调动科研人员科学研究的积极性，进一步健全、完善科研经费管理制度、科技成果管理制度、科研仪器管理制度，鼓励科研人员承担更多的科研项目，争取更多的科研经费，大幅提升自然保护区创新能力和科研总体实力的各项指标，提高保护区的科研水平，结合保护区的实际情况，制订本办法。

一、自然保护区的科研工作由科研站承担，在管理局领导指挥下负责保护区的科研监测、项目合作、资料管理、科研经费使用和科研成果统计等。

二、项目承担单位应尽力支持项目负责人按合同完成项目，提供必要的条件，同时监督经费的使用，控制项目的风险，维护单位的利益和荣誉。

三、科研项目实行项目负责人保证制度。在保证按合同完成项目的前提下，项目负责人可批准支付一定比例的工作业务费和特支费。

四、经项目负责人批准，纵向科研经费可用来支付与项目有关的资料费、办公费（含复印、打印、上网检查、查询通信等）、论文版面费、维护费、学术著作出版费、国内差旅费（包括出租车费、飞机票等）、国内学术交流检验费和购置项目需要和各种设备等。

五、项目承担单位应尽力支持项目负责人合同完成项目，提供必要的条件（包括实验室和设备的使用，人员的安排等），同时监督经费的使用，控制项目的风险，维护本单位的利益和荣誉。

六、科研工作部门在坚持监测的基础上积极研究生态规律，发现科研线索，选题立项，寻找合作伙伴，并为科研项目提供基础资料和必要的服务。

七、国家对保护区进行一、二类资源调查结果，形成的调查报告必须给自然保护区。保护区未收取资金的合作项目，必须为保护区提供项目成果副本。由科研站收集、储存，管理并输入信息资料库。

9.4 自然保护区的科研项目管理

自然保护区的科研项目管理是指对一个科研项目从开始申请到结题及后期成果转化过程中的一切管理环节和管理步骤的流程式管理，通常包括项目申请、项目立项、协议(合同)签订、经费使用、年度(中期)检查、项目结题(验收)和成果推广转化等一系列的管理内容。

9.4.1 科研项目管理的基本原则

第一，突出重点，选题恰当。
第二，坚持以常规性、基础性、科普性的科研为主，适当进行专题研究。
第三，坚持科研与保护利用相结合的原则。
第四，以提高科研监测能力为重点，包括概述科研条件、充实科研队伍、提高人员素质。

9.4.2 科研项目的分类

保护区科学研究包括基础研究、应用基础研究和应用研究。

(1) 基础性科研项目

基础性科研项目的课题应以常规科研为主，进行定期的自然资源调查，完善本底资料的积累和补充。具体来讲，基础性科研项目就是进行保护区的基础性研究，借助自然保护区内自然生物及其环境条件对两者的代表性、典型性等特点进行的一系列相关学科的基础理论研究，这一部分的研究成果将服务于应用研究。其直接成果涉及基础生态学和基础生物学领域，具体的科目和内容涉及种群动态、群落演替、植物分类学、形态学、遗传学等领域。

(2) 应用基础性科研项目

应用基础性科研项目是针对保护区主要保护对象和保护区管理问题开展的相关的基础研究。同样为保护区管理提供基础资料，但是应用基础性科研比基础性科研针对的目标更明确化。每个保护区的应用基础性科研可能有较大差异，但是基础性科研项目却是类似的。应用基础性科研项目可以更好地为保护区管理和生物多样性保护服务。应用基础性科研项目的内容可以包括保护区的主要保护对象的种群生存能力分析，物种保护的生物学基础研究，保护物种的环境容纳量研究等方面。

(3) 应用研究性科研项目

应用研究性科研项目是针对每个自然保护区管理的实际问题和需要，通过不断改善保护措施，提高保护能力，实现管理目标而进行的一系列支持性科学研究。应用研究性科研项目的典型例子就是保护区的管理技术和发展技术的研究。这些研究能解决某些经营管理实际问题并提供有关的实用技术与知识。应用研究的成果通常能直接转化为切实的生产力与经济效益，为农林复合经营、集水区管理、土地规划、多种经营、生态旅游等领域提供支持。

此外，按照保护区科研内容的不同还可以将其划分为常规性科研项目、专题性科研项目和经营管理技术研究项目。常规性科研项目指日常保护管理过程中所开展的基础性研究，包括资源本底调查，社区基本情况调查等；专题性科研项目是根据常规性科研所需要解决的实际问题，有计划、有重点地设立的专题性科研项目，如景观资源保护与开发利用项目，生态旅游规划等；科学管理研究项目主要指保护区生物资源有效保护的管理办法、资源合理开发利用管理办法（制度）等方面开展的研究，如生态旅游影响评价研究。

9.4.3 科研项目的组织形式

在保护区开展的各类科学研究项目，由于其来源不同，有不同的组织形式，主要形式有下述4种。

(1) 自然保护区内部设立的科学研究项目

根据保护区内部的科研计划要求和特定的研究目的，保护区会自行设立一些科研项目。这些科研项目目标比较明确，是保护区投入资金、资源和精力最多，最为重视的优先研究项目。

(2) 由上级下达的科学研究项目

国家行政主管部门以及科学技术主管部门会根据特定目的，依靠某些科学研究基金和项目基金的支持，独立申请。在保护区开展的相关项目，包括专门定向项目。

(3) 国内合作科研项目

国内合作的科研项目可能与上述两种科研形式结合出现，能与保护区已有的科研活动联系起来。因此，通过此类科研项目，保护区可以尽可能地在合作中培养人才，提高科研水平，建立合作机制。外单位科研人员来保护区进行相关项目研究时，保护区需要有专门工作人员陪同，各个部门要对该研究项目给予最大的支持，配合并监督研究任务，推动研究进行，尽到相应的职责。另外，保护区应将科研结果进行存档，原始数据注意备份保存，论文成果及时共享。这些事项应在与国内科研单位签订相关合作项目时及时沟通确定。

(4) 国际合作科研项目

自然保护区管理部门应在充分了解研究目的的前提下与国际合作人员开展国际合作研究项目。认真履行配合、支持、协调、监督、检查的职责，促使各项科学研究活动按计划顺利地实施。

9.4.4 科研项目的申请

自然保护区申请科研项目，首先要准备申请科研项目建议书，然后上报有关部门，并向基金组织提交建议书。其申请具体过程如下。

（1）确定科研问题

不同的基金机构和国家政府部门的科研项目有不同的项目优先原则和资助重点。为了确保需要申请的项目能够尽快得到答复和响应，项目中涉及的研究地点、研究对象和研究队伍，应根据国家政府的政策和优先发展领域做出适当的调整。必要时应事先联系相关组织机构，简单提出申请，咨询对方的意向及建议。在明确了科研内容以及与资助机构之间的合作意向之后，还需要向资助机构进一步阐述科研的发展前景及合作空间。如果资助机构表示对项目较为感兴趣，则可以进一步了解具体的申请程序及手续，准备提出正式的申请。

（2）撰写项目建议书

当联系到愿意考虑接受项目申请的相关基金组织之后，需准备正式的科研项目建议书。项目的大纲是科研项目的概略提纲和初步想法，而建议书是正式的书面文本，应包含整个科研的详细规划和具体内容。项目书的内容要涉及研究的有关背景材料、问题的具体描述和需要进行的调查研究、项目经费预算、项目进展的时间安排。项目建议书应使用符合相关要求的正式申请表。国家自然科学基金委、国家林业局的野生动植物保护专项等许多国际基金组织都有规定的项目建议书格式，可以请有关专家帮助起草和修订项目建议书。资助机构不同，所要求的制定的项目申请计划也都不同在起草相关申请计划时，需要着重强调以下内容：

①阐述申请此项目的原因和目的，过去是否有此领域的相关研究，此项目的特色与重点，以及与其他类似项目的相关。

②本科研如何与国内外的优先领域进行结合。

③阐释此项目什么方面符合捐助机构的标准，并尽可能详尽地加以举例说明。突出项目的价值和优势。如果对自己的项目是否符合要求尚有疑虑，就很有可能会使赞助机构对该项目失去信心而转投资助其他项目。

（3）准备项目大纲

此阶段申请方应对项目的研究目的或目标有一个很清楚的认识，并且能够用简洁的语言向资助机构概括项目的主要内容。项目大纲就是尽量用简洁的语言说明项目的参与者、时间、地点以及申请项目的原因，明确项目的主要内容。项目大纲的目的是通过简单的描述，吸引资助机构的目光，激发他们想要了解更多详细内容的兴趣。第一印象起着举足轻重的作用。项目大纲的主要内容应包括：

①介绍项目背景；

②阐述项目的重要性和价值，简要做出 SWOT（即强弱机危综合分析法：优势 strengths、劣势 weaknesses、机会 opportunities、威胁 threats）分析，重点分析威胁；

③介绍联系整个项目的主线，如政府政策、计划；

④描述项目地点；

⑤阐述受关注的栖息地和物种的重要性；

⑥概述过去对这类物种，栖息地或项目地所做过的保护工作；

⑦确定计划项目的目标（整体目标、项目的目的、结果）；

⑧制订操作计划；

⑨提供预算经费和财务资金；
⑩说明项目的后续工作，产生的可持续性的影响；
⑪评估项目风险和设想。

(4) 提交建议书

项目建议书完成后，可向有关机构递交项目建议书。项目建议书中的有关条款需要经过有关部门的官方签字、盖章和审批。

(5) 申请方的承诺

通常项目下达机构不会负担科研涉及的所有费用，只承担项目所必须的设备费、交通费、专家费等。因此，申请项目的国家、地区或相关单位要提供人员和设施，甚至要提供一定配套资金。因此申请方要作出必要的人员、设备、资金承诺。

9.4.5 科研经费的管理

任何科研项目的开展，不仅需要科技人员、科研设备和设施做支撑，还需要充足的经费做保障。为了使项目资金能够得到有效的调配和利用，以更好地促进保护区的科研工作，需要对保护区的科研经费进行合理的管理。

9.4.5.1 科研经费的来源

自然保护区是一项公益性极强的事业，对其科研和保护工作的开展，不仅有政府部门的资金投入，更有社会力量的支持。因而对其科研经费的来源，可以总结出以下几个方面：

(1) 中央财政资金

中央财政资金通常都只针对国家级自然保护区。由保护区提出申请，经由主管部门审核，上报计委和财政部之后，方可下拨。这些资金在科研方面主要支持的是非常规的资源调查等工作。

(2) 地方配套资金

地方政府的财政拨款是保护区科研经费的主要来源。通过常规拨款、保护区自主申请等形式，省级（自治区级）政府和主管部门会对其主管的保护区提供不同支持力度的经费。但这些经费主要用于国家级和部分省级保护区，更低一级市级和县级的保护区通常只能得到较少的或当地政府的非常规的经费资助。

(3) 自筹资金

在我国目前的国情下，自筹资金也是保护区科研资金的主要来源渠道之一。通过开展生态旅游，发展餐饮、娱乐等服务业，保护区能获得一定数量的资金收入。另外，通过各种宣传教育活动，扩大保护区知名度，从而吸引各种社会捐赠，也是保护区融资的一种方式。这些经费可以用于保护区各种科研工作的开展。

(4) 国际合作

通过开展国际合作，自然保护区不仅能获得国内的经费，还能吸引国际力量的支持。例如，全球环境基金（GEF）、包括世界自然基金会（WWF）、英国政府环境基金、欧盟（EU）等国际组织及政府不定期地向我国的一些大型和高级别的保护区提供资金支持。尽管国际经费资助常常为一次性或非常规的经费，但对于保护区科研工作的开展，有着强大的推动作用。

9.4.5.2 科研经费的管理制度

开展科学研究是自然保护区工作的重要组成部分，是保护区能够发挥好保护职能、人与自然能长期协调发展的重要技术保证。而科研工作要有序开展，必然离不开其资金的合理有效配置。对此，有必要对科研经费制订科学的管理制度。

通常，自然保护区科研经费的管理制度需要注意以下几点。

(1) 多头筹资，拓宽来源

鉴于我国国家财政力量有限的现状，在国家投入不能满足保护区各项科研工作的情况下，应鼓励保护区在不对自然资源造成破坏的前提下，采取多种合理的渠道进行筹资，努力吸引各种力量的介入，以免保护区因资金的匮乏而导致科研工作的停滞不前。

(2) 分类入账，动态管理

对于不同来源渠道的经费，必须进行分类管理，以明确各类经费的消耗和结余情况，便于时刻掌握各类经费的动态，总结使用结构，并制订下一步分配计划。

(3) 专款专用，有序分配

对于一些政府机构和国际组织投入的经费，往往对其使用面有明确的界定，如用于资源现状的调查、开展某一特定濒危物种的研究等。对于这些经费，必须专款专用，不得随意挪用。而其他来源的一些经费，如自主经营性收入、社会捐赠等，其使用面相对灵活。对于这些经费，需要明确计划，根据具体科研工作的需要有序分配。

(4) 制订规章，明确职责

每个保护区都必须建立一套完备的经费管理制度，对科研经费的筹集、分配、运行等作出详细的规定，对工作中的每个环节都予以制度化，并需要设立科研经费的专项负责人，负责整个保护区各类科研工作的资金统筹安排和管理。

(5) 奖惩分明，杜绝腐败

为了杜绝各种腐败现象的滋生，必须在经费管理制度中明确奖惩条款。对肆意挪用科研资金、在工作中偷工减料等腐败现象予以严惩。

9.5 自然保护区科研成果管理

自然保护区的科学研究，特别是保护区内部负责的科学研究项目的核心任务就是搞清自然保护区的基本情况、主要保护对象的生存需求，以进一步开展有的放矢的保护管理工作，为保护区的科学管理提供高质量的服务。在申请外部资金来支持项目运行、支持保护区内部的科研活动，以及自然保护区给外部机构提供科研对象和场所时，都需要关注对保护区主要保护对象的有效管理、关键威胁等重要管理因素。科研活动的成果应成为保护区科研管理积累的基础资料。

所谓科研成果，是指保护区科研人员通过研究活动，如实验观察、调查研究、综合分析、研制开发等一系列脑力、体力劳动所取得的，并经过同行专家评审或鉴定，或在公开的学术刊物上发表，确认具有一定的学术意义或实用价值的创造性结果。科研管理是一个动态系统，科研成果管理是该系统中的核心管理部分。科研管理需要对保护区科研活动中产生的大量信息及时做出正确的处理并加以组织、利用，进一步调整科研方向，掌握科研选题的优势，提高科研工作效率，优化科研管理的决策。作为保护区的科研管理部门，如何在管理上、制度上抓好成果管理,对保护区科研工作的开展具有重要意义。

为了做好科研成果的管理工作,管理者可以加大科研宣传力度,制订科研成果管理办法、科技奖励规定等,及时组织成果鉴定与成果登记、积极协助申报各种奖励,在加强档案管理及保密工作、组织申报专利保护、加大成果奖励力度等方面鼓励科研人员的工作积极性,以提高科研成果管理的效率。

9.5.1 直接服务于保护区管理的科研成果管理

主要包括本底状况调查和生物学研究两个方面。

(1) 本底状况调查

在立题阶段,自然保护区的科研工作要针对保护区管理中需要解决的基本问题,特别是生物本底资源的调查、重点保护对象的调查、栖息地情况的调查、保护区主要保护对象面临的威胁及其对策,保护区生物多样性的监测与管理。

(2) 生物学研究

要想对保护对象实现真正的有效管理,就必须要对保护对象的基本的生物学特性,生态学特点有所了解,所以调查本底资料是保护区科学研究的重要的基础内容。

9.5.2 间接服务于保护区管理的科研成果管理

间接服务的科研成果主要是监测评估,即在本底调查研究的基础上,研究保护区资源现状,对关键管理活动效果的科研项目进行监测和评估,是间接服务于保护区管理的科研成果管理。另外同样需要监测的是目前亟待解决的主要问题的进展情况。

参考文献

1. 国家林业局野生动植物保护司. 2001. 自然保护区现代管理概论[M]. 北京:中国林业出版社.
2. 胡柏炯. 2009. 自然保护区科研工作手册[M]. 北京:中国环境科学出版社.
3. 徐宏发,张恩迪. 1998. 野生动物保护原理及管理技术[M]. 上海:华东师范大学出版社.
4. 于自然,李康,闻天香. 2004. 自然保护区管理百科全书[M]. 长春:吉林科学技术出版社.
5. 黑龙江省呼中国家级自然保护区科研管理办法 http://www.zrbhq.com/index.asp.

习 题

作业题

1. 保护区科学研究分类包括_____、_____、_____三大类。
2. 保护区科研项目的申请的过程有_____、_____、_____、_____、_____五步。
3. 在保护区开展的各类科学研究项目,有几种不同来源的组织形式?分别是什么?
4. 自然保护区的科研与其他学科的科研相比,具有哪些特点?

讨论题

结合案例保护区讨论保护区如何进行科研项目的申请。

思考题

尝试为某一个保护区编写申请科研项目的建议书。

第 10 章　自然保护区的宣传教育管理

本章提要

本章首先介绍了自然保护区宣传教育的目的意义、基本概念和原则，然后重点阐述了自然保护区宣传教育的主要对象与内容，以及宣传教育的主要类型和方式。

宣传教育工作是自然保护区管理工作的主要任务之一。宣传教育具有指导、激励、监督、反馈作用。宣传教育工作的好坏，直接关系到保护事业的成败。自然环境的保护不仅是保护工作者应该做的事情，而且需要全社会的参与和支持。因此需要通过开展广泛的、深入的宣传教育工作，从主观上培养社会公众的自然保护意识，提升公众参与度，并引导其养成积极保护、自觉保护的行为习惯，让"保护自然人人有责"的理念深入人心，让公众都投身到自然保护事业。

10.1　自然保护区宣传教育概述

10.1.1　自然保护区宣传教育的内涵

10.1.1.1　自然保护区宣传教育的概念

自然保护区宣传教育是指运用各种媒介（如电视、网络、广播、电影、报纸、标牌、宣传册、博物馆、标本馆等）和活动（如导游讲解、专家讲座、夏令营活动等），将有关自然保护区的特定信息（如保护对象及其保护价值、保护区内的物种和生态系统、保护区生态旅游资源的美学价值、自然保护区所在社区的传统文化、环境保护意识等）传递给公众的一系列交流手段的统称。

自然保护区的宣传教育需要将复杂的概念简单化，让受众易于理解和掌握。进行宣传教育需要与常规受众之间建立一种直接、直观的联系，并形成有效沟通。在宣传教育过程中，宣传者需要较为深入地了解受众的感受，增强宣传的说服力和感染力，从而起到改变受众理念和引导他们行为的作用。

10.1.1.2　宣传教育的原则

（1）以人为本，因人而异

在传统的教育模式中，宣传者习惯将已有的信息照本宣科地灌输给受教育者。然而，从认知心理学角度来说，人们一般习惯运用自己的认知模式，将新信息整合成熟悉的信息图式，融入到自己已有的知识体系中。为了快速接受不熟悉的思想和知识，人们往往需要特定的接受环境和氛围的渲染。这对宣传教育者的要求是比较高的。如果一味地强调在短时间内灌输思想，往往给受教育者造成极大的压力和困惑，甚至产生逆反心理，最终使宣传教育工作以失败告终。为了使一项宣传教育工作取得成功，教育者应努力使宣传的信息内容和传递的方式适应受教育者已有的态度。在了解受教育者态度的基础上，针对不同层次的宣传对象可以采用不同的宣传题材和手段，让不同年龄及文化层次的人都能体会宣传的意图。

(2) 内容适宜，兴趣为主

在宣传工作中，要寻找宣传教育内容与当前群众兴趣点的结合之处，例如和经济利益、满足地位和尊敬的精神需求相关的兴趣点。教育者应该敏锐地捕捉到受教育者的需求和心理变化，将宣传教育和兴趣点相结合，使自然保护工作成为人们主动而光荣的行为。另外，在宣传中加入趣味性内容，更容易激发受教育者的兴趣；加入互动环节可以鼓励受教育者的积极参与；增加讨论环节可以激发受教育者自主思考。宣传理论性的内容应概括简练，在最简短的语言中包含最重要的信息，让受教育者不至于觉得厌烦，且印象深刻。

(3) 恰当选择，主题鲜明

人们在学习新的信息时，寻找的是结构化的整体，而不是分散的细节。当人们接触到一个新思想时，他们习惯将事实置于场景之中。这样，新思想才显得有意义并容易被记住。受教育者学习和构建知识体系，不是仅仅靠记住孤立的事实。因此，宣传教育的细节必须与一般性的主题联系在一起，否则受教育者就会随着时间而遗忘学习过的内容。

10.1.2 自然保护区宣传教育的目的和意义

自然保护区的建设离不开舆论的支持，而宣传教育就是引导舆论的重要形式。自然保护区的宣传教育不仅要针对当地居民，还应针对外界来访者乃至所有国民开展。

自然保护区一般地处偏远地区，当地居民对保护区对自然资源的依赖程度往往较高。而保护区在一定程度上限制了当地居民的活动范围和经营方式，因此当地居民会有意无意出现破坏资源的行为。通过宣传教育，可以改变居民靠山吃山、靠水吃水的落后思想，树立可持续发展新观念；增加当地居民对保护区工作的理解，减少居民在思想和行动上对自然保护的抵触情绪和行为。

针对外界来访者的宣传教育，第一，可以为不同背景的来访者提供自然保护区的基本信息，让他们根据自己的实际感受，深入了解自然保护区；第二，让来访者在发现、感受、理解自然保护区之美的同时，进行有关自然保护区的物种与生态环境、自然保护的意义与方法、自然保护区所处区域的地理条件特征、传统文化和地方乡土文化方面知识的介绍，增进访客对保护区的客观认识；第三，适时指出访客参观、游览过程中的不当行为，让游客远离环境脆弱、敏感区域，让来访者知道保护区的行为规则；第四，宣传自然保护区的旅游资源、旅游产品。在宣传教育的同时，既提升自然保护区的知名度、美誉度，又为自然保护区及其社区带来更多的经济收益；第五，带领访客接近体验自然气息，帮助访客培养关心环境的意识，形成"亲近自然、学习自然、热爱自然、保护自然"的生活态度和生活方式，提高国民的环境意识、环境责任感。

10.2 宣传教育的主要对象与内容

10.2.1 宣传教育的主要对象

在选择一个保护教育项目的教育对象时,需要确定目标人群能够为环境问题的解决作出显著的贡献,对保护工作起到一定的促进作用。通常,以下几类人群是比较理想的宣传教育对象。

(1) 自然资源的使用者

在利益相关者中,资源的利用者至关重要。他们通常是最容易鉴别的人群,也常常被视为破坏环境的"罪魁祸首",如砍伐树木、过度捕鱼和捕获野生生物、滥用农药、忽视土壤保持措施等。针对这些人群的保护教育项目,科学的做法是提供管理资源的特定方法,并重点阐述资源的重要性及对社区经济社会发展的价值。

(2) 自然资源的直接管理者

资源的管理者通常是服务于林业、农业或者其他下属服务机构的人员。他们的职责是一方面保护管理资源,另一方面合理利用资源。一般情况下他们不直接利用自然资源,但是可向利用者提供新产品和技术。因此,可以通过保护教育项目对这些人群进行宣传教育,并在社区居民和重要的当地政府官员和其他决策人之间建立有效的通讯联系,再通过他们去影响更多的人,扩大项目的最终影响。

(3) 当地政府官员

政府官员也是自然资源的管理者,他们依据法律和政策开展资源保护、利用和监管。政府一方面可以开展一些影响自然资源的项目,例如负责执行大坝建设、道路建设、土地拓殖、鼓励或限制重新造林等项目,另一方面开展一些环保、健康、卫生、教育等项目,因而他们对环境管理有至关重要的影响。宣传教育活动中有政府官员的参与,可以从根本上推动保护项目的开展,并极大地提高保护成效。但是保护教育者需要确定政府官员和机构的分工职责以及影响生态保护的内部机制,才能保证宣传教育的信度和效度。

(4) 具有影响力的社区成员

具有影响力的社区成员可能是当地受尊敬、具有说服力的社区居民。他们往往可以"左右"群众的意见,使群众追寻这种非正式领带人的做法。因此保护区的宣传教育项目应努力争取这类人的支持,提高保护成效。

(5) 在校大中小学生

保护教育者要把注意力放在在校学生身上,希望培养出具有较高环境素质的人材,为今后的环境保护工作作贡献。但当环境问题比较严重时,通常需要及时引起社会的关注,并迅速采取措施予以解决,这时学生无法及时为这种行动做出贡献。所以学生并不总是保护教育者的首要考虑,然而学生是生态资源保护的潜力军和未来栋梁,宣传教育不可忽略。

(6) 普通公众

由于普通公众数量庞大,且接触的机会较多,对其开展宣传教育比较便利,因而最可能成为环境教育项目的目标。但是,普通公众一词所包含的人员、范围、类型太多太广,不能进行一一的针对性教育，所以并非保护区教育项目的重要教育对象。每个社区都有针对居民开展的普遍教育和宣传方式，虽然简单易行，但无法涵盖深入详细的内容，起不到良好的宣传效果，达不到广泛教育的作用，只能为一些形式化的教育"充门面"。这种"捷径"方法往往不能充分地引起人们对生态环境问题的关注。

10.2.2 宣传教育的内容

确定保护区的宣传教育内容应始终围绕保护区自然保护这项中心任务。一般而言，宣传内容主要包括以下几个方面。

(1) 开展科普宣传，普及自然保护知识

自然保护区在加强科研工作的同时，大力开展科普宣传。普及自然保护知识是同等重要的，尤其是对新建的自然保护区而言，科普知识宣传应作为保护区总体规划的重要部分。科普教育的内容主要包括自然保护区建立的目的和意义、自然保护政策与法规、生物知识和地学知识、自然资源持续利用知识、生态学与生态伦理学的理念、思想、心态、素质的培养等。宣传教育者需要向公众普及保护自然的迫切性和必要性知识，使他们明白保护自然与人类生存的重要关系。

(2) 定期性的法制宣传

法制宣传的主要内容包括：国家颁布的有关自然保护的法规，如《草原法》、《野生动物保护法》、《森林法》、《环境保护法》和《森林和野生动物类型自然保护区管理保护法》等；以及国务院和各级地方政府制定的有关法令和条例，如《自然保护区条例》。同时，还应该大力宣传自然保护区自身的相关制度政策，以提高自然保护区工作人员和周围居民的法制观念，增强依据法律行事的自觉性，落实依法管理，依法治区的理念。

(3) 自然保护区的自我宣传

保护区可以定期或根据需要随时地印发保护区相关的刊物和手册，向人们展示自然保护区的作用、地位、重点保护对象，自然生态系统状况，自然景观，古生物、地质以及历史文化遗迹，研究进展与研究成果和自然保护区的需求等，以争取公众与社会团体的了解和支持，促进自然保护区的建设与管理。

保护区进行自我宣传可以针对不同的宣传对象确立不同的宣传重点和宣传方式。例如，对自然保护区周围群众的宣传教育，应采用通俗平易的走访、交流、科普方式，使居民充分认识到自然保护区建设与当地经济建设、生态环境保护、资源持续利用以及他们自身长远发展的关系，提高其参与自然保护区建设和管理的自觉性，同时通过法制宣传教育，提高他们的法制观念，达到依法管理，依法治区的目的；对中小学生的宣传教育以科普宣传教育为主，可以通过参观、讲座、上课等形式传授给他们生态环境的知识，培养他们热爱自然、热爱野生动植物的观念；对自然保护区的国内旅游观光者的宣传教育，也应以自然保护科普宣传教育为主，同时强调宣传文明游览、维护景区环境、爱护野生动植物的风尚和情操；对国外旅游参观者应重点宣传保护区在保护自然环境和自然资源方面所取得的成就，以及中国自然保护区建设对全球生物多样性保护的贡献，以保护区作为对外开放的窗口，促进国际间交流和技术合作等。

10.3　宣传教育的主要类型和方式

针对不同的受教育对象要有不同的教育目标，并制订出不同的计划。常见的宣传教育类型有：针对成年群体的大众环境教育的推广计划；越来越普遍的学校环境教育计划，主要针对学生，或者老师；开发专门的环保游戏或纸牌等娱乐品。自然保护区宣传教育的方式丰富多彩，目前使用较普遍、收效显著的方式包括以下几种。

（1）媒体

利用电视、广播、报刊等宣传工具开展生态和自然保护教育。由于舆论工具传播面广，传播速度快，收效显著，是政府管理部门和自然保护区最为重视的手段。

（2）标识系统

利用标志牌、宣传廊等固定宣传设施开展宣传活动。宣传内容可根据宣传对象，宣传目的的变化不断更新，达到宣传的时效性。此类宣传活动主要介绍有关自然保护法律、法规，特有濒危动植物的保护意义、保护措施等常识性内容。在旅游线路上设置宣传标志牌、标语等，可以提高游客爱护自然、保护自然的意识，同时提升对生态环境保护的基本知识和感性认识。

（3）宣教馆

通过自然保护区建立的展览馆、标本室等进行宣传。由展览馆解说员或管理人员向参观者介绍自然保护区的发展简史，自然保护区建设目标，重点保护动植物种类，珍稀濒危动植物知识及保护措施，保护区科研、管理、对外交流情况、保护区发展规划等。并向游客散发宣传材料，达到扩大宣传面的效果。

（4）巡回宣讲

保护区宣传工作人员向周边农村地区开展有针对性的宣传活动。如干旱季节进行防火知识宣传，候鸟迁徙季节进行爱鸟护鸟知识宣传。宣传形式可以生动多样，如电影、文艺表演、咨询宣传等。

（5）机构合作宣传

结合政府、单位或民间组织举办各种形式的宣传教育活动。如每年一度的"科普宣传周"、"爱鸟周"活动；在一些国际、国内重要的生态环境保护纪念日，如"世界环境日"、"水节"、"植树节"、"全球人口日"进行相应的宣传等。

（6）大中小学校联办讲座

保护区可与当地大、中、小学校联合举办讲座、周末野营、夏令营等活动，过程中可以采用视听材料（环保电影、专题表演等）、歌舞谚语等形式，以培养青少年热爱大自然、爱护大自然的情操和美德，并通过他们影响他们的家庭成员和周围群众。

参考文献

1. 国家林业局世界银行贷款项目管理中心．2009．自然保护区管理手册[M]．北京：中国环境科学出版社．
2. 丁尧清．2003．自然保护区教育——设计与案例[M]．北京：化学工业出版社．
3. 薛建辉．2004．自然保护区管理[M]．沈阳：辽宁大学出版社．

4. 国家林业局野生动植物保护司. 2008. 国家级自然保护区工作手册[M]. 北京：中国林业出版社.

习　题

作业题
1. 请简述自然保护区开展宣传教育的重要意义。
2. 我国开展自然保护区宣传教育的对象主要有哪些？各有什么特点？
3. 自然保护区宣传教育的内容主要有哪些？
4. 自然保护区宣传教育有哪些主要方式？

讨论题
开展宣传教育工作要注意哪些问题？

思考题
请思考如何设计一个完整的自然保护区宣传教育工作方案。

第 11 章　自然保护区的社区共管

> **本章提要**
>
> 本章首先介绍了自然保护区社区共管的背景、内涵和意义，然后重点阐述了社区共管的基本内容和原则、社区共管的类型和方法，最后提出了社区共管中应注意的问题。

自然保护区正面临着来自保护区内部和周边社区的双重压力。保护区和周边居民都需要利用自然资源来生存发展，但是往往难以把握使用的度，容易造成过度开发和浪费。如何协调好保护区与社区的关系，处理好保护与利用之间的矛盾成为急需解决的问题。

11.1　自然保护区社区共管概述

自然保护区在进行总体规划时，一般将保护区内与周边的社区发展纳入保护区管理范畴中，通过社区共管的手段来解决当地经济发展和自然保护这一矛盾。社区共管的概念在我国已有运用，通过保护区项目层次上的应用，可以定量评估共管效果。但是，社区共管不应该仅仅停留在项目层面上。社区共管是我们探索解决保护和利用冲突时的管理理念，需要贯彻到保护区管理的实际工作，是为实现保护区与社区共同发展和惠益共享的双重目标而做出的最理想的管理尝试。

11.1.1　自然保护区社区共管的背景

20 世纪六七十年代，社区林业提出了参与和共同发展的创新性思想，并在森林资源和自然保护区管理中使用"参与式社区管理"手段具体实践这一理念。"参与"，一般是指在一个共同的活动过程中，所有的利益相关者都对所进行的相关活动发挥自己的影响，并分担整个活动的控制和管理。"参与和共同发展"一词也被称为"森林共管"、"社区参与"、"参与性管理"、"合作管理"、"协作管理"、"伙伴管理"，等等。进入 80 年代后，随着世界范围内对生态和环境问题的重视，特别是提出可持续发展理论后，在一些农区发展项目、社会林业项目、环境保护项目和生物多样性保护项目中对当地的社区参与问题给予了更多的关注。尤其是在社会林业项目中，对当地社区的参与及对林业资源的共同管理做了长期的尝试，也取得了很多极有价值的经验，创立了一些理论和方法。这些开创性的理论和方法给予了其他与农区发展有关的项目很大的支持。

自然保护区管理的难点之一就在于如何协调社区经济发展和生物多样性的保护之间的关系。这个问题同时也是走可持续发展道路亟待解决的关键问题。发展与保护之间的矛盾，在一些偏远落后地区的保护区与其周边农村中表现极为突出。这些地方丰富的生物物种往往非常集中，但是地区经济发展却极为落后，居民生活水平普遍较低，并且受到地形、社会文化和经济的限制，难以实现全面发展。居民对自然资源的利用强度较大，如砍伐森林获取木材、开垦林地转为农田等。对自然资源的不断开发可能已经造成了生态环境的脆弱，如不注意保护会使这种情况更加恶化。

从经济角度来看，对于保护区周边社区的民众来说，生物多样性保护是一种公益性的社会活动。他们在保护活动中得不到更多的收益，甚至有可能失去一些生活来源，约束其经济发展，所以他们很难对保护区工作产生兴趣。当为了整个人类的生存与发展，短期内只能牺牲保护区及周边社区的发展机会时，政府或保护区应给予当地居民一定的经济补偿。同时在进行生物多样性的保护过程中，可以考虑用物质奖励或者提高参与保护工作的成本等方法让当地的居民参与到保护区的保护工作中。当保护活动能与保障居民经济利益结合起来，提供给居民不同的生活方式时，所谓的保护才不是空洞的，才有可能真正实践保护的意义。这也正是自然保护区在进行生物多样性保护的项目时，强调社区的参与，强调对社区的发展提供帮助，把社区合作作为保护区管理的重要管理手段之一的原因。

社区参与可以有很多形式和途径，当地社区在人力和信息上对保护区管理的帮助是参与的重要形式之一。当地社区在防火、防盗伐和防偷猎上与保护区的合作是参与，反过来，保护区为社区解决发展中的困难，促进社区社会经济发展的活动同样也是参与。近年来，参与式的管理理论日趋成熟，参与的理念也为保护区和一些社区所接受，多数保护区也开展了相关的项目和实践活动。

11.1.2 自然保护区社区共管的内涵

11.1.2.1 自然保护区的社区

根据社会学原理，人类的社会活动不仅是在一定的社会关系和社会结构框架内进行的，还离不开必需的地域条件。换句话说，人们总是在特定而具体的社区中进行自己的社会生活。这样，社区就成为了人类社会最基本和最具体的存在形式。

(1) 社区的一般概念

社区的概念可以这样定义：聚集在一定地域上的一定人群的共同生活体。社区是以多种社会关系联结的，组成一个相对独立的区域性的社会实体。社区的组成要具备5个要素：①必须有以一定社会关系为基础组织起来的、进行共同社会活动的人群；②必须有一定的地域条件；③要有各方面的生活服务设施；④有自己特有的文化；⑤每一个社区的成员在心理上对自己的社区的认同感。

(2) 保护区社区的概念及特点

保护区社区是指地理位置位于自然保护区边界内或周边，其生存和发展与自然保护区密切相关的自然村落。习惯上称分布在自然保护区界限范围内的社区为当地社区，与自然保护区邻接的社区为周边社区。我国自然保护区的特点是：处在偏远地区并且有大量的社区居民。这些社区都有着其固有的生活方式、传统生产模式和乡土知识以及与以下相似的特点：①经济发展水平低于当地平均水平；②社区自我发展和机构组织能力较低；③经济发展对资源的依赖性大；④未来社区发展对资源和环境潜在威胁大；⑤传统的习俗(或民族文化)及资源利用形式在淡化；⑥政府在短期内难以解决社区发展问题。

(3)保护区与社区的关系

我国自然保护区由于地理分布多在偏远地区，其社区也以农村社区为主。与农村社区生产生活直接相关的环境和自然资源就是保护区所要保护的生态系统。农村社区是保护区直接相关的最小社会群体。它们之间的关系能直接反映出生态系统同社会经济系统之间的作用关系，使我们客观地观察、测量和分析社会经济系统的组成、发展及技术循环同生态系统之间的量化关系，使对生态系统的有效保护和社会经济系统的优化相结合的发展成为可能。

自然保护区与社区的关系可分为依存和冲突两个方面：

第一，依存关系。一方面，保护区的设立可以为当地社区带来新的文化理念，提供一些硬件基础上的便利。保护区的成立，不仅能为社区改善交通条件，提供医疗服务，建立通讯设备，扩大社区与外界的联系，提高社会的关注度，更重要的是还能给社区带来新的发展机遇。保护区应该把社区的生存与发展作为保护管理的一项内容，帮助社区寻找替代传统破坏性的资源生计方式，宣传资源的可持续利用观念，提高社区的全面发展能力，只有这样才能最终达到保护的目的。另一方面，保护区的建设也需要当地社区的支持和帮助。社区居民对需要保护的区域内的物种、地形、气候环境等状况十分熟悉，可以为保护区开展保护工作提供基本的信息。同时针对当地社会、文化、风俗的具体情况，当地社区可以为保护区总体规划、具体管理、生态旅游、经营开发提供有用的参考，为保护区走有当地特色的可持续发展道路创造条件。此外，当地居民参加自然保护区的建设和管理，还可以节省住房、交通等建设开支，并使部分依赖当地资源来维持生活的居民转向从事资源管理工作，缓解当地社区对资源保护工作的压力。

第二，冲突关系。保护区的设立会直接影响到社区居民原有的生活环境，影响他们利用资源的方式、生活方式，甚至可能与他们的文化习惯、价值观念产生矛盾冲突。权属冲突是保护区与社区常见的一种矛盾。当保护区权属界定不清楚，或者权属界定不公平，或者是变更不公平造成权属模糊时，就很可能造成保护区与社区之间的权属冲突。另外，还有资源保护与利用的冲突，文化冲突等多种冲突存在。因此，在保护区的保护管理中，不能将社区排斥在保护系统之外，而是要从帮助社区发展，满足社区需求的角度规划保护区的建设前景，使社区纳入到保护区的保护范畴中，也让社区参与到保护区的工作中。

11.1.2.2 自然保护区的社区共管

(1)自然保护区社区共管的概念

共管一般泛指在某一具体项目或活动中参与的各方，在既定的目标之下，通过一定的形式，共同参与计划、实施及检测和评估的所有过程。自然保护区的社区共管是达到保护目标的重要管理手段。它在概念上有两层含义：一是指对自然资源的共同管理，关键就在于保护区管理机构的保护目标要在与保护区周边社区对资源需求的矛盾下进行协商，转化矛盾，达成一致的管理利用意见，共同分担某一特定区域的自然资源保护的责任、义务和权力，共享自然资源保护建设的成果；二是指自然保护区的共同管理。自然保护区的利益相关者在责任、义务、利益和权利公平的前提下，共同参与到自然保护区的管理过程中。

具体来说，自然保护区社区共管就是当地的社区和保护区对于保护区的自然资源、社区的自然资源与社会经济活动进行共同管理的整个过程。社区协助和参与保护区进行生物多样性保护等各个方面的管理工作，共同制订社区自然资源管理计划，共同促进保护区与社区资源的管理。

（2）理解共管概念的关键点

正确理解共管的概念有以下几个关键点：

① 共管要基于尽可能地吸引当地社区居民参与项目的所有活动目标。从项目开始的咨询到计划、实施、监测、评估等各个阶段，都要为当地社区提供参与的机会。

② 明确自然保护区和社区的共同保护目标与社会经济发展目标。共管的目标有两个：一是促进自然保护区自然资源、生物多样性的保护，二是社区的可持续发展。这就需要保护区帮助和促进社区社会经济的发展，帮助他们培养独立的发展能力，其目标就是将双方的冲突关系转化成为依存关系。

③ 保护区和社区的共管一定是建立在双方互相理解、换位思考的基础上的。保护生物多样性，科学合理地利用自然资源，也就是为了实现以人类为中心的所有生物的可持续发展。这并不意味着要剥夺当地社区居民的生存权利，而是一种保护其长期生存与发展的行为。

④ 不要把社区共管当成是扶贫项目。共管不同于扶贫。首先，扶贫目标单一，只是为了帮助贫困社区发展其经济，而共管是一个双方共同发展的过程。因此，共管不是给钱、立项目那么简单的事，而是要求保护区能够帮助和促进社区认识到自己有自我发展的能力和条件，突破一些自我发展的疑问和障碍，科学合理地参与到共有的自然资源的保护和利用的过程中，使社区的发展和保护区的保护不产生大的矛盾和冲突；其次，共管强调当地社区的参与，强调社区的主体作用。在共管中，社区不是被动的接受者，而是积极的参与者和管理者；再次，在共管中的权力责任利益均是双方的。

⑤ 社区共管是一个发展过程，而不是一个项目就可以实现的。共管是解决双方冲突的长期磨合过程，要建立一个保护与发展的协调机制，其内容和形式多种多样，不是专门通过立项目提出问题，项目结束问题也相应能够得到解决的。所以，共管就是要求双方长期共同探讨共生、共存和共发展的保护区保护发展模式的一个过程。

11.1.3 自然保护区社区共管的意义

自然保护区社区共管的意义有以下几点：

第一，在自然保护区管理中加入社区共管，可以将社区的自然资源纳入到整个保护体系中，增强生物多样性保护的系统性。包括我国在内的世界上绝大多数国家中，都存在保护区和社区在地理分布上交织在一起的现象。在这种情况下，如果将社区排斥在保护区的管理之外，就等于将其所属的自然资源从一个完整的生态环境系统中割裂出去。其结果必然是造成生物多样性系统的不完整性。采取社区共管方法可以在帮助社区发展的前提下，将社区的自然资源在一定程度上纳入保护区大的保护体系之中。保护区和当地社区可以通过共同参与社区自然资源的使用，使社会经济发展方式能在一定程度上同保护区的目标统一和协调起来，并使社区自然资源今后的发展变化直接处于保护区的监测之下，这是社区共管的重要意义之一。

第二，在社区自然资源共管中，社区是自然资源管理者之一，这就消除了被动式保护所造成的保护区和当地社区的对立关系。在共管中，社区既是自然资源的使用者，也是管理者，所以对自然资源的利用是在科学合理规划的基础上进行的，应该是可持续的，管理应是本着有利于生物多样性保护和当地社会经济发展两个基本原则进行的。因而，通过社区自然资源共管就使得社区从被防范者的地位变成了保护者。

第三，在社区共管中，通过了解当地社区的需求、自然资源使用情况、自然资源使用中的矛盾和冲突以及当地社区经济发展的机会和潜力，采取多种形式帮助当地社区解决问题，促进其发展，使社区从单纯的生物多样性保护的受害者变成生物多样性保护的共同获利者。辩证地来分析，发展和保护是既矛盾又统一的运动过程。矛盾表现在微观和短期利益的冲突上，而统一则表现在宏观和长期利益的一致上。所以，我们在解决发展和保护之间的矛盾时，既要重视长期宏观效益的统一，也不能忽视对短期微观冲突的解决。在共管中，通过帮助社区发展经济和合理使用自然资源，可以使保护和发展的短期和微观矛盾最小化，这可以说是社区自然资源共管的独到之处。

第四，在社区自然资源共管中，给当地社区提供了充分参与生物多样性保护工作的机会。通过对当地居民、社会团体、政府机构和其他组织的参与活动，促进了他们对生物多样性保护的了解，增强了生态环境意识，同时增强了对有关法律政策的了解和认识，这对他们改变对生物多样性保护的态度和遵纪守法的自觉性是非常必要的。另一方面，通过共管中的参与，加强了保护区同社区的联系，特别是为保护区改善同当地政府之间的关系提供了良好的机会。

11.2 社区共管的基本内容和原则

11.2.1 社区共管的基本内容和过程

11.2.1.1 社区共管基本内容

自然保护区社区共管往往是通过某个项目引入而实施的。不同的项目有不同的目标，社区共管的内容和过程也会有所不同。以"林业可持续发展项目"保护地区管理部分(SFDP-PAM)为例，社区共管的内容包括共管示范、专项活动(包括节能示范、野生动物危害管理体系示范、社区技能提高和适用技术推广活动等)和社区保护教育等环节，主要包括如下内容：

① 自然保护区建立共管工作机构，配备工作人员；
② 开展村级参与式乡村评估法(PRA)社会经济本底调查；
③ 建立县级共管委员会；
④ 选择共管示范村；
⑤ 组建村级共管领导小组；
⑥ 开展示范村专题 PRA 调查；
⑦ 制订社区资源管理计划和共管协议；
⑧ 建立和管理社区保护基金；
⑨ 在示范村签订实施共管活动的合同；
⑩ 开展社区共管活动监测评估；

⑪开展村级 PRA 跟踪调查；
⑫开展社区共管绩效和影响评估；
⑬开展共管活动总结、宣传和推广工作。

11.2.1.2 社区共管的过程

社区共管的过程一般包括准备、组织发动、规划、审批和实施监测评估阶段。在这个过程中，不仅能实现对保护区管理制度的完善，也可以带动社区建设和发展以及相应的管理机制建设的发展，提高双方的自我组织和自我管理水平，并不断密切与社区合作的关系，提升相互的信任感。

(1) 准备阶段

首先，保护区要有相关的工作机构和人员，并且是获得过相关培训的人员；其次，做好宣传发动的工作，扩大影响力，取得当地社区和相关政府部门的支持；第三，用 PRA 等方法快速了解相关社区的基本情况，同时与社区代表共同对问题进行排序，共同商定优先要解决的问题和示范村选择标准；第四，用公开、透明的方式与各方代表一起排序选定示范社区。

要特别强调的是，所有社区共管的活动都不可能在保护区所有社区内同时开展，也不可能对社区面临的所有问题都同时开始着手解决，因此选择是必需的。对要解决的问题和要开展的活动的选择必须要保证公平，从问题的分析、排序和选择标准的制定，到进行选择，在整个过程的各个环节中，各方平等参与、程序明了、公开透明是保证公平的唯一办法。

(2) 实施阶段

本阶段的重点是收集有关信息，进行项目信息资料的分析，开展项目内容的专题论证；针对确定近期共同要解决的问题开展专项 PRA 调查；编制社区资源管理计划，这是分析资源形势的基础性工作；筛选社区共管优先项目；签订社区共管项目合同；编制具体项目实施方案；开展社区共管项目活动。从准备阶段的后期开始要逐步培养社区的主体意识，培养他们的管理者意识，保护区社区工作人员应扮演协调员兼管理者的角色。

(3) 评估和推广阶段

在每一活动后期，保护区和社区共同对照社区共管项目的主要目标、社区资源管理计划，共同对共管活动的效果和影响进行监测评估，这是十分必要的环节。监测评估可以总结经验教训，以便及时调整计划，制订出适宜的应对管理策略，保证项目成功运行。在社区共管活动全部结束后，总结项目活动实施结果和提出监测评估结论，对成功的社区共管经验可尝试在更大范围内推广。

社区共管是一个共同分析问题、寻找对策、解决问题的过程，不同问题在各阶段的重点也各不相同。参与式管理的程序并不是一成不变的，可以根据具体项目进行调整。

11.2.2 社区共管的原则

(1) 目标明确的原则

社区共管的目标就是加强自然资源的保护，生物多样性的保护，促进社区的可持续发展。社区在参与共管的过程中，要通过保护与利用自然资源，实现自我发展。保护区在管理中积极地推广共管是要降低管理冲突，在帮助协调社区发展的同时实现保护区保护管理的目标。

将社区发展与资源保护看成一个相互关联的整体，正确对待社区对自然资源的需求，并提供必要的条件来解决社区的需求，提高社区的保护积极性。比如，生态旅游带来的利益可以吸引社区居民共管的参与热情，但保证生态旅游的长期利益取决于一个稳定的生物多样性的美丽环境。如果社区认识到这种联系，共管的保护与发展的目标也就得到统一，不难实现。保护区想要顺利实施共管，就需要使社区居民接受可持续发展的观念，放眼长远目标，共同参与共管的过程。

（2）**促进激励的原则**

保护区应建立多样化的激励机制，最大限度地吸引当地社区参与到共管活动中。世界各国有关共管的实践经验证明，经济手段在促进当地社区，特别是经济欠发达的社区的共管及其对自然保护的态度上有着重要的作用。但同时也证明，如果经济激励的方法和形式不当，反而可能产生相反的效果。如帮助社区建设道路对某些偏僻的农村可能是很有效的激励，但另一方面，道路的建设带来的交通便利也增加了自然资源流向市场的可能性，也使外部人员更容易接近自然资源，因而，道路的建设对自然资源的保护可能是一个很大的威胁。另外，在强调经济激励的时候，要明确经济激励并不是唯一的激励方式。效果较好的激励方式也包括共同参与社区的文化生活，帮助提升居民自我认识、自我效能感等这类满足居民心理需求的活动。如果能通过这些外部和内部的激励手段，逐渐形成社区的自我激励理念，共管的目标就会更容易实现。

（3）**多方合作的原则**

社区共管不是孤军奋战的过程。保护区是共管的促进者和协调员，主要负责获取各级政府、研究机构、非政府组织、基金会的支持与合作。只有多部门共同参与社区共管的过程，获得多方的信息、知识技术、资金等资源，才能高效地推动共管的进行。

（4）**信息完善的原则**

社区共管要求加强保护区和社区内的生态、社会和经济方面的调查，获取全面而准确的数据，为保护区社区的共管工作提供信息支持。对当地的社会经济系统的基本信息要进行深入调查，了解分析其基本状况，包括社会结构、政治体制、市场和经济运行情况等。这些本地调查，就是对社区共管进行评估和监测的重要信息来源。通过信息完善，信息对比，可以分析共管的效果，提出需要改进的地方。

（5）**权责分明的原则**

明确保护区、周边社区、当地政府、企业等利害相关群体的责、权、利，使保护区内及周边各相关利益群体能从共管中获得一定的利益，同时也能尽到应尽的职责。

（6）**教育宣传的原则**

为了使社区共管顺利进行，首先需要对社区群众进行法制方面的教育。通过经济利益等各个方面的激励机制确实能起到吸引居民参与的作用，但是要保证社区居民参与共管的积极主动性和保障共管效果，还有赖于对居民观念上的教育，使得他们能自觉树立保护意识，分担共管责任，共享保护利益。

11.3 社区共管的类型和方法

11.3.1 社区共管的类型

共管作为一种合作或协作方式普遍存在于当今的社会经济生活中,它是一个广义的社会学和管理学概念。共管对象和共管者的关系是共管的两个关键特征,一般对共管的分类也多从这两个角度进行。对共管类型的划分,是为了分析不同类型共管的特征,以便在共管中根据这些特征确定适合的共管方式。

(1) 根据共管对象划分的共管类型

根据共管对象划分的 4 种主要共管类型及其特征见表 11-1。

表 11-1 根据共管对象划分的主要共管类型

共管类型	共管者之间的关系	共管的目标	共管的主要方式	共管的时间
自然资源共管	①地域的相邻资源的共同拥有或拥有的资源相互依存 ②外部援助	目标是多重的,有经济的、社会的和生态的	援助性的,协议性的,共同开发等	一般较长
基础设施共管	①地域相连 ②行政隶属关系 ③共同投资	目标主要是社会和经济的	协议性的,共同投入性的,行政管理性的	可长可短
生产项目共管	利益相同	主要目标是经济收益	共同投入性的	相对较短
文化教育事业共管	①行政隶属关系 ②外部援助	主要是社会效益	协议性的,援助性的,行政管理性的	一般较长

(引自 于自然等,2004)

(2) 根据共管参与者的组成进行划分的共管类型

根据共管参与者的组成进行划分的 6 种共管类型及其特征见表 11-2。

表 11-2 根据共管参与者的组成进行划分的共管类型

共管类型	共管者之间关系	共管的主要内容
双边共管	紧密,半紧密	商业性,行政管理性
多边共管	紧密,半紧密	商业性,行政管理性,公益性
政府机构之间的共管	紧密,半紧密	行政管理性,公益性
政府与社区间的共管	紧密,半紧密	行政管理性,公益性
社区与 NGO 间的共管	半紧密,非紧密	公益性,商业性
社区、政府和 NGO 间的共管	半紧密,非紧密	公益性,商业性

(引自 于自然等,2004)

11.3.2 社区共管的方法

对于不同的共管类型,可以采取的共管方法主要有以下几种:

(1) 功能性共管

功能性共管是指通过共建组织进行共管。建立共管组织，明确共管过程中共管者的责权利关系，是一种比较常见的共管形式。有时候，也会将参与者或者参与社区分成不同的群体，但他们在组织结构、群体的功能和激励机制上仍然没有太多的发言权。他们不是松散的个人，而以组织的形式参与到某一项活动中。

(2) 被动式共管

由保护区的技术人员和管理者告诉社区居民他们要在社区做什么，怎么做，需要居民们作出理解和支持，但是居民没有参与到决策和活动实施的活动中。或者保护区通过提供信息、技术和服务等援助对一些活动进行共管，如社区居民会回答调查者的调查问卷，提供社区生产和生活的情况的信息。这是一种比较松散的共管方法，这种形式的共管中，当地社区居民也不是和信息收集者共享信息。

(3) 合同式共管

通过双方签署相关合同协议进行共管。这是一种利益关系比较明确的共管方法。

(4) 行政式共管

通过行政和政策手段进行共管，行政力量是重要的支持力量，也是我国采用比较多的一种共管形式。

(5) 投资式共管

通过合资或股份制的形式进行共管。以资产或资金投入为联结纽带并确定共管中的关系，是在商务和企业界常采用的一种共管方法。

11.3.3 社区共管的调查方法

20世纪70年代初，全球发生了大范围的社会变革，经济发展持续加速，产业结构不断调整。这对于发展中国家来说，意味着新的发展时期到来。人们对许多新兴行业领域的探求欲望剧烈膨胀。为此，大量的、准确的、及时的信息需要被收集利用。以往的社会经济等方面的信息获取技术和方法远远不能满足当时的需求，传统的大规模的量化调查方法因为其成本高、耗时长、速度慢，信息时效性和准确性低等缺点，逐渐被人们摒弃。许多针对农村经济的科研项目对数据信息的获取更是提出了更快、更好、更准确和更经济的要求。同时，发展中国家进行的一些涉及扶贫和自然资源持续发展的项目，都要求能较快地了解社区经济及当地社会发展方面的有关信息，这促使了新的针对农村发展的社会经济调查方法的产生。这种情况下，研究人员从新的思维角度出发，摆脱了传统农村社区调查方法的缺点，创造了快速乡村评估法（RRA）。此方法成本较低，见效快，可以快速准确地收集有用信息，因此得到了迅速发展和广泛的应用。

20世纪80年代末，在RRA方法的基础之上又发展出了参与性乡村评估（PRA）新方法。它不仅使社区居民充分参与和分享自己的知识经验，主动加入调查分析自己生活的环境和条件，提高社区参与和自主权的发挥。并且，调查人员发现，在使用RRA的过程中，当地社区的居民运用这种方法的能力远远超出了预期的效果。

RRA与PRA的本质差别在于有没有社区参与。从理念上看，RRA就是为了获得调查所需的社区信息，不要求社区居民参与，但是PRA更趋向于让当地社区居民参与改进他们生活条件和环境的过程，改变其从属角色，在PRA实施中认识自己，提高他们管理者的意识。PRA 作为一种参与方法，需要长时间的交流与合作，简单的协作或者经济激励不可能使社区真正实现共管。并且 PRA 只是提供一种促进社区发展的方法，不是成功的捷径。

11.3.3.1　PRA 的定义

参与式农村评估方法（participatory rural appraisal，PRA）是一套快速收集乡村资源情况、发展现状、农户意愿，并评估其发展途径的田野调查工具。这套工具来自于发达国家在第三世界国家开展的多种发展项目的实践。其目的在于把发言权、分析权、决策权交给当地人民，促使当地人民加深对自身、社区及其环境条件的理解，与调查者一起制订出合适的行动计划并付诸实施。

11.3.3.2　PRA 的一些原则

PRA 的原则主要有以下几点：

①向当地人学习。PRA 的活动是为了更好地实现当地人的利益，它承认传统知识的价值和当地人解决他们自己问题的能力。

②讨论并分享经验。外来者和当地人一起分享相互的知识和经验，从不同角度分析问题，以找到新的解决方案。

③让社区中所有的群体参与进来。一个社区是由不同的阶层、民族、宗教、性别的人组成的，村干部或特殊群体并不能代表整个社区。

④外来者作为协助者。外来者协助当地人分析他们自己的问题；外来者不讲课、不给指示，也不应在项目中处于支配地位。

⑤从错误中学习。PRA 并不是十全十美的工具，承认犯错误是正常的，并且要在实地对工具进行适应性调整，并发展新的方法。

⑥PRA 是个不断进行的过程。对问题和对策的分析是一个不断进行的过程，这是因为一个社区的问题和优先需求会随着不同的阶段而变化。同时，社区的活动和计划也应随之做相应的调整。

11.3.3.3　PRA 协助者应持有的态度

在 PRA 实施过程中，要记住并不断提醒自己应当按照外来者是协助者，当地人才是主体的原则去开展工作。所持有的态度可决定工作的成败。PRA 协助者应该持有的态度是：①诚实及开放；②介绍自己，说明来意，与当地人建立友善的关系；③表示尊重，注意观察、倾听和学习；④寻求不同人的意见，重视妇女的参与；⑤放弃偏见，避免用外来者的观点、分类体系、价值观来教育农户；⑥不要问诱导性的问题。

PRA 协助者不该持有的态度是：①摆架子，发号施令；②提诱导性问题或事先发表自己的观点；③许愿或信口开河；④威胁村民；⑤对村民有厌恶、看不起的情绪；⑥使用专业术语；⑦穿太特殊的衣服；⑧以自己的观点强加村民，任意打断村民的谈话；⑨只访问部分健谈的农民。

11.3.3.4　PRA 调查方法

目前国际上主要的 PRA 方法有以下方面：①资料回归与分析；②直接观察；③使用能解决特殊问题的专家；④关键线索查询；⑤案例研究；⑥群组访谈；⑦角色对换；⑧绘制地图和制作模型；⑨资料的当地分析；⑩横断面行走；⑪时间趋势变化分析；⑫季节性日历；⑬日活动时间分配分析；⑭组织机构关系图；⑮贫富划分；⑯事物或事件的相关关

系图；⑰矩阵方法；⑱小组活动法；⑲分享意见共同分析。

11.3.3.5 其他常用的社区调查方法

常用的社区调查方法还有：

①文献调查 也叫二手资料调查，是一种通过查阅历史文献及档案资料，调查和搜寻社区信息的方法。文献调查的过程大致可以分为三个环节：文献收集、文献鉴别和文献整合。

②问卷调查 是调查者用统一设计的问卷，向被调查者以书面形式了解并搜集信息的方法。问卷调查可以不受时空限制，调查范围十分广泛，具有很好的匿名性，所得资料易于量化处理，调查资料的效率较高。问卷调查的基本程序：设计问卷，发放问卷，回收问卷，分析问卷。

③访谈调查 是以谈话为主要方式来了解某人、某事、某种行为或态度的一种调查方法。访谈调查的最一般程序是由访谈员探访调查对象，把要调查了解的问题逐一讲给调查对象听，由被调查者根据调查者的要求一一作答；与此同时，访谈员必须将访谈对象的观点意见及访谈记录进行汇总分析，从而得出调查结论。

④会议调查 是指调查者通过召集一定数量的被调查者举行会议，利用这种形式来搜集资料、分析和研究某一社会现象的一种调查方法。会议调查的主要程序包括：a. 了解情况、收集资料；b. 讨论、研究有关问题。

⑤实地观察 是指调查者根据一定的目的，用自己的感官或借助一定的观察仪器和观察技术，对社会生活中人们的行为进行实地观察来搜集资料的一种方法。实地观察法的程序：首先是制订观察计划与提纲；然后进入观察现场，做好观察记录。在实施观察时，把观察得来的信息变成文字记录，是观察法中十分重要的一环。

⑥村级 P 调查 是指通过综合运用 PRA 多种参与式调查技术进行资料搜集和分析的方法。常用的 R 调查工具：村民代表会议、妇女焦点小组、参与式座谈、乡村大事记、村季节历、村民每日活动图、机构关系图、利益关系分析。采用该调查方法，可以快速有效地获取大量有价值的一手资料。

【案例】

陕西太白山国家级自然保护区 GEF 社区共管项目——大湾村资源管理计划

1. 概况

项目地点：眉县营头镇大湾村。

项目的参与者：陕西太白山国家级自然保护区社区共管委员会(以下简称社区共管委员会)、GEF 项目办公室、社区工作科蒿坪管理站、大湾村委会。

计划制订者：社区共管委员会。

计划审定者：陕西太白山国家级自然保护区社区公共领导小组、陕西太白山国家级自然保护区管理局、眉县人民政府、营头镇人民政府。

计划制订日期：1996 年 1 月至 1998 年 4 月。

计划的有效期：1997—2000 年。

2. 问题、冲突和需求分析

2.1 问题

(1) 资源使用缺乏规划，随意使用，森林和矿产资源开发过度，利用方式粗放，能源消耗结构单一，耗能方式落后，热效率低。这样，造成了资源的浪费和后续资源的不足。

(2) 旱灾频繁，水源不足，水利设施缺乏，经济林生长不良，部分村民吃水困难，少数村民对粮食生产不够重视，对农业投入不足。

(3) 村民文化素质低，文盲或半文盲比例大，交通不便，与外界接触少，致富门路少，对新技术等有怀疑或一些技术没有得到及时应用。

(4) 村民只重视对自然资源的开发利用，而忽视了对自然资源的保护，水土流失严重，有山无人治，土地资源和劳动力资源闲置和浪费。

(5) 集体经济管理不善。

(6) 全村无通讯设施，医疗设备条件差，防疫保健水平低。

2.2 冲突

(1) 管理权的冲突。

(2) 资源利用的冲突。

(3) 村组干部和村民间冲突。

(4) 村民之间的冲突。

2.3 需求分析

(1) 粮食需求量从现在的温饱水平到小康生活标准。

(2) 发展以干杂果为主的多种经营，使农民的人均收入逐年提高。

(3) 养殖业要以专业户为主，进行规模经营。

(4) 提高村办企业管理水平，使其扭亏为盈。

(5) 对低产林逐步改造，同时提高村民环保意识。

(6) 改变传统的能源利用方式。

(7) 逐步改变教学设备，医疗设备等，提高村民文化素质。

3. 社区共管措施

3.1 项目1：推广和教育

具体目标：提高社区对自然保护区价值的认识；同时，通过技术改造来提高产量或产值，减少对社区资源的消耗。

子项目1.1 推广项目

具体目标：通过培训和科技示范活动，调动村民采用新技术、新成果的积极性，以提高单产，并减少对资源的消耗。

行动1.1.1 推广节柴灶

理由：村民现行的炉灶耗柴量大，热效率低，不卫生。

描述：在全村进行节柴灶试点10户，再推广40户。

执行：社区共管委员会

费用预算：12 500元

实施时间：1997—1998年

行动1.1.2 推广黄豆新品种

理由：村民种植的黄豆品种退化、产量低。需要更新。

描述：从当地种子部门够买黄豆新品种500 kg

执行：村委会，村民。

费用预算：购买种子费用4 000元。由村委会和受益村民自行解决。

实施时间：1999—2000年

行动1.1.3 板栗嫁接、猕猴桃整形修枝技术培训

理由：村民在嫁接板栗、猕猴桃整形与剪枝等方面遇到了许多技术难题，对科学施肥的方法还未掌握。

描述：邀请当地技术推广人员，给大湾村村民讲授茅栗子嫁接板栗及其管理、猕猴桃整形与剪枝、合理施肥等知识。

执行：社区共管委员会

费用预算：1 200元。其中，材料费800元，授课费150元，交通费250元，由GEF项目资助。

子项目1.2 社区教育

行动1.2.1 开展小学生自然保护知识竞赛(略)

行动1.2.2 编写宣传材料(略)

3.2 项目2：生产性扶持

子项目2.1 发展以干杂果为主的林果业

行动2.1.1 茅栗嫁接板栗

行动2.1.2 栽植核桃

行动2.1.3 栽植猕猴桃

子项目2.2 发展养殖业

3.3 项目3：建立村级医疗站

11.4 社区共管中应注意的问题

11.4.1 参与和共管的关系

参与和共管在概念上存在很大的差别，参与的范畴比较大，而共管的范围较小，一般可以认为共管是参与的一种具体形式。共管要求有共管的机构，有计划、实施及检查评估的过程，在共管中参与的各方要有明确的权责利关系。

参与一般指的是一个共同的活动过程，所有的利益相关者都会对活动发挥一定的影响，也可能承担活动的管理任务。与此相对，共管指的是社区参与管理活动的具体形式，共管的参与活动比较明确，参与形式和内容比较规范。参与和共管的差别归纳如表11-3。

表 11-3　共管和参与的特征比较

内容	目标	参加者	计划、实施和监测评估过程	参加者的责权利关系	活动的组织机构	形式	对政策、体制等社会环境的要求
参与	可以不十分明确	利益相关者	可以没有	可以不明确	可以没有明确的组织和实施机构	较多	相对宽松
共管	明确	利益相关者	必须有	必须明确	必须有明确的实施机构	较少	相对较严格

(引自 于自然，2004)

11.4.2　实施共管的环境条件

共管不是在所有的地方都可以施行的，共管要顺利进行就要有自己的外部环境条件。共管的目的是鼓励当地社区对自然资源管理的参与，保障自然资源的可持续性利用，促进当地社会经济的发展，提高社区人民的生活质量。共管项目进行的基础工作之一就是要进行外部环境条件的分析，这项工作也是项目可行性论证中的一个重要的内容。而且在项目的计划和实施过程中项目的管理者也要不断地进行论证和分析，以保证外部环境条件和共管要求的条件尽量地协调一致。对共管的环境分析大概可以从以下几方面进行：

①社区对自然资源共同管理的可能性论证；
②当地社区的社会经济环境是否适合进行自然资源共同管理；
③政策环境分析；
④制度环境分析；
⑤法律环境分析；
⑥社区习俗分析。

11.4.3　利益相关者的确定及其对项目态度的分析

在社区共管中，共管工作的所有参与者都叫共管中的利益相关者。利益相关者的确定是共管中一项重要的前期工作，凡是在共管计划实施中可能受到影响的人、组织以及可能对共管工作施加影响的人、组织都是共管的利益相关者。从定义看，共管的利益相关者范围是比较广泛的，而且，共管对利益相关者的影响可正可负，程度也可大可小。在共管中确定利益相关者的一般方法是将项目的可能结果分解，然后找出对应的利益相关者。共管结果与利益相关者的关系可以参考图 11-1。利益相关者对共管的态度直接关系到共管的成败。如何确定他们的态度，也是共管需要分析的一个重要的问题。了解利益相关者对共管态度的常用方法是根据以往工作情况的了解对各个利益相关者进行大致的剖析评判。对主要的利益相关者，可以进行一些专题性的调查。

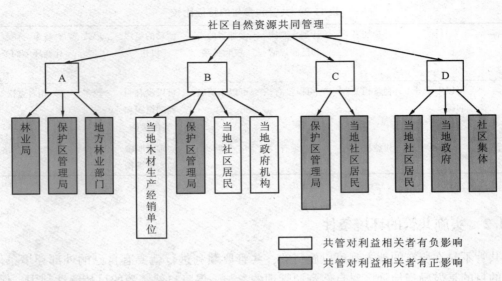

图 11-1　共管结果与利益相关者关系图（引自 于自然，2004）

11.4.4　社会经济本底调查范围的确定

社会经济本底调查是绝大多数涉及农村发展的项目都需要进行的准备工作，目的是为项目地区提供最基本的社会经济情况，为项目的顺利进行提供必要的基础信息。社会经济本底调查可以为共管提供社区的社会结构、经济发展水平、人口结构等重要信息。本底调查的关键是确定调查的范围，方法主要有全面调查、抽样调查、图上作业法等。

11.4.5　共管中的经济激励问题

实践经验证明，经济激励在促进当地社区，特别是贫穷社区的参与保护自然资源的态度上有着重要的作用，但同时也表明，如果激励手段不当，可能产生相反效果。前文已阐述，共管中的经济激励与扶贫项目的经济帮持有很大的不同，是授之以渔而不是授之以鱼的区别。项目对社区的经济激励种类有：直接提供发展或发展项目的资金；提供定向发展优惠贷款；提供公共设施建设的物资；帮助建设公共设施；提供农业生产和其他经济活动的工具及设备；提供社区教育的资助；提供农业生产的生产资料等。经济激励不是唯一办法，也不是最好的办法，在不同的社区或者不同的项目中，采取不同的激励方法可能能够发挥出更有效地作用。

在近年来的共管项目中，有一种比较受欢迎的激励制度。在项目开始时先通过经济或其他的外部激励方式，建立起社区自己的激励机制，然后逐步使外部的激励转化为社区内部持久的自我激励机制。但这种方式要求有一定的时间和实践经验的积累和总结，而且社区的政治和政策环境等因素也要适宜项目对社区组织和社区各项共管活动的要求。所以，这种激励方式不是对所有的社区都适用。

除上述应注意的问题外，自然保护区与社区的其他冲突问题也值得注意。有关冲突管理方法参见本书第 3 章。

参考文献

1. 胡柏炯.2009.自然保护区参与式社区管理手册[M].北京：中国环境科学出版社.
2. 国家林业局野生动植物保护司.2002.自然保护区社区共管[M].北京：中国林业出版社.
3. 钱法文,刘金龙,江红星.2008.社区参与湿地管理[M].北京：科学出版社.
4. 赵俊臣.2004.谁是自然保护区保护的主体[M].昆明：云南大学出版社.
5. 于自然,李康,闻天香.2005.自然保护区管理百科全书[M].当代中国音像出版社.
6. 国家林业局野生动植物保护司.2002.自然保护区社区共管指南[M].北京：中国林业出版社.

习 题

简述题
1. 社区共管的概念是什么？
2. 社区共管中应该注意的关键问题有哪些？什么叫做冲突管理？
3. 社区共管中常采取的共管方法有哪几种？什么是 PRA 方法？

讨论题
讨论自然保护区如何结合当地实际情况开展社区共管。

思考题
如何激励社区居民参与保护区与社区的共管。

第 12 章　自然保护区的监督与评估

> **本章提要**
> 本章首先介绍了保护区监督与评估的目的、概念和原则，然后从监督与评估两个方面深入探讨了监督与评估的内容和方法，并给出了实用性的案例。

自然保护区管理评估和监督是保护区的重要工作之一，其目的在于及时发现管理的问题，有针对性地提出解决方案和建议，改进管理方式和手段，提高建设和管理水平。监督和评估的主要内容包括：管理机构的设置情况，管护设施状况，保护区面积和功能分区，管理规章制度的制定和实施情况，资源本底情况，资源保护及利用情况，科研、监测、档案和标本管理情况，保护区内建设项目管理情况，旅游和其他人类活动的管理情况，保护区与周边社区的关系状况，管理经费情况等。

12.1　自然保护区监督与评估概述

12.1.1　自然保护区管理有效性评估

12.1.1.1　管理有效性评估的基本概念
保护区管理有效性评估是指根据预定的准则（如法规、标准或目标等）对保护区在管理上所取得的成果进行判断和评定，对某个对象（例如计划或项目）的价值进行系统调查的过程。

12.1.1.2　管理有效性评估的目的
保护区管理有效性评估的目的是全面了解保护区的管理工作现状，通过有目的地对项目成果、管理有效性、管理效率和适宜性等作出理智的判断，认识管理上取得的成就，找出存在的问题，以提高管理的有效性，实现科学合理的管理。例如通过评估可以找出在管理计划的编制、人员培训、管理能力培养、方案实施等方面存在的问题，进行更好的管理，以实现预定的目标。

12.1.1.3　管理有效性评估的基本原则
自然保护区管理有效性评估的原则有以下几项：
①评估体系应联结评估的各个阶段，并寻求让所有对保护区管理感兴趣的组织和个人参与到评估过程中来。

②评估体系应该公正透明，有依有据，易于理解，评估结果的提供方式要尽量简便。
③评估目标和标准要清楚明确，易于理解。
④应把评估焦点放在最重要的问题上，例如面临的威胁和机遇、影响或潜在影响，管理目标的实现等。
⑤要充分考虑对评估体系有用的要素(包括环境、计划、输入、过程、输出和结果等)。
⑥绩效指标应该紧扣社会、环境和管理等方面。

12.1.2 自然保护区管理监督

自然保护区管理监督是指国家行政主管部门对自然保护区的管理机构及其工作人员的各项工作进行监督，并将监督结果公布于社会的一个过程。

公民同样有权参与保护区的监督。监督的权力主要包括五项内容，即批评权、建议权、申诉权、控告权和检举权。

通过自然保护区的管理监督，可以督促自然保护区管理机构及有关主管部门认真贯彻执行有关自然保护区的法律法规和标准规范，实现保护区管理的科学合理、公开透明，促进保护区的建设发展。

12.2 自然保护区监督的主要内容

在自然保护区管理监督中，《国家级自然保护区监督检查办法》起到了最为重要的指导性作用。它不仅规定了监督机构的职责、监督的内容，还给出了详细的监督指标。

12.2.1 《国家级自然保护区监督检查办法》概述

《国家级自然保护区监督检查办法》(以下简称《办法》)是由国家环境保护总局发布，并于2006年12月1日起开始施行的办法。其目的是改善目前我国自然保护区管理的现状，解决管理中出现的问题。该办法共二十二条，适用于国务院环境保护行政主管部门组织的对各类国家级自然保护区的监督检查。

《办法》主要包括以下内容：
①国务院环境保护行政主管部门履行监督检查职责时所赋予的权力；
②有关单位和个人在监督管理中应履行的责任和义务；
③国家级自然保护区定期评估和检查的方式、时间、结果等；
④根据检查的结果对保护区管理部门、当地政府进行相关处理或处罚的形式和内容等。

国务院环境保护行政主管部门在依照法律法规和本办法的规定履行监督检查职责时，有权采取下列措施：
①进入国家级自然保护区进行实地检查；
②要求国家级自然保护区管理机构汇报建设和管理情况；

③查阅或者复制有关资料、凭证；
④向有关单位和人员调查了解相关情况；
⑤法律、法规规定有权采取的其他措施。

国务院环境保护行政主管部门需要定期对国家级自然保护区的建设和管理状况进行评估，一般每五年不少于1次。

根据《办法》规定，监督检查的主要内容包括：保护区的设立、范围和功能区的调整以及名称的更改是否符合规定；是否存在法律法规禁止的活动；是否存在违法建设项目；是否存在超标排污情况；是否存在破坏、侵占、非法转让保护区土地或者其他自然资源的行为；旅游方案是否经过批准，是否符合法律法规规定和规划；管理机构是否依法履行职责；建设和管理经费的使用是否符合国家有关规定等（详见《国家级自然保护区监督检查办法》）。

12.2.2 《国家级自然保护区监督检查办法》参考标准

《办法》中对国家级自然保护区提出了10项一级评价指标，分别为：

①国家级自然保护区的设立、范围和功能区的调整以及名称的更改是否符合有关规定；

②国家级自然保护区内是否存在违法砍伐、放牧、狩猎、捕捞、采药、开垦、烧荒、开矿、采石、挖沙、影视拍摄以及其他法律法规禁止的活动；

③国家级自然保护区内是否存在违法的建设项目，排污单位的污染物排放是否符合环境保护法律、法规及自然保护区管理的有关规定，超标排污单位限期治理的情况；

④涉及国家级自然保护区且其环境影响评价文件依法由地方环境保护行政主管部门审批的建设项目，其环境影响评价文件在审批前是否征得国务院环境保护行政主管部门的同意；

⑤国家级自然保护区内是否存在破坏、侵占、非法转让自然保护区的土地或者其他自然资源的行为；

⑥国家级自然保护区的旅游活动方案是否经过国务院有关自然保护区行政主管部门批准，旅游活动是否符合法律法规规定和自然保护区建设规划（总体规划）的要求；

⑦国家级自然保护区建设是否符合建设规划（总体规划）要求，相关基础设施、设备是否符合国家有关标准和技术规范；

⑧国家级自然保护区管理机构是否依法履行职责；

⑨国家级自然保护区的建设和管理经费的使用是否符合国家有关规定；

⑩法律法规规定的应当实施监督检查的其他内容。

在这些一级指标中，若保护区评价结果均在良好以上则保护区符合标准的合格国家级自然保护区，如果其中有些考核项目的评价结果为中或差，则应限期整改。对于整改不合格且保护对象受到严重破坏，不再符合国家级自然保护区条件的国家级自然保护区，国务院环境保护行政主管部门应当向国家级自然保护区评审委员会提出对该国家级自然保护区予以降级的建议，经评审通过并报国务院批准后，给予降级处理。

12.3 自然保护区监督办法的实际应用

我国自然保护区实行晋升制度，省级自然保护区可以申请晋升国家级，市级保护区可以晋升为省级保护区。同时，对于保护成效低、保护对象受到严重破坏、不再符合国家级自然保护区条件的，应予以降级处理。

对于保护区内开展旅游活动是否要降级的界定，主要取决于保护区是否还在国家层次上具有保护价值。国家级自然保护区可以开展科学的旅游活动。符合环境保护要求的旅游活动也是自然资源可持续利用的一种方式。但是，无序的旅游开发则会产生负面的影响，对自然保护区的资源造成不利甚至很大破坏。因此，必须加强对自然保护区内的旅游活动的监督管理。在国家级自然保护区内开展旅游和参观活动，必须严格遵守《自然保护区条例》的相关规定。核心区和缓冲区内不得开展旅游活动，实验区内虽然可以开展旅游活动，但必须经过相关的自然保护区主管部门批准，并符合保护区的建设规划。对于与自然保护区保护方向相违背、没有经过批准和不符合规划的旅游活动，应严令禁止。

针对保护区内是否可以进行影视拍摄活动及此类活动对保护区内的生态环境和自然资源造成的影响和破坏，应参照《国家级自然保护区监督检查办法》和《自然保护区旅游管理办法》进行管理。国家级自然保护区的核心区和缓冲区禁止从事一切影视拍摄活动；在实验区内开展的影视拍摄活动，其方案应经过有关部门批准。影视拍摄活动不得破坏自然保护区的生态环境和景观，活动方案应当充分考虑对保护区生态环境和自然资源的影响，并遵守有关环境影响评价的法律法规。

【案例 12-1】

福建闽江源自然保护区监督评估

福建闽江源自然保护区成立于 1998 年，全区总面积 13 022 hm^2。主要保护对象为武夷山脉重要的生物区系、独特的生物群落、大面积的钟萼木种群、福建闽江正源头森林植被及重要的经济植物种植资源等。2004 年 5 月申报国家级自然保护区全票通过国家林业局初审，2004 年 12 月全票通过国务院委托国家环保总局组织的国家级自然保护区的评审。

根据保护区的职能要求，管理局内设 5 个职能科室和 3 个管理站，分管财务、资源保护、宣传教育等项目有序地开展工作。2008 年 7 月 10~11 日，环境保护部、国家林业局、中国科学院等 7 部委联合组织评估组到建宁县对福建闽江源国家级自然保护区的管理工作进行评估。此次评估采取实地察看与走访座谈相结合的方式进行。评估组一行听取了县长潘闽生的县情概况和县委、县政府对保护区建设支持的情况介绍及保护区管理局局长杨宗群关于保护区管理工作的汇报，深入黄岭村与社区群众走访座谈，查看了相关资料，还实地察看了保护区管理站、哨卡等基础设施建设情况和重点保护对象情况。

通过评估，专家们认为：建宁县委、县政府对保护区工作重视；保护区保护措施得力；工作成效大；基础设施到位；管理能力强。一致同意将福建闽江源国家级自然保护区的管理工作评估得分档次定为"优"。

12.4 自然保护区评估的主要内容

2000 年，保护区世界委员会(WCPA)创建了评估自然保护区管理有效性的理论框架，旨在帮助人们制定保护区管理有效性的评估方法。根据这一理论框架，可以将保护区评估的内容大致可以分为 6 个方面，分别为管理背景、规划、投入、过程、产出和成果。

① 背景　评估保护区的重要性，威胁及政策环境。
② 规划　评估保护区的设计和规划。
③ 投入　评估开展管理所需要的资源。
④ 过程　评估管理方法。
⑤ 产出　评估管理项目、行动及服务的实施。
⑥ 成果　评估成果及管理活动在多大程度上实现了保护目标。

在过去的 5 年里，保护区世界委员会的这一理论框架已经得到了许多国际组织的认可，并将这一框架作为自身制定保护区管理有效性评估方法的理论基础。

在比较理想的状况下，保护区有效管理评估体系应该包括上面列出的各个评估环节。由于各个评估环节都有其各自的侧重点，且在有效管理评估中互相补充，因而是不能互相替换或者取代的。保护区的投入与产出随时间的变化对于保护区管理人员具有重要的参考价值。通过了解保护区的投入与产出情况，保护区管理人员可以判断出保护区的管理时间和管理策略是否有效。保护区管理有效性评估可以针对单个保护区，也可以针对某一国家或地区内的所有保护区。

在上述自然保护区评估方法基础上，各个国家相应制订了符合本国的自然保护地评估方法。我国环境保护部于 2009 年下发了"国家级自然保护区规范化建设和管理导则"和"国家级自然保护区管理工作评估赋分表"，并对部分国家级自然保护区管理现状进行了评估。(具体导则和评估表格参见国家环保部网站 http://sts.mep.gov.cn/zrbhq/zrbhqzcfgbz/)

12.5 自然保护区评估的方法

12.5.1 自然保护区管理有效性的主要评估方法介绍

自然保护区管理有效性评估的方法概括起来大致可分为四类，分别为：循证深入评估法、基于同行评定的综合保护区系统评估法、基于专家知识的快速记分卡评估法和基于假设的分类评估法。

(1) 循证深入评估法

循证深入评估法用于评估单个保护区的管理活动。这一方法最大的特点是为主要预期成果制定详细的基准数据，并衡量预期成果随着时间发生的变化。该方法在南非塔斯马尼亚公园进行了评估，并取得了良好的验证。

(2) 基于同行评定的综合保护区系统评估法

系统评估法是对特定的保护区系统内的所有保护区进行评估。这种评估法通常通过召开参与性的研讨会来进行。保护区管理者、管理机构、外部利益相关者均需要对所有的指标的评估结果进行审定,以确定评估结果的一致性和准确性。

(3) **基于专家知识的快速计分卡评估法**

记分卡评估法是利用记分卡或者结构性问卷对保护区管理有效性进行评估,一般只适用于对单个保护区的评估。主要评估手段是访谈或者调查。

(4) **基于假设的分类评估方法**

分类评估方法适用于对整个保护区系统进行评估。该方法所用的数据通常是已有的数据、文献资料或专家意见,很少或者几乎不需要进行野外调查。保护计划制订者首先需要对指标进行分类,然后根据保护区的保护类型对其管理水平进行评估。最终的评估结果是对整个保护区系统的评估,而非对系统内某个保护区的评价。

12.5.2 自然保护区管理有效性评估的步骤

保护区管理有效性评估一般包括以下 5 个步骤。

(1) **确定评估范围**

在评估前首先应确定评估的地区范围,评估保护区体系还是评估单个保护区或确定评估什么类型的保护区。

(2) **评估保护区已有的信息**

现有的信息包括航空照片和卫星影像、生物多样性综述、培训和能力建设、需求评估、威胁分析、科研、人类学和社会学研究、内部的项目、野外报告、独立机构的外部报告、法律和政策评论等。评估过程中应首先对这些现有的数据来源的可信性、及时性和准确性进行评估,并考察保护区的领导、管理人员以及相关利益群体是否认同这些数据。

(3) **执行快速评估问卷**

实行这一步最有效的方式是召开参与式研讨会,成员包括保护区的管理者、政府行政管理人员和相关利益者等。参与者可以考虑修改调查表,修改的方面包括:对每一个问题提出特定的指标和核对标准,增加新的问题,对现有问题的文字和解释的修改等。

(4) **分析结果**

根据评估所获得的数据进行统计分析,找出管理中存在的问题,并确定解决问题的优先次序。

(5) **确定后续行动和建议**

在评估结果的基础上提出后续行动和建议,使评估结果真正落到实处,发挥评估的作用。

【案例 12-2】

自然保护区管理快速评估和优先性确定方法(RAPPAM)

1. 方法介绍

利用世界自然基金会(WWF)提供的"自然保护区管理快速评估和优先性确定方法 (Rapid Assessment and Prioritization of Protected Area Management,RAPPAM)"对东北林区自然保护区体系的管理有效性进行了评估,以期找出目前保护区管理上存在的主要问题,为将来保护区的管理、投入、资源等合理配置提出优先次序。

根据 RAPPAM 方法要求，首先召开由专家、政府官员和保护区领导参加的研讨会，探讨问卷调查形式和内容，判别各项评价指标是否合理可行，并综合各方意见针对国内的实际情况对问卷进行了重新设计和修改补充，最终确定调查内容和评价标准；其次将调查表发放到各个保护区，让保护区人员了解调查内容，收集相关信息。召开各保护区被调查人员研讨会，集中学习，填写问卷内容；最后，回收调查问卷，对调查结果进行统计分析，确定后续行动计划，提出未来建议。

2. 数据收集和分析

根据 RAPPAM 的快速评价方法，从六个部分对自然保护区系统管理有效性进行评价，即自然保护区背景、规划、投入、过程、产出和结果，每一个部分又分为若干个方面进行评价。例如保护区规划部分又分为自然保护区目标、法律保障和保护区选址 3 个。每一个方面又细分为 5 个具体的问题进行评价。对于每一个问题的回答按照从肯定到否定的顺序，分为 4 个等级："是"、"基本是"、"基本不是"和"不是"，分别赋予这些回答的分值为 5、3、1 和 0 分。然后再求这些问题的平均值即可得到评价的每一个方面的分值，它们在 0~5 之间。根据问卷的设计，每一方面的平均分值大于 3 分表示基本达到管理要求，小于 3 分则表示还没有达到管理要求。

评价指标体系共有 14 个方面 90 项指标，具体包括：①生物学重要性(10 项)，②社会经济重要性(10 项)，③脆弱性(10 项)，④目标(5 项)，⑤法律保障(5 项)，⑥规划(5 项)，⑦人员(5 项)，⑧通信设备与信息系统(5 项)，⑨设备与设施(5 项)，⑩资金(5 项)，⑪管理规划(5 项)，⑫研究监测和评价(5 项)，⑬管理决策制定(5 项)，⑭结果(10 项)。

3. 评估结果

(1) 保护区管理有效性总体评价

按照评价标准，将评价的六个部分的所得分值进行加总，换算成百分制，如果综合评分在 60 分以上，就表示整个保护区系统的管理基本达到要求，否则，就表示没有达到有效管理的基本要求。

(2) 保护区管理有效性分区比较

根据评估标准，还可以对各个保护区的管理有效性进行比较。各保护区管理有效性水平大多处于中间水平，得分较高和较低的都很少，呈正态分布。通过保护区管理有效性之间的比较可以找出那些管理效率较低的保护区，从而确定管理上需要重点加强的保护区。

(3) 保护区管理优先性分析

将保护区管理有效性与脆弱性进行作图比较，可以找出脆弱性较大而管理又相对落后的保护区，进而确定其保护的优先性。例如在东北地区进行的调查评估显示，33 个保护区中最需要优先建设和加强管理的保护区有 4 个，需要优先建设的保护区 14 个，目前管理较好不需要优先建设的保护区有 15 个(图 12-1)。

4. 讨论与建议

通过该方法研究分析，可以找出保护区管理上存在的一些问题，如缺少资金，员工能力不足，基础设施跟不上等。东北地区调查评估结果说明保护区系统目前最主要的问题是从主管政府部门得到的资金不足，地方政府又不能提供补助，因而无法吸引高素质的员工，管理人员的素质不高必然会影响到管理的效果，进而导致不能有效解决所面临的压力

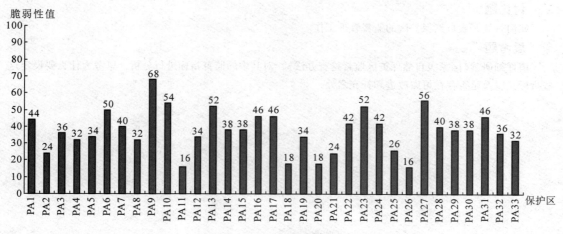

图 12-1　各保护区脆弱性比较

和威胁。

根据东北地区评估结果，提出以下行动计划和建议，可供保护区和相关管理部门参考：

①建立一种机制使可持续的经营收入(如旅游等)能够流向保护区。

②在国家政策允许的情况下，建立一种以定额为基础，可控制和可持续的保护区自然资源利用机制，特别是非林木产品的利用机制。

③加强保护区总的管理计划的编制和监测计划的制订。

④加强保护区人员能力建设，特别是一些关键性技术和方法的培训。

⑤加强非政府组织与地方政府及保护区之间的交流与合作，交流各自的经验教训和创新理念。

⑥提高保护区周边社区的教育水平，改善保护区与当地社区的关系。

参考文献

1. 国家林业局野生动植物保护与自然保护区管理司. 2008. 国家级自然保护区工作手册[M]. 北京：中国林业出版社.

2. ERVIN J. 2003. WWF Rapid Assessment and Prioritization of Protected Area Management (RAPPAM) Methodology[R]. WWF, Gland.

3. HOCKINGS M, STOLTON S, DUDLEY N. 2005. Evaluating effectiveness：A Framework for Assessing the Management of Protected Areas[M]. Cambridge：IUCN Publications Service Unit.

4. 苏杨. 2004. 改善我国自然保护区管理的对策[J]. 科技导报(9)：31－34.

习　题

简述题

1. 自然保护区为什么要开展监督和评估？

2. 自然保护区管理有效性评估包括哪些内容？

3. 自然保护区的监督工作包括哪些方面？

讨论题

如何有效开展自然保护区的监督管理工作。

思考题

请仔细研读《国家级自然保护区监督检查办法》，对其中的监督指标进行分析，思考为什么要设定这些指标，以及是否存在可以改进和补充之处。

第 13 章　自然保护区信息管理及新技术的应用

> **本章提要**
>
> 本章首先介绍了自然保护区信息资源管理的概念和特点，自然保护区信息管理系统的内容和设计程序，提出了自然保护区信息管理的基本方法，最后介绍了新技术的种类和特点及其在自然保护区管理中的应用情况。

自然保护区信息管理是保护区管理工作的一个重要方面，也是提高保护区管理效率的重要手段和方法。随着现代信息技术的方法，新的技术不断出现，保护区的管理者必须掌握这些新的技术和方法并付诸实践，才能真正有效地提高保护区管理效率。

13.1　自然保护区信息资源管理

13.1.1　保护区信息资源的内涵

自然保护区信息资源既包括信息本身又包括提供信息的设施、设备、组织、人员和资金等其他有关的资源。

信息资源的特征包括：①信息内容与载体的可分与不可分的特性；②信息具有替代其他物质资源或使其增值的特性；③信息的吸收只与信息的内容有关，而与信息的形式和载体无关；④信息的利用是智力活动的过程。

自然保护区信息资源的管理，是在努力提高保护区管理人员的素质和开发人员的智力同时，需要遵循管理的三项原则：①在保护好资源的前提下，合理使用资源以取得最大的价值和利益；②使获取、处理、使用和处置资源的成本最小；③明确各个管理人员和部门经济地、有效地使用资源的责任。

自然保护区的信息资源是保护区资源的一部分。根据保护区信息资源的性质，大致可以分为以下几种类别：

①技术资源，是指有关保护区图纸、资料、专利、标准、物种名录、工艺数据、发明创造、科研报告、新产品和新技术的研究开发报告等的数量、分布情况、资源的价值和水平、利用情况、管理水平；

②生产活动的信息资源，用于了解保护区经营管理系统的全貌，进一步掌握信息源和信息服务的情况，包括其来源、处理、存储、发布等整个周期内的全部信息；

③物质资产，包括保护区的物种资料、配套件、设备、计量仪器等的管理体系和更新信息；

④人员（即保护区员工）的专长、能力、爱好、志向、困难等信息；

⑤财务（财务结算、信用卡等）信息；

⑥环境信息及其他，包括市场需求情况、竞争对手的情况（发展过程中的经验教训）以及保护区所处的环境信息（自然环境的保护、金融环境、法律环境、交通运输条件、国际国内的政治形势、经济动态、世界范围的战略性决策等）。

为了便于采用不同的管理方法，保护区信息资源具有5种不同的表现形式，分别是：

①文献型 主要包括保护区各种研究报告、论文、资料、刊物、书籍、汇编以及它们的二次文献（如索引、目录）、三次文献（如综合评述、文摘等）。文献型信息的特点是以文字为主，有明确的专业或学术领域，可以进行编目、分类等一次整序成为二次文献，还可以按照具体的需要进行二次整序成为专题综合报告等三次文献。

②档案型 档案型信息资源包括保护区行政、技术、财务、人事、物资等很多方面的信息，以文献为主，内容结构比较清晰。档案型信息资源主要反映历史的事实和演变过程，是"事后"的，经过整理、筛选的文献，其生命周期相对来说长一些，稳定一些，是按照时间顺序贯穿始终的。

③统计型 按照统计学的定义，统计是数字型信息的集合，是反映大量现象的特征和规律性的数字资料。统计型信息是以数据为基础，以数据为主要表现形式的信息资源，内容可以有很多，如保护区资源量统计、管理人员统计、经济效益统计等。

④图像型 图像型信息资源包括照片、电影、遥测遥感图像、电视、录像等，其传递的信息量远远大于文字信息，是一种十分有效的记录信息的方式，其管理方式也需要适应图像信息的特点。

⑤动态型 动态信息主要是行情、商情、战况等瞬息万变的情况，生命周期很短，需要进行积累加工才能产生有价值的信息。动态信息的收集、加工和存储都与其他类型的信息资源不同，特别是对接受主体的要求很高，需要丰富的积存信息和分析能力才能利用和判别动态信息，得到正确的结论。

13.1.2 保护区信息管理的内涵

信息是经过加工的数据，它对接收者有用，对决策或行为有现实或潜在的价值，是人类社会的宝贵资源。信息管理主要是指对知识性信息的收集、加工、报道、传递及咨询等信息服务业与产业的组织管理工作。其管理的实质就是对这个系统不断运动、发展和变化的信息有目的、有意义的控制。因此，保护区计划、组织、指挥、协调、控制等基本职能的运用与发挥，对信息管理效果具有决定性的意义和作用。对于我国保护区的建设而言，信息管理尤为重要。自然资源本底信息是确定保护区位置及范围、明确保护区性质的基础，根据这些基本信息进行保护区的规划、组织、协调、控制，才能有效地发挥自然保护区的功能，保护人类赖以生存的自然资源。

保护区信息管理包含人、信息机构、政策与法规、财、物、信息流、时间与空间七大基本要素。作为现代管理学的一个重要领域，信息管理的内容与范围主要有以下几方面：

①信息政策法规的制定与实施；

②调控信息管理活动的时空范畴；
③强化信息宏观与微观层次管理；
④实施信息管理形式与程序的规范化；
⑤把握信息管理的核心内容决策的正确性。

同时，信息管理也具有其自身的基本特征：适应性和灵活性，整体性和协调性，综合性和社会性以及战略性和预测性。

自然保护区的信息资源包括技术资源、生产活动的信息资源、物质资产、人员、财务、环境信息等方面。

保护区的信息管理要做到：如遇重大、紧急情况，必须及时向上级主管部门报告，处理情况应向上级主管部门提交处理报告，并应每年提交工作年报。年报内容包括：保护对象情况、建设情况、机构队伍建设、培训、本年度重大事件及处理结果等。年报内容要详细，以表格形式反映。

13.2 自然保护区信息管理系统

建立自然保护区信息系统之前需要仔细调查保护区内信息资源的情况，了解信息资源的数量、质量、更新周期、使用频度、寿命、成本和效益等，只有在科学的信息资源管理的基础上建立的保护区信息系统才能经得起长期的实践考验。自然保护区信息管理系统与一般的信息管理系统相同，包括与自然保护区资源相关的信息规范的管理、信息渠道的管理、信息存储的管理、信息调度的管理、信息安全的管理、信息的经济管理六方面的内容。在电子计算机里建立自然保护区信息管理系统的过程主要包括以下步骤。

①系统分析　研究用户对信息系统的需求。自然保护区的信息用户主要分为管理用户和一般用户。管理用户对保护区信息系统进行定期的更新、维护；一般用户则通过信息系统对保护区进行查询、检索、浏览等操作。

②系统设计　根据用户对自然保护区信息系统的具体需求，系统地设计信息系统的各个功能模块，将保护区信息系统的流程具体化、细致化。

③程序编制　按照系统设计的要求编写程序，指挥计算机工作。

④输入数据　将各部分信息输入保护区信息系统内，以供用户使用。

⑤系统调试　对保护区信息系统进行分调和总调，解决各种技术问题，使之达到系统设计要求的各项指标，实现各项功能，使信息系统能够正常运行。

⑥测试和评价　按照系统设计的要求进行功能测试、数据完整性和准确性测试、安全测试、系统响应时间测试以及各项错误信息保护功能的测试等。根据测试结果和试运行的实际情况进行保护区信息管理系统的评价，分析其优缺点，提出改进的措施，并做到实时更新完善。

自然保护区的信息是保护区的重要资源之一，充分地开发利用是对自然保护区资源进行管理的有效途径。自然保护区信息管理系统的建立，不仅有利于自然保护区建立开放性的、与各级自然资源相适应的多层次自然资源管理体系，而且是搞好自然保护区建设规划的有效前提，并有利于做出最优的保护区总体规划，组建功能齐全的完整的自然保护区体系。建立自然保护区信息管理系统，可以方便地了解保护区资源的动态变化，跟踪了解动植物的生长状况，为高效的管理运行提供方便(自然保护区信息管理系统的构建可参见13.5内容)。

13.3 自然保护区信息管理方法

自然保护区的信息管理遵循一般信息管理的8个过程，即规划信息、收集信息、传递信息、处理信息、存储信息、发布信息、使用信息和处置信息。为了做好这8个过程的管理工作，设置高效的信息机构、建立合理的分类体系、制定科学的信息战略是至关重要的3个方面。

13.3.1 设置高效的信息管理机构

现代的信息管理已经实现了社会化、产业化的管理。从信息产业的全貌来看，主要是由信息使用部门、信息供应部门、信息处理部门、信息咨询部门和信息管理部门五种职能部门组成。保护区也同样，建立与现代化的信息管理业务相适应的组织机构是保护区实现信息管理战略任务的关键。组建信息机构需遵循以下三项原则：

第一，大家搞信息，信息为大家；
第二，寓管理于服务；
第三，科学、实用、渐进的原则。

对于规模比较大的自然保护区应设立单独的信息管理部门，由负责信息管理的副局长直接领导。信息管理部门的主要职责是：

①信息收集整理　负责组织信息资源，实现周期管理的各项工作，是信息管理的核心部门，需完成大量的综合性的组织工作；

②系统运行　负责信息系统软、硬件的运行工作，包括计算机、通讯、通讯网络等的运行和日常维护工作；

③系统开发　负责应用软件的开发，包括信息系统的设计、程序开发、调试和安装。

13.3.2 建立合理的信息分类体系

常言道，"一把钥匙开一把锁"，其意指对不同情况应采取不同的对策。在自然保护区的信息管理中亦是如此。面对瞬息万变的市场，保护区要想求生存、求发展，就必须建立良好的信息资源分类管理体系，使自己的资财、实力、优势得到充分发挥。

根据保护区信息性质的不同，可以将其分为两大类：一类是数据信息，即保护区在开展调查、监测等科研工作，巡护、监督等日常管理工作，以及各种统计工作中得到的数据型信息；另一类是文件信息，即各级政府和相关部门以法规、条例、办法、决议、通知等形式下发的文件型信息。这两类信息必须分类存储、分别管理。

对于数据信息，应建立数据库，及时将各种数据信息录入该库中，并由专人负责管理。同时，在各部门间搭建信息的共享平台，以利于动态信息分享，提高管理效率。

对于文件信息，应对各文件进行系统化的编目，区分重要性级别，有序归入特定的文件存储区域中，以方便工作中直接进行查阅。与数据信息不同，文件信息的保存应注意防火、防潮、防偷窃等方面，尤其是对于具有一定执行效力的文件原件，更应妥善保管，避免遗失。

13.3.3 制定科学的信息管理战略

对于上述多个信息部门和各类信息资源，必须在保护区管理高层人员的有效管理和指引下，才能井然有序、不断推进。其中，制订科学的信息战略是非常重要的一个方面。总结起来，保护区最高领导者需要对以下问题作出合理的决议，才能把握好方向。

①改革调整信息管理的体制与机构　根据保护区的实际情况和未来发展趋势，对不合理的管理体制和机构作出调整甚至改革，以适应信息化的大趋势。

②制订信息资源管理的方针和原则　结合保护区的工作职责、总体管理目标等，制订信息管理的方针和原则，使各项工作制度化、规范化。

③实施人、财、物的合理分配　宏观把握保护区的物质资产、人员资产以及财务信息，对不同岗位、不同领域的人、财、物进行合理调配，以做到责权利统一。

④关注市场实时动向　对市场需求的情况进行及时了解，分析当前及潜在的竞争对手，并对保护区所处环境的信息予以关注，以利于制定合乎时宜的信息管理战略，实现"知己知彼，百战不殆"。

⑤建立应急管理机制和风险承担机制　在信息资源的管理过程中，难免会产生一些突发的意外情况，为了避免在意外情况下的数据遗失、信息泄漏等问题，作为领导人，必须事先做好风险管理工作，建立应急机制和风险承担机制，提高能力建设，灵活应对各种突发情况。

13.3.4 明确信息资源管理的步骤

信息资源管理的主要任务就是将保护区内外的信息资源调查清楚，分门别类地加以分析研究；找出对本保护区的生存发展具有重要战略意义的信息资源，对其加以充实和提高；找出那些成本很高而使用得不好的信息资源，果断地对其停止运行，减少浪费，把有限的资金、人力、设备用于那些有重要意义的资源上去。

通常，信息资源的管理一般分为4个步骤：调查已有的信息资源；核算资源的成本；分析比较信息资源的总的态势，辨明优劣，制定措施计划；综合评价。

具体实施过程如图13-1所示。

通过上文的描述，可以对自然保护区的信息管理概况及方法有比较全面的了解。然而，需要指出的是，我国的自然保护区多处于地理位置偏远的农村地区，不仅道路闭塞，信息通道更是不畅。对于这些保护区而言，在目前乃至今后较长时期内，都很难做到现代化信息管理。即便是对于一些较为先进的、交通和信息渠道相对畅通的保护区而言，与现代化的都市相比，仍然在技术上存在一定的差距，因此只能做好文字记载与档案管理工作。然而，值得引起重视的是，自然保护区目前的档案信息极为欠缺，甚至很多国家级自然保护区也缺乏最基础的自身科考报告和总体规划，对保护区的边界、保护区内的资源种类、资源数量、突发情况等都不甚了解。因此，在今后的工作中，我国的自然保护区亟需加强信息管理工作，以提高管理水平和保护绩效。

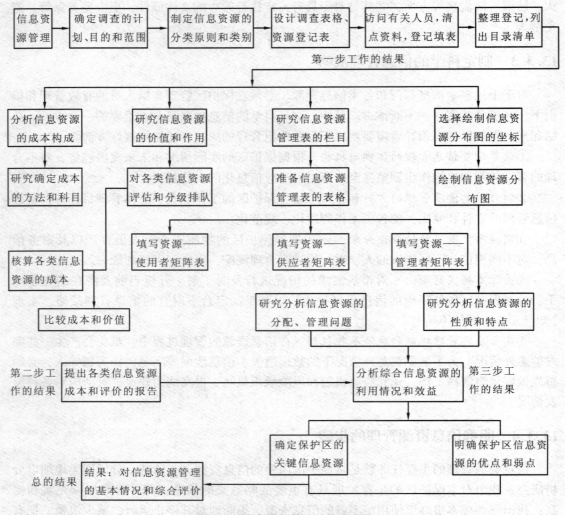

图 13-1　信息资源管理实施流程图

【案例 13-1】

中国生物多样性信息管理系统(CBIMS)

建立中国生物多样性信息管理系统(China's Biodiversity Information Management System, CBIMS)是世界银行资助原林业部的中国自然保护区(Global Environmental Facility, GEF)项目的一个重要内容。该系统由国家林业局调查规划设计院完成，应用于我国自然保护区，以保护生物多样性为主要目的。CBIMS 是一个涉及动物学、植物学、生态学、地理学、林学、计算机技术等多学科、多专业领域的，集数据库、GIS 和专家知识分析为一体的综合信息管理系统，优秀的专家知识系统和生物多样性分析功能是其中最突出的特点。它继承了 John Mackennon 等开发的 BIMS 专家系统的精髓——物种分析预测功能，并结合中国自然保护区实际，设计了实用可行的工作名录处理方法；它收集、转换并存储了生物多样性有关代码，多个自然保护区的资源数据和日常管理信息，为 CBIMS 的分析功能提供了丰富的素材，还在专家知识系统的支持下扩展了生物多样性分析功能；它具有强大的地理空间信息处理功能，将地理信息系统技术与数据库技术有机地结合，可进行图库、库图查询；它还设计了多种数据查询方法和输出方式。

【案例 13-2】

自然保护区信息管理系统（NRIMS）

　　自然保护区的信息是自然保护区的重要资源之一，充分的开发利用是对自然保护区资源管理的有效途径，是实现自然资源可持续的要求和自然保护区所具有的特殊意义及永续利用价值，加强自然保护区信息管理系统的理论研究和系统研发是十分必要的。在自然保护区管理的应用中，主要有以下五个方面：地理数据，除了地形图之外还要收集各种地图；生境，各种生境类型的面积、范围及其性质描述；野生动植物数据；管理数据；社会经济数据。GIS 技术已经广泛应用于环境、交通、资源、军事、教学等各行业，并获得了相当瞩目的成效。在自然保护区信息系统的建设方面，GIS 也同样发挥了巨大的才能。移动 GIS 技术的应用可以使管理人员与科技工作者在实地考察的过程中通过无线网卡或路由器与自然保护区管理信息系统数据库连接，为分析生态环境问题提供了强有力的技术保障；WebGIS 技术的应用可以发布自然保护区相关信息查询或现场图形与属性数据的编辑维护；虚拟 GIS 技术的应用可以产生身临其境的保护区环境视觉与听觉感受，创建虚拟自然保护区，可以做虚拟场景的旅游与考察活动等。GIS 强大的空间数据管理和分析功能，是政府部门制定环境政策及环境应用的关键技术为保护生境和进行有效合理的规划评价，提供了丰富、科学的信息管理分析和决策手段。利用 GIS 对空间数据和属性数据的强大管理功能，将保护区及其周边区域的各种自然资源、生态环境、社会经济和项目工程等信息，以文字、图形、图像、数据库和 GIS 数据形式录入计算机，并以 GIS 为平台，建立保护区 GIS 对上述信息进行管理维护、分析提取、规划评价等，以支持保护区日常工作的信息管理，支持保护成效的监测和评估系统的建立与运行，可以为保护区的科学管理、决策提供依据。李剑、吴保国在《基于 GIS 的自然保护区信息管理系统设计探讨》中构建了三层模式，即自然保护区信息管理系统、功能模块和基础数据库。

13.4　新技术的种类和特点

　　现代化高新技术的革新与应用为自然保护区事业的发展提供了有力的技术支撑，是自然保护区现代化管理的基础。管理现代化的内涵就是用系统的方法使管理工作有计划地实现最优化和信息化。自然科学的理论和技术支撑，是管理科学发展的基石。现代化管理的方式是由现代化生产、科学技术的特点决定的。当前，预测技术、决策技术、3S 技术及虚拟现实技术等新技术在自然保护区管理中的应用为实现高效率、最优化的现代化自然保护区管理提供了保障。下面主要对自然保护区管理中的预测技术、决策技术和 3S 技术进行介绍。

13.4.1 预测技术

预测技术是一门新兴的综合性学科，它吸收了现代各种科学知识的成果，利用数学和计算机的成就，创造和发展了一套独特的研究分析方法，如直观预测技术、时间预测法、回归分析预测法等。

自然保护区管理与规划过程中都需要预测技术的参与，如保护区管理范围内森林火灾的预测、洪涝水灾预测等。保护区规划时要考虑人口和经济因素，要对规划区域的人口增长、分布范围及经济发展进行预测，以便为区域规划提供依据。

目前，预测方法多达 200 多种，然而常用的不过 30 多种，最广泛使用的只有其中 10 余种。我国根据预测工作的实际需要，建立了适合我国保护区的预测方法体系（表 13-1）。

自然保护区与其所处的环境具有相互作用、相互依存的关系，并随时受到周围环境变化的影响。管理者必须预测变化，发现机遇，改善不良管理方式，高效地实现目标。具体来说，为了做好预测工作，管理者需要做到以下几个方面。

（1）提高预测意识

自然保护区处于复杂多变的环境中，要想主动掌握保护区动态，就必须对各种有关情况的发展变化进行预测，并在预测基础上再做出适应情况的决策。如针对自然保护区的竞争者，结合其现状和行动以及有关的政策、法律等，进行调查和预测。

（2）为预测创造条件

预测是根据事物发展的规律对未来的预见，需要物质、人员和数据的支持。自然保护区管理部门必须具有电子计算机等预测设备。工作人员最好能在精通业务的基础上掌握预测技术。另外管理者在管理工作中要重视收集、积累、整理各种数据，最好建立数据库。

（3）确定适应环境的基本战略

管理者依据保护区所处的基本环境态势，制订较长时期内指导全局的计划和策略，并加以贯彻实施。

保护区管理机构都应当根据环境条件和自身情况，确定基本战略和总体规划，保证在较长的时间内从全局角度指导保护区各项工作的有序展开。

确定保护区的战略要从保护区的基本任务出发，考虑两个基本因素：一是环境因素，包括机会和威胁。机会指环境中对保护区有利的因素；威胁指环

表 13-1 我国实用预测方法体系

类别	方法名称
定性预测方法	1. 德尔菲法 2. 目标预测法 3. 直观预测法 专家预测法 用户调查预测法
时间序列模型	1. 移动平均模型 　一次移动平均 　二次移动平均 2. 指数平滑法 　一次指数平滑 　二次指数平滑 　三次指数平滑 3. 分解预测法 4. 鲍克斯—詹金斯模型 　自然回归模型 　移动平均模型 　鲍克斯—詹金斯模型 　季节性模型（ARIMA）
因果关系模型	1. 趋势外推法 　多项式模型 　指数模型 　生长（S）曲线 　包络曲线 2. 回归分析法 　一元线性回归法 　多元线性回归法 　非线性回归 3. 数量经济模型 4. 投入产出模型 5. 灰色系统模型

境中对保护区不利的因素。二是内部因素，包括优势与劣势，即在资源、技术、生产能力、管理等方面占据的有利地位，或者不足。保护区的战略应使这两个因素得到最佳发挥，扬优避劣，利用机会，躲开威胁。

13.4.2 决策技术

决策就是选择最优方案，达到预期目标。自然保护区各项管理任务均需要用到决策技术。管理者要掌握决策的基本原则，确定决策的分析方法。优秀的决策者、合理的决策标准、科学的决策程序、正确的决策原则是准确高效地进行自然保护区管理决策的关键因素，也是实现保护区高效管理的基础。

13.4.2.1 决策类型

决策的类型根据不同的分类方式可以分成许多种。

按决策规模分：宏观决策和微观决策；

按决策层次分：战略决策、战术决策和战役决策；

按决策形式分：程序化决策与非程序化决策；

按决策者分：个人决策、团体决策、国家决策、国际决策等；

按决策对象分：保护区决策、军事决策、政治决策、经济决策等；

按决策问题自然状态性质分：确定型决策与非确定型决策。

13.4.2.2 决策基本原则

一项决策的产生，除了要求符合党和国家、人民的长远利益外，还必须遵守经济性原则、有效性原则、系统性原则、可靠性原则、灵活性原则等。针对自然保护区管理的决策，还应遵守保护区可持续发展、利于当地经济发展等原则。

13.4.2.3 决策程序

科学的决策必须遵循科学的程序，其基本程序为：确定决策目标；制订各种可行方案；选择最优方案；实施决策方案；检查实施效果，进行信息反馈。

13.4.3 3S技术

面对21世纪科技的迅猛发展，资源环境科学将在资源开发利用、区域环境保护、自然灾害防治、城市扩展、农林牧业发展以及经济可持续发展等方面发挥重要作用。自然保护区管理作为资源环境保护的一部分，其研究方法在RS、GIS、GPS等技术的支持下，进一步开拓了综合研究领域。

13.4.3.1 3S一体化的内涵及特点

RS、GIS及GPS的集成或综合称为3S一体化。3S集成技术是目前地球空间信息学（geomatics）及数字地球研究的重要内容。三者综合利用，构成为整体、实时、动态的对地观测、分析和应用的运行系统，将大大提高RS和GIS的功效。

真正意义上的3S集成技术，不是RS、GIS、GPS三者简单的结合，而是指采用一定的结构、通过某种技术（多媒体及网络技术等），利用其内在联系将其有机结合在一起的功能系统。GPS的组合技术系统为RS对地观测提供了实时的信息和地面高程模型；RS对地观测的海量信息为目标识别及科学规律的探测提供了定性或定量的数据；GIS在计算机软硬件支持下，对 RS、GPS 提供的空间信息进行存储、查询、运算、分析和表达。

3S 技术特点：

①提供全球、大区域精确定位的高频度宏观资源与环境影像，有助于揭示岩石圈、水圈、大气圈和生物圈的相互关系与相互作用；

②从可见光发展到红外、微波等范围，扩展了人的视野，加深了人对生态环境的了解；

③促进科学研究从定性描述发展到定量分析；

④在空间上从野外转入室内，在时间上从过去、现在的研究发展到在三维空间中定量预测未来。

13.4.3.2 自然保护区管理与 3S 技术

现代化自然保护区管理需要高新技术的支撑。软件开发者基于一系列对自然保护区管理问题的认识，也正在开发界面更加友好、功能更为强大、安全性更为可靠、可扩展性及移植性更加方便的集 RS、GIS、GPS 等功能为一体的软件包。同时，Geomatics 理论体系、研究方法、学科地位的建立与完善，也将有利于对瞬时信息的定性分析和空间信息的定位分析，时间信息的趋势分析以及环境信息的综合分析，从而为自然保护区的资源管理与利用提供科学的信息支持。

信息高速公路的出现，促进了网络地理信息系统（WebGIS）及虚拟地理信息系统（VRGIS）的发展。WebGIS 技术使自然保护区的管理实现开放式、现代化管理。VRGIS 使工作者以全新的思维方式和工作方法去探索现实世界的地理现象及地理过程。

RS、GIS、GPS 等研究手段和分形学、混沌学、神经网络理论等研究方法论的发展，使人们从非线性角度，从均质性和异质性、稳定性与变异性、渐变性与突变性等角度出发，用数学模型和计算机动态模拟技术，从更加量化和动态的深度去刻画和阐明区域地理要素及其综合属性和地理过程。人们对地理现象及地理过程数值模拟及定量研究的进展，使人们对资源环境问题认识更加深刻，从而更便于人们对自然资源的管理和利用。数量地理学的建立与发展为自然保护区的现代化管理挖掘了更深层次的信息，为客观、准确、高效的管理提供了保证。

13.5 新技术在自然保护区管理中的应用

新技术在现代化自然保护区管理中的应用十分广泛，并且在 3S 技术的支持下，预测技术和决策技术得到更高效的利用。如自然保护区信息系统建设中，可能需要建立蓄积量、生物量预测模型，灭火决策模型等。而这些预测、决策必须以 3S 技术为基础的信息系统作为框架，形成完整高效的体系，从而发挥其优势。

下面举例介绍新技术在自然保护区管理中的应用。

针对黑龙江省丰林国家级自然保护区的特点与保护区的管理要求，运用生态学原理与现代计算机技术，以生物多样性保护与保护区可持续管理为目标，建立基于地理信息系统技术的，具有自然环境、物种多样性、生境评价、生态系统结构与动态数据库、森林防火管理、森林资源管理等功能的管理信息系统，为保护区的管理和政策法规的制定提供理论依据与决策支持。

丰林自然保护区管理信息系统具有如下功能：

①保护区介绍　以文本文件的格式与图像相结合，详细介绍丰林自然保护区地理现状、生物资源、人口经济发展历程等方面的内容。

②保护区自然环境信息管理　主要存储与管理保护区自然地理、气候条件等方面的信息。

③保护区生物多样性信息管理　主要存储与管理保护区森林生态系统类型及其结构、动植物物种名录以及保护区标准地信息（如标准地的采集、树高和蓄积量统计等）。

④保护区森林资源管理　主要存储与管理保护区内以小斑为单元的森林资源数据域信息，还有可以预测评价森林资源空间动态的功能。

⑤保护区可持续性评价　分析与评价保护区主要生态系统类型物种多样性、生态系统服务功能等特征方面的数据与信息。

⑥保护区的森林防火　主要包括保护区各火险因子的空间分布特征评价、森林火线评价、灭火决策支持与林火蔓延模拟等功能。

⑦保护区人口经济情况　主要存储与管理保护区居民点分布及其人口数量与结构方面的数据与信息。

⑧保护区管理　主要存储与管理保护区的人事、课题、论文以及旅游等方面的数据与信息，可查询保护区各行政部门的职能、人员及其简明信息。

⑨系统管理　主要服务于信息系统自身的维护、操作记录查询等。

三江源自然保护区建立的水资源预测系统提高了三江源地区水文水资源监测能力，为准确预测三江源水资源演变奠定了重要基础，构建了三江源地区分布式水文模型，为我国高寒地区水资源模拟和预测提出了很好的借鉴。同时开发了可视化的三江源地区分布式水文模拟系统。该系统集数据管理、参数调整、结果显示以及分析预测于一体。这些基于分析预测技术的信息系统的建立对于三江源工程建设和生态环境的长期保护起到了积极作用。

自然保护区管理中的决策往往依托于信息系统的分析预测功能，针对保护区内出现的问题，制订政策，提供决策信息。

除以上技术外，用于自然保护区管理中的高新技术还有很多，如互联网技术、多媒体技术、虚拟现实技术等。这些技术都在自然保护区现代化管理中起到举足轻重的作用，为保护区的高效管理提供了有力的技术支持。

参考文献

1. 国家林业局野生动植物保护司.2001.自然保护区现代管理概论[M].北京：中国林业出版社.
2. 欧阳志云.2005.地理信息系统与自然保护区规划和管理[M].北京：化学工业出版社.
3. 张建军.2004.中国生物多样性信息管理系统(CBIMS)总体设计及应用展望[G].中国林学会年会论文集.
4. 李剑.2006.自然保护区信息管理系统功能构想与主要模块实现[D].北京林业大学硕士论文.

习 题

作业题

1. 自然资源本底信息是确定保护区位置及范围、明确保护区性质的基础，根据这些基本信息进行保护区的_____、_____、_____、_____，才能有效地发挥自然保护区的功能，保护人类赖以生存的自然资源。

2. 现代化高新技术的发展与应用为自然保护区事业的发展提供了有力的技术支撑，是自然保护区现代化管理的基础，目前在自然保护区管理中应用较多的高新技术主要包括_____、_____、_____及_____等。

3. 简述信息资源管理的基本步骤。

讨论题

讨论自然保护区信息管理系统(NRIMS)的主要功能及其应用。

思考题

结合当今高新技术的发展，探讨其在自然保护区管理中应用的前景与趋势。

第 14 章　自然保护区能力建设

本章着重介绍自然保护区三种能力的构成，我国保护区能力建设的现状、存在问题及对策，同时还将介绍自然保护区的融资机制和渠道，并附有相应的案例。

自然保护区目前正处于由数量型向质量型转变的过程中，保护区的能力建设就显得非常重要。保护区的能力建设主要包括三个方面，即社会能力、机构能力和人员能力。

14.1　自然保护区能力的构成

根据世界自然保护区委员会(WCPA)的定义，自然保护区的能力建设是指提高个人、机构和社会作为一个整体对自然保护区进行管理的能力的过程，包括：

①提高个人发现并消除威胁和把握机会的知识和技能；
②支持机构拥有充分的资源去执行保护区管理计划和实施管理战略；
③发展和完善法律政策以及促进社会对于自然保护区产生的收益及其提供的服务价值的认可。

简单地说，自然保护区的能力包括社会能力、机构能力、人员能力三方面。自然保护区的能力建设就是提高这三方面能力的过程。

14.1.1　社会能力

自然保护区的社会能力是指自然保护区管理过程中社会所提供的帮助和影响，包括与自然保护区有关的法律、法规和政策体系的建设情况，公众对自然保护区的认可和支持程度，自然保护区的资源使用者的保护意识以及当地社区参与自然保护区管理的程度等。

14.1.2　机构能力

自然保护区的机构能力是指保护区相关机构所拥有的资源和能力及发现并解决自然保护区所面临的问题和威胁的能力。机构能力涉及机构的多个方面，包括保护区体系机构的建立情况、保护区系统各部门之间的协调能力、自然保护区的管理机构建立情况以及自然保护区的基础设施建设和设备状况等。完善的管理机构和提高自然保护区机构能力是自然保护区有效管理的基本保证。

14.1.3 人员能力

人员能力是指自然保护区管理机构内人员发现和解决自然保护区面临的威胁和问题的能力。要顺利完成上级下达的工作，最重要的是发展关键岗位执行者的能力。关键岗位的执行者就是指在社会、组织、保护区体系中掌握变化的人，也就是指那些与保护区内部工作相关的人员。这些人员包括：行政领导、决策者、高级政策制定者；保护区体系管理者；单个保护区的领导、中层领导者；物种、栖息地、资源管理者；科学家、科研人员；与野生动物相关的技术领域、火灾的管理者等；执法人员；社会、宗教、本土的管理者和规划者；专职管理者和规划者；教育专家、社区发展及工作人员；讲解员、向导；通讯和信息专家；国家和地方政策制定者、分析家和提倡者；全球政策制定者、分析家和提倡者；商业管理者和经济专家；从事人事、财政、物资工作的行政人员；从事道路维修设施和基础设施的工作人员等。

东南亚联盟生物多样性保护中心于1999—2002年开展了东南亚地区生物多样性保护的国家培训项目，并开发了一个东南亚地区自然保护区的工种/职业标准。根据我国的实际情况，排除一些明显不适合我国国情的工种/职业标准后，自然保护区工种设置应包括：财务与物质资源管理、人力资源管理、员工发展与培训、项目开发与管理、对外沟通和交流、技术与信息管理、野外工作技能（巡护监测等）、自然资源评估调查、生态系统、生境与物种的保护管理、社会经济与文化评估调查、社区发展与可持续保护、保护区政策、规划与管理（研究实践）、执法、娱乐与旅游管理、公众宣传教育等。

同样，国际管护联盟对专业管护人员也提出了一套"基本通用技能"，主要涉及以下七方面的内容：①运用基本的生态、保护原则、过程来监测变化和管理保护行动；②通过解释、教育、信息服务把受众和保护区的重要性联系起来；③同相关的团体和持股者建立关系；④管理和维护基础设施技术；⑤在紧急情况下关心自己和他人；⑥编写办公室或项目管理报告，并负责相关的财务管理；⑦确保工作人员之间有很好的交流，从而维持很好的工作关系。

联合国开发计划署（UNDP）把组织、机构和社会作为一个整体，提出了一个由五项必要能力组成的能力基本框架，具体内容如下：

第一，有能力总结和说明政策、法律、战略和程序。包括分析大范围的社会条件；在给定的保护区做出长期的战略和设定目标；也包括总结广泛的部门和部门之间的政策、法律和规章制度框架及它们之间的相互协调；进一步对计划和方案进行区分、规划和阐述。

第二，执行政策、法律、战略和计划的能力。包括执行一种政策、法律、战略和计划时所需的管理能力；计划和方案编制方面的能力，如保护区体系和场所管理；动员和管理人力、财力、物质资源的能力，包括技术和装备管理。

第三，协调所有利益相关者的能力。包括动员利益相关者构建合作关系；构建政府、社会、私人部门一起工作的开展环境；利益相关者的认可和参与；管理大型集团，讨论调解利益分歧，以及建立伙伴关系和其他合作机制。

第四，调动信息和知识的能力。包括调动、获取和应用信息和知识；有效地采集、分析、归纳信息；验证问题和潜在问题的解决方法；咨询专家和同行。此外，还包括保护区管理需要的那些特定的技术能力以及使用技术和进行技术评估的能力。

第五，监测、评价、报道和学习的能力。包括计划监测、结果监测、法律课程等知识的学习和反馈、责任分配以及报道保护区的能力。

到目前为止，世界上还没有一个通用的框架对保护区到底需要什么能力进行详细说明。事实上，保护区需要和应该发展何种能力是大量的外部和内部因素综合作用的结果，例如对保护区周边社区问题处理、保护区的领导才能、保护技能和政策支持等。

14.2 中国自然保护区能力建设现状与存在的问题

14.2.1 能力建设现状

社会能力、机构能力和人员能力构成了保护区能力建设的组成部分，以下从这三个方面来剖析我国自然保护区能力建设的现状。

14.2.1.1 社会能力建设现状

我国自然保护区社会能力的建设现状可以从以下几个方面来阐述：

①中国已建成了比较齐全的自然保护区法律法规体系　自然保护区的法律法规和政策的制定及执行是自然保护区社会能力的核心。它规定了自然保护区的法律地位，为自然保护区的保护和管理提供了法律保障，也规范了自然保护区建设的活动。目前，中国已经制定了一系列与保护区相关的法律、法规、国际公约和对外规定，初步建立了比较完备的法律法规体系。

②通过政策制度、发展规划和建设工程支持自然保护区　中国政府除了通过制定法律、法规为自然保护区保护与管理提供依据以外，还通过相关的政策规定、规划和工程建设为自然保护区建设提供支持。

③公众对自然保护区的支持和认识逐步提高　随着我国自然保护区的建设，公众对自然保护区和生物多样性保护的意识也大有提高。全国已经出现了大量支持自然保护区的民间团体和非政府组织。它们为中国的自然保护区发展和生物多样性保护提供了大量的支持。有关生物多样性保护和自然保护区保护的报道在各类媒体中也频繁出现。很多高等院校还广泛开展了与自然保护区相关的科学研究。很多自然保护区，特别是国家级自然保护区建立了自己的宣教中心，向公众宣传生物多样性和生态环境保护知识。

④自然保护区自身采取了多种手段缓解保护区与周边社区的矛盾和冲突　许多保护区正在采取多种方式让社区参与保护区的建设和管理。例如，在全球环境基金（GEF）的支持下，我国引入了自然保护区社区共管的理念和方法。一些保护区也在政府和非政府组织的支持下积极开展了各种形式的保护区—社区共管探索，且取得了一定的成绩。

14.2.1.2 机构能力建设

保护区的机构能力建设情况可以从我国保护区的管理体系、保护区的人员配备、基础设施建设情况这几个方面来进行阐述。

（1）中国自然保护区行政管理体系现状

根据第3章的介绍，我国自然保护区的行政管理体系现状为综合管理和分部门管理相结合。国务院环境保护行政主管部门负责全国自然保护区的综合管理，林业、农业、地质矿产、水利、海洋等各相关行政主管部门在各自的职责范围内主管相关类型的自然保护区。

(2) **单个自然保护区管理机构建设情况**

据统计，截至2005年底，全国的2 349个自然保护区中，有1 398个自然保护区建立了专门的管理机构，占保护区总数的59.5%。另外361个自然保护区没有专门的管理机构但配有专门管理人员，占保护区总数的15.4%，这个数字与我国保护区的发展速度与规模相比是远远不够的。

(3) **自然保护区基础设施和设备情况**

我国的自然保护区基础设施建设资金主要分为3个来源：一是中央政府的拨款；二是地方政府的拨款；三是国际组织和非政府组织对于自然保护区基本建设和设备的投资，主要针对一些生物多样性保护热点地区的保护区。

近年来，随着经济的快速发展，我国的财力有了很大提高，对自然保护区的投入也快速增加。自2001年组织实施"全国野生动植物保护及自然保护区建设工程"以来，中央对野生动植物保护和自然保护区建设的投资逐年加大，由"九五"期间每年的2000万元增加到现在的每年约5亿元，使80%以上的国家级自然保护区完成了一期基本建设项目，有些国家级自然保护区正在进行二、三期建设。自然保护区的基础设施和设备相比以前有了较大的改善。地方政府和国际组织及非政府组织也进行了相应的投资。但一些级别低的保护区，尤其是地县级保护区在道路交通、通信供电、给排水等基础设施方面仍然较差，相关的监测设备仪器严重缺乏。

14.2.1.3 人员能力建设

自然保护区的人员能力主要包括保护区机构中人员的数量、管理人员的技能以及管理人员对待自然保护区保护工作的态度等。自然保护区的管理最终是由人来完成和实现的，这部分能力与实现自然保护区的科学管理和提高管理信度和效度有着直接的联系。

我国的保护区管理人员数量相对不足，与现有保护区的面积不成比例，而且由于保护工作条件艰苦、待遇不高，很难吸引高素质人才。截至2005年年底，我国有1 759个自然保护区配备了专门的管理人员。这些自然保护区共有管理人员38 143个，平均每个自然保护区21.7个。其中，国家级自然保护区共有管理人员13 276个，平均每个保护区55.1人。

另外，我国保护区人员的素质总体偏低。在保护区的人员结构中，生态、环保、动植物保护、管理等专业人员的比例偏少，相当一部分国家级保护区没有自主科研和监测的能力，一些保护区本底调查的数据也不完善。人员能力是我国自然保护区面临的主要问题之一，如不予重视，将严重制约保护区的发展建设。

14.2.2 能力建设存在的问题

虽然我国自然保护区建设近年来取得了一定的成就，在很多方面都有不俗的表现，但由于长期以来投入不足，导致保护区的现有建设条件难以与自然保护区的发展速度和需求相适应。以下从能力的三个方面来剖析自然保护区能力建设中存在的问题。

14.2.2.1 社会能力问题

(1) **现有的自然保护区法律体系不能满足管理的需要**

我国现有自然保护区法律体系不能满足管理的需要。由于我国正处于社会经济的转型阶段，社会经济变化非常快，我国的自然保护区相关的法律法规大都是在计划经济占主导的条件下制定实施的，很多条款和规定已经不符合当前社会经济发展的需求，需要进一步改进和完善。其主要表现在：

① 立法效力层级低，已不适应我国保护区发展建设需要；

②《中华人民共和国自然保护区条例》的部分内容已经不适应形势的发展。例如条例以生物多样性保护为出发点，强调严格保护，而忽略了当地社区的利益等；

③ 现行法规之间存在冲突。例如《中华人民共和国自然保护区条例》中规定的核心区、缓冲区和实验区中，均不允许进行农业生产，而《中华人民共和国农村土地承包法》规定村民有权使用所承包的集体土地，这样就造成了法律上的冲突。

(2) 土地的权属存在问题

我国自然保护区的土地权属冲突比较普遍。土地的权属问题是自然保护区管理的核心问题。我国的农村土地可分为国有土地和农村集体土地。自然保护区大部分是建立在国有土地上的，但也有相当一部分建在农村集体土地上。在一项对 165 个林业系统国家级自然保护区的调查分析中发现：自然保护区集体土地面积占总面积的 26.1%，也就是说超过四分之一的自然保护区是集体土地。

从土地使用权的角度来考察，自然保护区面临比较严重的土地权属方面的问题。根据对我国林业系统中的 1 233 个自然保护区进行的分析发现，有近 80% 的自然保护区存在着土地使用权方面的困扰。这也是我国要加强自然保护区立法和自然保护区土地权属管理的重要原因之一。

土地权属问题和有关的土地争端已经给自然保护区的管理带来了不利因素，成为影响自然保护区有效管理的一个重要阻碍。土地权属问题对自然保护区的困扰主要表现在以下几方面：第一，自然保护区是建立在国有土地上，土地权属明晰，不存在土地所有权的冲突问题。但自然保护区内的野生动植物会迁徙出自然保护区损坏周边社区的作物，从而产生冲突。这是在很多自然保护区都会遇到的问题，特别是在野生动物数量恢复和增长较快的地区，问题比较严重；第二，自然保护区全部或部分建立在集体土地上，土地权属明晰。但是建立自然保护区后，为了保护区的需要，会限制农民使用土地，这造成农民对自然保护区的不满。这是每一个使用集体土地的自然保护区都会遇到的问题；第三，自然保护区建立在国有或集体土地上，但保护区与周边社区存在有关土地权属的纠纷，从而影响保护区的管理。这种情况在很多自然保护区都会遇到。

(3) 生物多样性保护与发展的冲突严重

我国目前普遍存在以追求经济增长为主要目标的发展模式，具体而言就是以追求 GDP 增长为目标。在追求经济增长的过程中，生态环境保护(包括生物多样性保护)往往被视为经济增长的阻碍，在很多地方得不到当地政府的重视。一些地方政府建立自然保护区的目标主要是着眼于旅游开发而非生态环境保护。这些自然保护区的建立，有些本身就是对生物多样性的破坏，更不用说保护。目前这种经济增长优先的意识在我国还比较普遍，特别是在以 GDP 增长作为政绩考核重要标准的地区更为严重。这种意识严重阻碍了自然保护区的发展建设和管理能力的提高。

14.2.2.2 机构能力问题

(1) 自然保护区机构建设不足且分布不平衡

到 2005 年年底，我国还有超过 40% 的自然保护区没有建立保护区管理机构。并且近年来，自然保护区数量增长较快，一些新建立的自然保护区还没有及时成立管理机构。未成立专门的管理机构的新建自然保护区往往由当地的林业局、林场或其他部门管理代管。

(2) 自然保护区管理能力不足

我国保护区数量上的快速发展与实施有效管理所需要的能力之间的差距也逐渐扩大。缺乏管理机构、缺少管理人员、管理制度不健全等问题越来越突出地制约着我国自然保护区事业的发展。2003年以后新建立的自然保护区的管理机构和专门人员较少，导致了自然保护区平均管理人员数量下降。在有管理机构并配备了专门管理人员的保护区中，平均每个自然保护区仅有管理人员21.7个，平均每个管理人员要负责2 339.1 hm^2。在保护区资金和融资渠道的背景下，几乎所有的保护区都没有人力资源发展计划，这一现状将对我国保护区今后很长一段时间内管理水平的提高产生深远的影响。

(3) 部门之间缺乏协调

目前我国的自然保护区管理体制是综合管理和部门管理相结合的管理体制。对于每一个特定的保护区而言，保护区有相应的主管部门，而保护区内不同的资源又分属不同的主管部门管理。作为综合管理主要部门的环保部门缺乏与各专业部门之间的协作。环保部门在地方一级缺乏人员和经费支持。一些部门如林业部门有包括森林公安在内完整的管理和保护体系，对自然保护区的影响力远远超过环保部门。部门与部门之间缺乏基本的交流沟通，没有协作配合，往往互相争取利益，推脱困难，使得保护区的管理混乱，难以发展。

(4) 自然保护区内部组织结构和职业设置不完善

一般来说保护区内部组织设置应包括办公室、保护科、财务科、科研科和管理科等部门。但是目前我国自然保护区的内部机构设置没有一个统一标准，各个自然保护区设置的部门也不统一，很多保护区的部门设置不完整，往往只有办公室和财务科，没有保护、科研和宣教等重要的业务科室。有些保护区虽然设置了不同的科室，但是各科室的职责不清楚，从而影响管理的效果。由于目前自然保护区的机构人员数量不足，特别是在一线从事保护工作的人员不足，影响了实际的保护效率。

我国50%以上的自然保护区对自身所需要的职业设置不清楚，更不知道如何根据自身的实际情况设置具体工种。即使是在工种设置相对比较完善的自然保护区，许多重要的工种（例如员工培训与发展、对外宣传教育、社会文化评估、项目开发与管理、信息管理与利用等）空缺或被忽略；同时，不少预警设置的工种所发挥的作用也不是非常有效。例如，人力资源管理更多还是停留在人事的进出管理上而没有包括人力资源开发，更没有制订有关自然保护区人力资源开发和建设的体系和计划。

(5) 缺乏适当的基础设施和设备

虽然我国近年来加大了对自然保护区的投入，但是大部分投入都落在个别的重点保护区项目上，特别是基础设施投入主要集中于国家级自然保护区。与之形成对比的是其他保护区的硬件设施严重不足，一部分地方级自然保护区科研和监测的设备还未配备齐全。

基础设施和设备缺乏的根源来自于现行的保护区投资体制。中央政府在把责任委托给地方政府时，没有足够的经费投入。多数地方政府不能保证对自然保护区最基本的投入。那些地处贫困边远地区的自然保护区处境更加困难。据估算，一个保护区一般需要长达10年左右或更长的时间才能完成最起码的基本建设。对于国家级自然保护区，因为有中央政府的专项资金投入，基础设施建设还相对较快的情况下，基础设施和设备尚且不足，更别提那些没有资金投入的自然保护区了。在这样的情况下，自然保护区难以真正发挥其职能。

14.2.2.3 人员能力问题

我国自然保护区大多位于偏远地区，很多自然保护区是由原来的采伐林场转制而成。保护区不仅在人员数量上难以满足管理需求，而且专业技术人员也远远达不到预期要求。现有管理人员缺乏相应的技能、学历低、经验不足和没有相应的培训是制约自然保护区管理有效性的重要因素。

(1) 人员数量不足

目前我国自然保护区的工作人员总体数量不能满足实际工作的需要，而且其中正式职工的数量不到50%，兼职职工和临时工占据保护区工作人员总数的一半以上。国家级自然保护区平均有管理人员55.1人，省级自然保护区平均有管理人员21.3人，县级自然保护区平均有管理人员11.2人。人手不足，专业水平偏低给管理人员的实际工作带来了很大的困难。

(2) 人员素质不适应保护区管理

截至2005年底，全国自然保护区中有专门管理人员的自然保护区中，每个保护区平均有专业管理人员6.6人，专业管理人员占管理人员的30.5%。其中，平均每个国家级保护区专业技术人员15.2人，占管理人员总数的30.7%。我国自然保护区管理人员主要还是由高中以下学历的人员组成的。大部分员工缺乏自然保护区保护与管理方面的知识背景和工作经验。

(3) 人员培训不足

培训工作对于职工知识更新、增加专业技能和提高管理水平至关重要。目前来看，受训人员比例依然非常低，保护区相当多的人员没有机会参加相关培训工作。这在很大程度上影响了保护区管理人员整体素质水平的提高和知识能力的改善。

14.3 中国自然保护区能力建设的对策

我国自然保护区能力建设虽然已经得到重视，但与我国自然保护区的发展目标还存在较大的差距，还不能满足实现自然保护区有效管理的要求，亟待加强建设。保护区能力建设，需要在评估的基础上确定自然保护区建设的优先领域。提高自然保护区能力建设的优先标准有两个：①明确提高能力建设的重要性；②确定提高能力的可行性。对于第一个标准，主要看哪些指标与自然保护区管理的要求差距比较大而成为制约自然保护区管理有效性提高的因素；第二个标准就是要看哪些措施是可行的。需考虑的因素包括可以实施的基础、实施的成本、可用的资金等。对照重要性和可行性这两个标准，可以寻找出优先领域，并提出相应的对策。

14.3.1 社会能力建设对策

14.3.1.1 完善法律法规，提高执法能力

目前的《中华人民共和国自然保护区条例》已经不适应自然保护区管理的需要。新的

保护区法律不仅在法律效力层级上要高于《中华人民共和国自然保护区条例》，而且在其内容上也要拓宽自然保护区的保护范畴及自然保护的目标，要关注自然保护区内外的居民情况；要展现更大的灵活性，对于不同类型和不同区域的保护区要体现管理上的差异性；资金是保护区有效性管理的基础，在法律中对于保护区的资金来源要有更明确、更具体的规定，以便于实际操作。除了完善立法，还需要提高执法能力，改善社会对自然保护区的认识，利用社会的力量，提高自然保护区的保护效果。

14.3.1.2 解决土地权属等冲突问题

我国的自然保护区很大一部分是建立在集体土地上的，解决土地权属冲突对于改善自然保护区的管理有效性就更为重要。探索解决途径，促进保护区与其他利益相关者的和谐，解决保护区与周边社区、地方机构存在的土地、资源、基础设施的权属冲突，增强管理能力，需要做到以下几个方面：

①进行保护边界勘查，明确保护区的边界；
②对于保护区的边界进行立标定界工作；
③通过协商、置换和购买的方式，获得自然保护区核心区的土地使用权；
④建立利益分享机制，解决自然保护区土地资源的收益；
⑤进行生态补偿，解决集体土地的权属问题；
⑥进行示范，形成不同的土地管理制度。

14.3.1.3 加强公众宣传教育、建立社区共管示范

公众教育是提高自然保护区社会能力的重要手段。在我国的自然保护区宣传不足的情况下，保护区建设与发展更需要得到社会的理解和支持。因此，加强公众宣传教育是非常重要的。改善保护区管理的外部环境，加强保护区作用和效益的宣传，让社会公众了解自然保护区；通过进行自然保护区与社区共管示范，探索自然保护区管理的新模式，提高自然保护区的管理有效性。

14.3.2 机构能力建设对策

14.3.2.1 完善机构，设置协调部门机制

现有的自然保护区内部部门设置不合理，职责不明晰，需要理顺。争取通过10年时间的建设，确保所有的自然保护区都有专门的管理机构进行管理。对于国家级自然保护区，要建成人员比较充分、保护区部门设置比较合理、职责比较明确的保护区管理机构。对于省级自然保护区，要确保有一个较强管理能力的自然保护区管理机构。确保所有自然保护区都建立独立的专门管理机构。

以森林类型的保护区为例，国家级的自然保护区应当由国家委托省(自治区、直辖市)人民政府来直接管理，省级林业(农林)厅(局)作为具体管理的部门。国家级自然保护区应该建立精干的县处级管理机构(管理局或管理处)；人员编制可视各地的实际情况，根据自然保护区的地理环境、林地面积、人口密度等因素综合加以考虑，其护林员人数一般以人均管护林地面积$150\sim200\ hm^2$为宜，并且以护林员人数的15%，来确定管理人员。省级及以下的自然保护区由省自然保护区管理部门参照这一标准，确定其管理机制、机构及其人员编制。同时，对于多头管理、机构重叠的保护区，应进行整合，由一个主管部门对保护区进行统一的管理。

14.3.2.2 加强自然保护区基础设施建设、改善现有设备

保护区管理部门的基础设施是保护区管理能力的保障和基础，必须加以完善。目前基础设施建设是自然保护区建设的薄弱环节，国家有关部门必须加大投入力度，加快自然保护区的基础设施建设和设备的购置，尤其是要加强自然保护区的监测和巡护设备的完善。

通过建设，改善自然保护区的基础设施条件，改善自然保护区的办公条件，加强自然保护区的保护能力。对于国家级自然保护区，除了有较好的办公用房，较好的办公设备和野外巡护的车辆等设备外，还要有一定的用于资源监测和进行适当科学研究的设备，有用于宣传教育的设施和设备；对于地方级自然保护区，主要优先建设办公用房、办公设备、野外巡护和保护的设施和设备。目前保护区亟需要解决的基础建设主要项目是：自然保护区管理处（局）的办公用房；计算机、传真机等必要的办公设施；保护站点的房屋、道路、通电、通讯设施等的建设；防火瞭望台修建，防火器材设备和巡察车辆的购置等。

14.3.2.3 提高生物多样性管护能力

生物多样性管护具有很强的专业性，对于从业人员的知识和技能有特定的要求。但目前我国的自然保护区的管理人员总体上素质还达不到有效管护的要求。很多自然保护区在生物多样性管理上能力不足，没有开展有针对性的巡护与监测工作，对于自然保护区的生物多样性的本底不清楚，没有制订适当的管理计划等。这严重影响了自然保护区功能的发挥，也不利于自然保护目标的实现。

要对自然保护区的管理有效性进行定期的评估，并把这种评估作为改善自然保护区管理的基础。在自然保护区内开展生物多样性巡护和监测，对重点保护物种的栖息地/生长地的状况要进行有计划的调查。加强人才培养，通过在高等院校设置相关课程增加自然保护区管理人才的培养。在引进自然保护区人员时，提高相关的技能要求。要在自然保护区，尤其是在国家级自然保护区建立相关的机构，保证人员编制，使自然保护区的建设真正以生物多样性保护为核心。在编制预算时，要保证生物多样性巡护与监测方面的工作需求。在全国范围内开展生物多样性巡护与监测方面的试点工作，并最终确定一套工作指南和工作手册。试点进行自然保护区的管理效果评估，并形成一套适合中国国情的评估方法。

14.3.3 人员能力建设对策

与自然保护区员工培训相对应的就是保护区的岗位认证，这可以使自然保护区的管理工作更加规范化和制度化，也对自然保护区的人员招聘和培训有极大帮助。加强保护区管理人员的管理能力，提高职员专业技能，初步建成我国保护区培训网络；编写保护区培训教材，形成一套保护区管理人员的培训制度以及规范工作岗位的职责、素质和技能的详细要求和规范，便于自然保护区进行科学和规范的管理。

对于我国自然保护区来讲，员工培训的短期目标是编写一套符合我国实际要求的自然保护区技能培训教材，保证国家级自然保护区的所有人员每年都有机会得到至少一次的培训；省级及以下自然保护区的主要岗位的人员也能得到相应的培训机会。国家还应制订一套自然保护区主要岗位的职责标准（职责描述、身体素质、学历水平、专业背景和技能要求），并用于国家级保护区新进人员的招聘、培训计划的制订和培训教材的编写。

建立全国性的保护区培训中心，完善专门针对自然保护区新任领导和新进人员的"上岗培训"体系，对现有的国家级保护区主要管理人员和在职人员进行全面培训，避免自然

保护区频繁出现因领导更换而产生目标"漂移"甚至脱离保护区原定管理目标的现象。总结现有的巡护员岗位编制的经验，初步确定自然保护区主要岗位的职责；对于国家级保护区新进人员采用岗位职责描述的方式进行招募和制订培训计划。

对我国自然保护区来讲，员工培训的长期目标是进一步提高自然保护区管理和科研人员的能力水平，建立健全自然保护区培训管理和实施体系。通过开展有效的、持续的培训工作，全面提高自然保护区培训规范化和科学化水平，使自然保护区管理工作步入正轨；制定一套保护区岗位职责标准，为自然保护区的人员招募、培训、职务晋升和薪酬确定提供依据；还需要对所有省级及省级以上自然保护区员工实行岗位认证，便于对自然保护区进行科学和规范的管理。

14.4 自然保护区的融资

14.4.1 自然保护区资金现状及筹资机制

本节将主要介绍我国自然保护区的资金现状及筹资机制，并将其与国外保护区的情况作比较，来分析其中的差异和存在的问题。

14.4.1.1 资金现状

我国的保护区在经费来源上与国外保护区有着很大的差别，国外的大部分保护区是国立的，主要以国家公园的形式存在，经费由中央（联邦）政府拨款。拨款一般包括保护区的建设费用和运行费用，人员的薪金以及保护区周边社区居民和地方政府因建立保护区而损失的收益的补偿，保护区与周边社区的发展项目等费用。我国各级保护区的员工薪金均由地方政府承担，保护区对造成周边社区经济损失的补偿费用也是由保护区所在的地方政府承担。

事实上，虽然在《中华人民共和国野生动物保护法》（1988年）第十四条规定了"因保护国家和地方重点保护野生动物，造成农作物或者其他损失的，由当地政府给予补偿。补偿办法由省、自治区、直辖市政府制定"，但是由于缺乏明确具体的补偿规定和易于操作的执行方法，并且大部分自然保护区所在地的地方政府财政较为紧张，保护区在成立发展过程中对当地人身财产造成的损失很多都没有作出任何补偿。

国家各级财政仅承担国家级保护区的部分基础设施建设费用和保护区工作人员的基本工资，对开展正常的保护工作所必须的巡护、保护、动物救护、科研、宣教、社区投资、补偿没有专门的拨款项目，在这方面也没有相应的法律制度做保障；国家或地方政府对自然保护区现有的财政拨款也缺乏有关的法律或制度、政策上的保障，主要受各级政府当年的财政收支状况、主要领导人对保护工作的重视程度和保护区领导人的能力影响，拨款数额不稳定，年际变化较大。这是我国许多地方级保护区虽然建立，但是没有成立专门的保护机构，或者建立了专门的保护管理机构，却不能开展正常的保护工作的重要原因。自然保护区的各级行政主管部门往往是从其他方面的经费中挤出一部分用于自然保护区的相关投资。各级政府的拨款只能满足自然保护区基本的基础设施建设、少量工作人员工资和办公事业经费，能供正常开展的基本保护工作如巡护、动物救护、科研等项目资金非常匮乏，很多正常的工作无法进行，导致保护管理水平和保护效果都很低。

14.4.1.2 筹资机制

从筹资而言，我国的自然保护区通常有三条渠道：财政渠道、社会渠道和市场渠道（包括经营渠道和收费渠道）。然而，目前我国的保护区资金机制存在以下三方面突出问题：财政渠道供给总量不足、其他资金渠道不畅；资金支出结构不合理；资金使用效率不高。因为从资金数量上看，我国自然保护区融资以财政渠道为主，市场渠道中的经营渠道为辅，其他渠道只能起补充作用。从市场渠道上看，经营渠道一直是我国保护区管理机构重要的资金来源，对于级别较低（市县级）的保护区，这甚至是资金来源的主渠道。财政渠道的"不保"和经营渠道的"无序"，我国保护区的筹资机制面临的这两大难点，又让经营渠道备受争议。"不保"是指财政经费不能满足保护区建设和管理的基本需要且没有被列入各级政府的经常性财政预算；"无序"是指保护区在经营中缺少规范，普遍出现经营影响保护或经营所得不主要用于保护的局面。

我国保护区筹资机制目前的状况是财政体制中财权、事权划分不当，使保护区财政渠道筹资总量不足且无保障；管理单位体制不适，使保护区管理机构用资随意；社会力量参与机制不畅，使保护区资金来源匮乏。中国保护区的这种资金机制与美国等发达国家和印度尼西亚等发展中国家都存在区别。由于政治体制原因，这种资金渠道的差别也更多地体现在中央和地方政府投资力度的差别上。国家"十五"期间，随着国家的重视程度和中央财力的提高，我国中央政府对保护区的投资力度大大增强，企业公益性捐赠的政策也有所改善。可以预料，未来我国保护区的资金机制会逐渐向美国国家公园的资金机制类型的方向发展，我们有望看到保护区资金筹建机制的日趋成熟和规范。

14.4.2 自然保护区的融资渠道

与诸多发达国家保护地的情况相比，我国自然保护区的筹资机制较为复杂且不规范。

我国的公益性社会事业的资金来源有财政、社会和市场三条渠道。由于我国的自然保护区建设和管理属于公办社会事业，其管理机构全部属于事业单位，因此仅从《自然保护区条例》（1994年颁布）和《事业单位登记管理暂行条例》（1998年颁布）来看，其资金来源从来都是明确的：以财政渠道为主，社会渠道和市场渠道为辅。现实中的情况也是：从资金数量上看，以财政渠道为主，市场渠道中的经营渠道为辅，其他渠道只能起补充作用。具体如表14-1所示。

表14-1　中国保护区的筹资渠道构成

筹资渠道	具体内容
财政渠道：各级政府财政投资（资金数量上的主渠道）	①本级财政经常性预算（对中央政府就是国家预算内基本建设资金） ②上级财政一般性转移支付* ③国债资金 ④中央财政专项资金（包括各部委的专项资金、扶贫、以工代赈和农业综合开发资金等）** ⑤地方政府项目投入及中央政府项目配套资金 ⑥专项基金（如森林生态效益补偿基金等） ⑦贴息贷款（目前的保护区建设和管理中暂没有）

(续)

筹资渠道	具体内容
市场渠道：经营渠道和收费渠道（经营渠道是第二位渠道）	保护区自身开展经营创收活动和有关服务收费
	营利性社会力量通过特许或承包经营等方式直接或与保护区管理局（包括利用商业贷款）共同开展经营创收活动
社会渠道（尚未形成规模的补充渠道）	各种形式的公益捐赠

注：* 即中央政府划给地方政府由其统筹安排（没有指定用途、配套资金等限制条件）的财政资金，通常特指其中的非税收返还部分。

** 从财政学观点来看，这种项目投入对地方政府来说属于专项转移支付，即按照上级政府决策的分配方案将资金拨付到下级财政。

14.4.2.1 财政渠道

开展"十五"规划（2001—2005 年）以前，地方政府（主要是省级政府）的本级财政项目投入及经常性预算是我国各级保护区管理机构（包括国家级）主要的资金来源，这是由我国保护区的管理单位体制决定的。我国的保护区从名义级别上分为国家级和地方级两级。地方各级自然保护区的机构设置和人、财、物等资源调配由县级以上的同级地方政府负责。尽管国家级保护区设立时需要国务院批准，但日常管理上绝大多数仍交由地方代管，所需经费也主要来自地方政府财政资金。这样，长期以来，我国各级保护区管理机构的经费开支主要由与保护区级别相应的地方政府提供，只有部分国家级保护区能申请到少量由其中央政府行业主管部门提供的基础设施建设费用补助及专项经费（属于项目投入，由中央财政出资）。在财政渠道中，基本体现了"投资力度与保护区重要性相对应"的原则。"十五"发展期间，这种情况逐渐发生了改变。中央财政资金（包括国债和项目投入等）在保护区管理机构的资金来源中所占比例显著增大，至"十五"末期已经成为保护区建设和管理的主要资金来源。国债投入目前是保护区投资的最大来源，而项目投入中所占比例最大的是国家重点生态建设工程投资，包括"全国野生动植物保护及自然保护区建设工程"和"天然林保护工程"。2001 年国务院批准了林业系统编制的"全国野生动植物保护及自然保护区建设工程规划"。其后，中央财政按照规划开始了"全国野生动植物保护及自然保护区建设工程"投资。截至 2005 年，已完成投资约 9.54 亿元。天然林保护工程区内的自然保护区还有一定数量的国家投入和地方配套资金。另外，专项基金的投入也在增加，大部分国家级自然保护区纳入了国家重点生态公益林补助资金试点范围。

在政府投资中，国家可以采取通过征收税费、对保护区的捐助和资助免税、设立国家环境基金、国家和地方发行保护彩票、生态效益补偿、积极争取多边机构的捐资等方式来筹集资金。

14.4.2.2 社会渠道

社会渠道一般指用于保护区的直接捐助或间接捐助（如环境彩票）资金来源，也包括非营利社会力量（NGO）在人力物力上的投入。在发达国家的保护区资金来源中，社会渠道是可以与政府财政拨款相提并论的主流渠道，例如美国国家公园的经费中有约 20% 来自各种社会捐助。而在我国，由于发展阶段的差距、社会捐助制度的匮乏以及大众传媒和环境 NGO 的弱小、不受重视，这条渠道亟待成型。

目前，我国的社会渠道资金渠道的主要来源仍然是国际援助。中国是全球环境基金（GEF）援助项目最多的国家，迄今已在近40个保护区进行了 GEF 援助建立社区共管共利机制的项目，与世界自然基金会（WWF）、国际鹤类基金会（ICF）、保护国际（CI）、英国野生动植物保护国际（FFI）、美国大自然保护协会（TNC）等国际环境非政府组织也有良好合作关系。然而，这些经费常常为一次性或非常规的经费，只能不定期地支持我国一些大型和较高级别的保护区，其数量在保护区资金渠道中所占比例也比许多国家都低。从我国自身的财政状况、所处的国际环境和我国在全球生态分工中的地位来看，继续拓展国际援助渠道仍是必要的。

目前社会渠道的资金除了来自国际援助，还可以来自企业捐助、向私人募捐、单位捐款等。

14.4.2.3 市场渠道

对发展中国家来说，在财政渠道和社会渠道资金不足的情况下，市场渠道，一般包括收费渠道和经营渠道，是必不可少的补充。

（1）收费渠道

收费渠道指由中央或地方政府向受益于自然保护区的单位、个人征缴一定量的税、费，然后再根据具体情况补助保护区的有关利益方。我国已经建立了"谁污染谁治理"制度，并逐渐发展到"谁污染谁付费"乃至"谁治理谁收费"，这项政策保障了各类环境保护活动的资金来源。保护区的收费渠道本质来看就属于"谁治理谁收费"。从经济学角度而言，保护区的收费渠道是一种将纯公共物品（pure public goods）和共同资源（common resources）转变为俱乐部物品（club goods）的排他性（excludability）制度安排。考虑到国力不足，在保护区提供的公共物品（服务）中能够用排他性技术分离的都应将其由纯公共物品转化为俱乐部物品，通过收费渠道获得资金。例如，凡受益于各类防护林和特种用途林或依靠这些森林资源从事各项生产经营活动的单位和个人，均属被征收对象，都必须缴纳森林生态效益补助费。但是，目前这条渠道的障碍是明显的：由于水土保持、水源涵养、旅游等功能形成的价值相对目前各产业部门的资源现价来说仍然过高，且基本没有在现行税收政策和会计制度中形成将这种缴费成本化的机制，可能需要有一个相当长的时间才可能普遍形成这样一种付费体制（例如1996年的财政部财综字32号文件曾对风景名胜区、水电站缴纳生态效益补偿费做出规定，结果因为有关部门抵制没有实施）。换言之，在一个较长的时期内，这条筹资渠道事实上对大多数保护区而言不存在。

（2）经营渠道

经营渠道包括内部、外部两方面：内是指保护区以自有资金开展经营活动并将收入用于保护区管理；外是指营利性社会力量以投资方式在保护区范围内开展或参与开展经营活动并将部分收入交给保护区管理机构反哺保护。

内部经营渠道一直是我国保护区管理机构重要的资金来源，对于级别较低的保护区，这甚至是资金来源的主渠道。长期以来，由于经费匮乏，我国的自然保护区在做好资源保护的同时，也在实验区积极开展种植养殖、生态旅游及其他多种经营活动。这在相当程度上弥补了财政渠道经费的不足，并带动了周边社区产业结构调整和增加居民收入。如九寨沟国家级自然保护区年游客量达201万人次，经营总收入5.5亿元，已成为当地取代伐木业的主要经济来源；福建武夷山国家级自然保护区利用自身独特的资源优势，利用保护区

5%的土地面积大力发展毛竹、茶叶等产业，有效地保护了95%保护区面积和生物多样性，并促进了地方经济的发展，使区内群众的收入远远高于保护区外。但这条渠道的规模受限于自然条件和市场条件，同时需要有严格的制度保证以控制保护区管理机构实施参与的范围及其获得的资金总量，否则易于让保护区管理机构行为目标偏离其主要职能——保护。我国有一部分自然保护区就是因为经营开发过度或无序发展导致了保护区保护职能的失效。

随着市场化的深入，保护区的外部经营渠道也在不断拓展。从经济学角度看来，生态保护与建设通常分为两种：一种是生态效益与经济效益难以兼得，另一种是生态效益与经济效益互相促进。对于后一种，就可以通过产业、信贷、税收等方面的优惠政策扶持吸引营利性社会力量投资参与保护区的经营活动，在产业发展的过程中兼顾生态效益。1990年代以来，我国有一些保护区引入外来资金，开展了类似特许经营（concession）的活动，有的保护区已经取得了较好效果。但这条渠道涉及更多利益相关方，处理保护和开发的关系难度较大，亟待出台有关法规加以规范。

【案例14-1】

北京市自然保护区投资情况

根据对2005年北京市13个保护区的初步调查结果显示：有3个自然保护区完全没有国家或市政府财政的直接投资；其他的几个保护区自筹资金也占有相当大的比例；仅3个自然保护区有比较固定的资金来源。北京市自然保护区资金投入与基础设施建设水平都远远满足不了自然保护区正常发展的需求。北京市自然保护区基本建设资金来源结构中，中央及地方财政投入比重仅占8%，不足全国平均水平41%的1/5；林业部门投入比重只有9%，相当于全国平均水平18%的1/2；而83%的基建资金来源于旅游等其他开发性项目，相当于全国平均水平41%的2倍。北京市各级保护区基本未获得过任何国际组织、国内企事业单位和社会公众的个人捐赠。另外，目前北京市各级财政对保护区各类基本建设为数不多的投资拨款中，还有一部分是进行旅游开发的资金。

【案例14-2】

五个自然保护区2000年投资情况

从表14-2中可以看出周至、神农架、八大公山、西双版纳、太白山五个国家级自然保护区2000年经费收入情况。整体来看，国家、省、地市县拨款的份额在这些保护区都呈现很大差异，同属于陕西省的周至和太白山保护区经费来源也有差异，周至保护区主要依赖地市县拨款，而太白山保护区主要依赖省政府财政拨款。五个保护区的创收能力也只有神农架保护区较高。

表 14-2 五个国家级自然保护区 2000 年经费收入情况（单位：万元）

单位	合计	国家拨款	省拨款	地市县拨款	其他渠道	创收 合计	创收 旅游
陕西周至	250	40	—	120	90	4	2
湖北神农架	575	150	230	25	—	170	150
湖南八大公山	230	100	20	50	60	—	—
云南西双版纳	571.5	—	551.5	20			
陕西太白山	223.5	60	160.5	—		3	2

（引自 国家林业局野生动植物保护司，2003）

参考文献

1. 国家林业局世界银行贷款项目管理中心．2009．自然保护区管理手册[M]．北京：中国环境科学出版社．
2. 国家林业局野生动植物保护司．2003．中国自然保护区政策研究[M]．北京：中国林业出版社．
3. 蔡珍，聂华．2007．北京市自然保护区资金投入与基本建设研究[J]．林业调查规划，32（5）：55－58．
4. 邓维杰，李晟．2004．中国自然保护区能力建设调查报告[M]//解焱，汪松．中国的保护地．北京：清华大学出版社．

习 题

作业题

1. 自然保护区的能力是由＿＿＿＿、＿＿＿＿、＿＿＿＿三个方面的能力构成。
2. 构成自然保护区能力的三个方面能力分别如何定义？
3. 自然保护区的人员能力建设的对象包括哪些？

讨论题

中国自然保护区的能力建设存在哪些问题，这些问题应该如何解决？

思考题

适合我国自然保护区发展的主要融资渠道是什么？

实验一 自然保护区管理计划的编写

一、目的和意义

自然保护区管理计划是指导自然保护区开展科学管理的重要文件。任何一个自然保护区都必须制订管理计划，建立实施、监测与调整管理计划的机制。管理计划是衡量一个自然保护区管理水平好坏的重要标志，是科学化、正规化管理的需要。制订管理计划的过程既是发现问题、寻求解决问题的方法的过程，又是培训自然保护区工作人员的过程。本实验的主要学习目的是了解什么是管理计划、制订管理计划的重要性以及管理计划制订的步骤。

自然保护区的管理涉及内容庞杂，在具体实施时需要科学合理的计划做指导。管理计划是自然保护区开展管理工作的根本依据，是自然保护区实施管理的行动方案、行动纲领。自然保护区资源的保护、管理和利用，以及人力、物力和财力的组织调控等，都需要管理计划的指导。一本科学合理的保护区管理计划，可以使保护区管理人员明确每一个时期的中心任务和工作重点，明确保护区管理工作的具体任务和要求；可以通过规定各项工作的时间表，有效调节工作进度；可以使工作实施的单位、个人以及地点、场所和环境等进行科学调配。总之，管理计划的编制水平是衡量一个自然保护区管理机构工作水平和管理现状的重要依据。

二、编写内容

总的来说，自然保护区管理计划主要包括保护区基本情况描述、分析和评价、管理措施和行动以及行动计划和资金预算4个内容，它们之间的关系如图实-1。

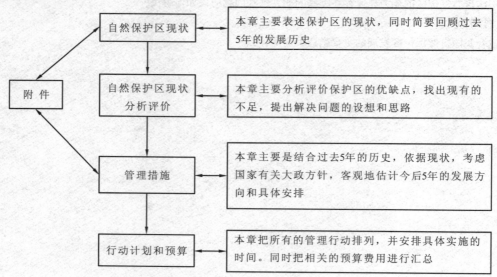

图实-1　保护区管理计划主要内容及附件间的关系图

自然保护区管理计划编写大纲主要包括以下几部分：

（一）执行概要

本部分主要让读者能在较短的时间内对管理计划的关键内容有一个清晰的了解。主要内容有：自然保护区基本情况、主要保护对象、重要意义、多年来取得的成果和目前面临的困难以及受到的制约因素；预计克服的困难，拟采取的措施，需要提供哪些必要的基本条件；实施期限，资金需求、来源以及筹集办法等。一般来说，管理计划执行概要的文字在 3 000~5 000 字之间。

（二）前言

一般包括三部分：第一部分，简述编写本管理计划的必要性和背景；第二部分，简述编写管理计划的过程，包括参与的组织、机构、个人以及参与的方式等；第三部分，致谢。总字数在 1 000 字左右。

（三）目录

（四）自然保护区基本情况描述

1. 自然保护区的基本情况

自然保护区基本情况的描述应该包括以下几方面：

（1）位置、面积、边界和功能分区。这部分的主要内容应包括：经纬度和行政位置以及与四周接壤的单位或村庄；周边和区内的交通状况，自然保护区至飞机场、火车站、汽车站等的情况；自然保护区总面积及功能分区面积和所占比例；各保护管理站情况。

（2）历史沿革、法律地位和主要保护对象

（3）自然条件

（4）生物资源

（5）景观资源

（6）社会经济条件。包括：自然保护区内社区概况、与社区有关的组织结构和职能、保护区管理机构与社区关系；社区的土地权属及其与自然保护区的关系；社区的经济条件；社区对自然资源和土地的利用方式和程度；资源管理与社区需求矛盾；社区群众对资源保护管理工作的态度。

2. 自然保护区的管理现状

自然保护区管理现状的描述应包括以下几个方面：

（1）自然保护区管理体制

（2）自然保护区土地状况

（3）组织机构

（4）资源保护和野外管理

（5）科研与监测

（6）宣传教育和培训

3. 自然保护区的经济活动

这一部分是编制重点，主要包括自然保护区管理机构自身开发的经济活动，以及自然保护区管理机构与外部机构合作开展的经济活动。描述内容包括：合作经济活动名称、合作方基本情况、投资关系、受益关系，以及这些经济活动对地方经济发展的促进作用，等等。保护区主要经济活动有：生态旅游、种植业、养殖业、加工业等。

4. 对外合作

主要介绍保护管理方面与其他组织机构开展的合作活动。一般有合作性保护活动，比如热衷于自然保护的经济实体或个人对保护区工作的资助等；合作研究、考察、教学实习、宣传、公众教育等。

(五) 自然保护区的现状评价

1. 自然保护区重要性论证

包括自然保护区在地理位置上的独特性；自然保护区的物种、栖息地类型、基因等方面的丰富程度、原始性和古老性特点；自然保护区生物多样性面临威胁以及需要保护的迫切程度；自然保护区对当地产生的生态、社会和经济方面的作用。

2. 保护工作中存在的威胁因子

这一部分主要介绍保护对象的生存和发展面临的问题，即通常所称的威胁因子，主要包括保护对象本身存在的生理问题及其栖息环境存在的缺陷以及人为活动和其他外界给保护对象及其栖息地带来的影响。

3. 管理工作中面临的限制因素

这部分应对限制因素（如人力、财力和物力等）进行分析，一一列出来请求予以解决。

4. 消除威胁因子和克服限制因素的对策

这一部分是管理计划最重要和关键的部分。在本章节中要对以上威胁因子和限制因素一一对应地提出多套解决方案，然后比较优缺点。可采用表格的形式来直观体现该过程（参见表实–1）。表中的代码与其代表的威胁和限制因素应当严格对应。

表 实-1 可选择方案分析表格

威胁或限制因素	可选方案	优点	缺点	选定方案
代码	方案1			
	方案2			
	方案3			√

5. 保护管理具体目标

通过对以上讨论确定的保护区限制因素和威胁因子进行归纳、合并和分类，根据它们的重要性对威胁因子进行排列，即成为今后一段时间自然保护区工作的具体目标。

(六) 管理措施

这部分是整个管理计划的核心和主体。主要包括以下几部分内容：保护区的法律规章制度建设；边界和功能分区；自然资源和生态系统保护体系；可持续经济发展；研究和监测；组织机构发展；区域性协调发展；基础设施设备的发展等。每个部分包括细化的具体管理项目、子项目，最终提出一系列行动乃至子行动。每个具体行动的描述格式如下：

(1) 行动（或子行动）编号、名称；
(2) 理由，即采取行动的必要性；
(3) 行动的具体内容描述；
(4) 实施单位；
(5) 经费预算；
(6) 实施时间。

(七)行动时间表、预算

行动时间表即计划具体实施的时间推进安排。预算要按照国家额定标准、市场价格以及资金来源等进行说明。这两项内容可以放在一张表中进行说明。

(八)参考文献

在管理计划的编写过程中需要查阅大量气候水文、自然生态、地质地貌、社会经济等方面的文献资料,在此部分需一一列出。正文中引述的内容应与参考文献一一对应。参考文献的格式为:

(1)凡引用现有资料的文字或数据,需在正文后的圆括号内标明作者和发表时间;

(2)参考文献中需对管理计划文本中引用的文字或数据做明确说明。国内标准格式为:作者名+发表时间+论文(专著)题目+学术期刊名称(专著或论文集名称)+出版地+出版社名称(专著或论文集必须要求的)+该论文刊出的卷期数起止页码(专著或论文直接写总页数);例如,引用专著或论文集的写法为:作者姓名．出版时间．书名．出版地:出版者,页码;引述论文的正确写法为:作者．发表时间．论文题目．学术期刊名,卷(期):页码范围。

(九)附件

附件部分可包括:自然保护区批准文件、执法委托文件、自然保护区管理办法、自然保护区监测计划、自然保护区野外巡护方案、自然保护区岗位职责和内部管理制度、自然保护区职工培训计划、自然保护区珍稀特有保护野生动植物名录、自然保护区旅游计划大纲、自然保护区的主要威胁因子及限制因素、附图(保护区基本位置图、社区人口分布图、动植物分布图、功能区划图、土地利用现状图、野外监测线路图等)。

三、编写步骤

1. 确定团队

首先要成立管理计划编写小组,明确小组成员及分工,确定各个层次的负责人。

2. 资料收集

系统而全面地收集现有资料或通过野外调研获取资料,资料内容应涉及保护区历史、保护区资源调查、保护区野外巡护、社区情况和当地政府情况等。资料收集完后应进行整理和分类,对缺失的部分进行补充。

3. 保护区存在的问题分析

资料收集完毕后应进行科学分析,在分析的过程中确定保护区存在的主要问题,并将这些问题按照严重性和解决的难易程度排序。

4. 解决方案

通过讨论、咨询等探讨解决以上问题的多种办法,并确定最佳或最可行方案。

5. 行动及时间推进

确定问题及解决方案后,就应确定落实方案需要采取的每一步行动,并说明行动的目的、人员、经费预算,等等。

6. 编写

以上工作完成后,工作人员可按照管理计划的格式要求进行正式的编写工作,通过工作人员的不断探讨确定出草案。

7. 意见征求

草案完成后，编写人员要征求当地社区、林业、环保、旅游等主管部门及审核部门的意见。

8. 修改

如有较大改动，需要不断修改反复征求意见直至符合要求。

四、编写要求

重点说明通过这个实验要学生达到什么要求标准，提交什么报告，其最终目的是让学生掌握管理计划编写的方法。

(1) 了解国家政策。只有对国家宏观政策以及对全国保护区体系整体规划的有效把握，才能制订出具有时效性的管理计划；

(2) 全面了解保护区情况。在编写之前，应对保护区的历史、管理现状、自然环境、野生动植物现状，以及总体规划有全面的了解和掌握。

(3) 客观、实际、科学。管理计划的编写应当符合保护区实际，既不能急功近利、夸大目标，也不能投机取巧、缩小目标。管理计划行动的每一步都应当有其科学依据，在实施完成后都应有其实际作用。这样才能保证管理计划的目标实现；

(4) 通过本实验的学习，掌握自然保护区管理计划编写的步骤与方法；

(5) 学习完后，能够通过全面了解情况、查找资料等，选择一个保护区进行自然保护区管理计划编写，提交一份完整报告。

五、实验报告要求

按照管理计划编写大纲、编写步骤和编写要求，学生分组(5~6人一组)查阅相关文献资料，编写某一自然保护区管理计划。

参考文献

国家林业局野生动植物保护司.2002.自然保护区管理计划编写指南[M].北京：中国林业出版社.

实验二 自然保护区保护行动计划的编写

一、目的及要求

自然保护区保护行动计划(CAP)是针对主要保护对象各种属性特征、受威胁因子制订保护行动计划方案,该方案的编制主要是使用基于 Excel 平台开发的软件。实验要求学生掌握以下内容:

(1)学会简单使用 CAP 软件制订保护行动计划;
(2)理解各类指标与监测之间的联系;
(3)能区分保护对象的类别、主要属性及指标;
(4)掌握压力与威胁之间的关系,并明确同种威胁可能同时影响不同的保护对象;
(5)会根据威胁汇总排序表来制订保护策略(本次实验只需掌握到制定保护目标和策略行动、不需要具体到行动步骤);
(6)了解保护区项目资源表的输入方法;
(7)学会将在 Excel 中填写的内容导出为 Word 文档。

二、编写内容

主要内容包括以下几点:
(1)输入项目信息;
(2)输入主要保护对象信息,包括嵌套保护对象;
(3)输入反映保护对象的生存能力的各种指标,包括指标所属类别、主要属性、指标名称和指标的当前及预期等级;
(4)针对不同保护对象输入其所面临的压力及其影响等级,并输入产生这些压力的直接原因(威胁)及其影响等级;
(5)根据软件产生的威胁汇总排序结果制定保护目标和策略行动;
(6)输入保护区项目资源表;
(7)将在 Excel 中输入的内容导出为 Word 文档。

三、编写步骤

自然保护区保护行动计划的编写的步骤有(以北京松山自然保护区为例):

1. 启动

打开 CAP 软件后如果不将宏的安全性降低,Excel 中的所有内容都无法修改和输入,因此需要启动宏。

在打开 Excel 后可以看到如下"安全警告",点击"选项",选择"启动此内容"就可以在 Excel 中进行操作了。

2. 输入项目信息

启动后会发现菜单栏中多出了"加载项"一栏。

点击"加载项"中的"向导"工具，选择"项目确定向导"。根据提示"下一步"，把内容填写完整。填写完后点击"保存退出"。

3. 输入保护对象信息

在上一步结束后，会弹出如下对话框：

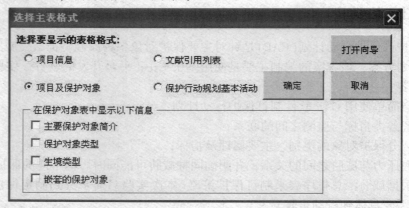

"在保护对象表中显示以下信息"可以勾选上面的四个内容后点"确定"，也可直接点击"确定"，这不影响信息输入，只是勾选不同内容，在显示上面会有差别。

双击"保护对象 #1"右侧的阴影表格，出现如下对话框，根据提示，输入保护对象信息。"添加新保护对象"后要"将保护对象添加到保护对象列表中"通过"上移"和"下移"。

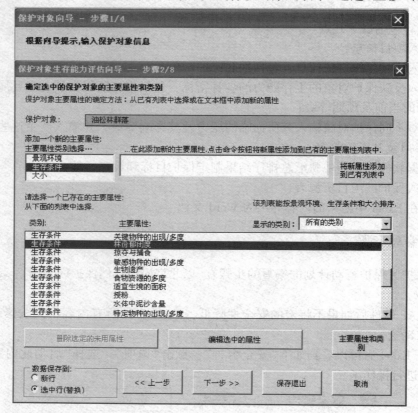

可以改变保护对象的排列次序;通过"删除/编辑选中的保护对象"可以调整保护对象的内容。

然后根据提示,选择或填写保护对象简介、类型、生境分类、嵌套保护对象和注释,每种主要保护对象的上述信息逐一填写完毕后点击"保存退出"。

4. 输入保护对象生存能力评估指标

双击保护对象下的阴影表格或者通过点击"加载项"—"向导"—"保护对象生存能力评估向导",前面填写的保护对象出现在对话框中,点击"下一步",出现如下对话框:

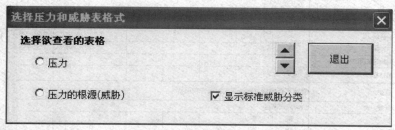

针对不同的保护对象,在选择主要属性的类别后,可自行添加或者选择列表中已有的主要属性。

然后点击"下一步",在"添加新指标"右侧的空白框内输入指标名称,并且勿忘"将指标添加到指标列表中",继续点击"下一步",填写选择该主要属性和指标的依据。

5. 输入保护对象的压力和根源

选择"压力,根源(1)"工作表,双击"压力"字样,会出现上图对话框:

选择"压力",点击"退出",显示的界面如下:

	A	B	C	D	E	F	G	H
1	压力和根源					查看该保护对象的生存能力状况 请双击此处		
2	松山国家级自然保护区							
3	5	狍				<--需改变保护对象,请 (当前的保护对象信		
4								
5		输入助手 关						
6		压力			严重程度	影响范围	压力等级	用户自定义
7	1	种群数量减少			高	高	高	
8	2	食物可获得性降低			中	高	中	
9	3	生境破碎化			中	中	中	
10	4						-	

对应每种保护对象,在"压力"下的栏目内直接填写保护对象所面临的压力(即就目前的状况来看,推测出今后10年内保护对象的压力),并在"严重程度"和"影响范围"栏目下的下拉框内选择"很高"、"高"、"中"或者"低"。"压力等级"是软件自动生成的,如果觉得不够准确可以在"用户自定义"中进行重新选择。

输入完压力后,将显示的选项由"压力"改为"压力的根源(威胁)",再点击"退出",

183

此时出现如下界面：

	A	B	C	D	E	F	G	H	I	J	K
1	压力和根源				查看该保护对象的生存能力状况 请双击此处					点击威胁表右侧工具栏上的下一	
2	松山国家级自然保护区										
3	5	狍					<=需改变保护对象,请点击保护对象名 (当前的保护对象信息将会被保存)				
17		压力-压力根源		种群数量减少	食物可获得性降低	生境破碎化	-	-	-	-	保护对象威胁等级
18		压力	#	1	2	3	4	5	6	7	8
19			等级	高	中	中	-	-	-	-	-
20	1	威胁		偷猎（主要来自河北）							
21		标准分类		狩猎和诱捕陆生动物							
22		贡献率		中							
23		不可逆性		高							中
24		威胁等级(用户自定义)									
25		威胁等级		中							
26	2	威胁		管理不善的旅游活动带来的噪音和干扰							
27		标准分类		旅游及娱乐区							
28		贡献率		高	中						
29		不可逆性		中	中						中
30		威胁等级(用户自定义)									

可以看到刚才输入的压力信息被调整到"压力—压力根源"右侧的栏目内了。在输入完威胁后（威胁输入方法稍后介绍），还需要输入这些威胁对之前输入的压力的"贡献率"和"不可逆性"。可以在下拉框内选择级别，带颜色的"压力等级"、"威胁等级"和"保护对象威胁等级"是在输入完原始信息后由软件自动生成的，也可进行"威胁等级（在用户自定义）"。

威胁内容的输入方法如下：

"威胁"右侧的表格内，如果没有输入信息之前是带阴影的，输入时双击阴影处，出现如下对话框：

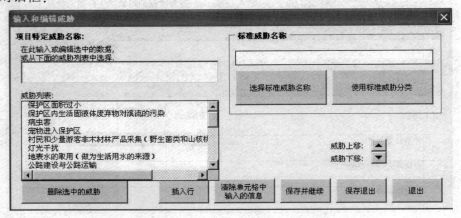

"选择标准威胁名称"会出现很多种威胁提示，包括农业、商业、能源、交通、气候变化等方面的威胁，可以选中某一标准威胁后，点击"使用标准威胁分类"，这一威胁就会出现在"在此输入或编辑选中的数据，或从下面的威胁列表中选择"下面的空白栏内，在该空白栏内自行输入也可。已经输入的威胁都会出现在"威胁列表"内，可以点击"保存并继续"输入下一个威胁，直至最后一个该保护对象的威胁被录完。通过"威胁上移"、"威胁下移"、"删除选中的威胁"、"插入行"可以对已经输入的威胁进行排序。也可双击已经输入的威胁，会弹出如下对话框：此时可以直接"在此编辑选中的记录"，或者更改标准威胁名称，更改完毕后点击"保存退出"。

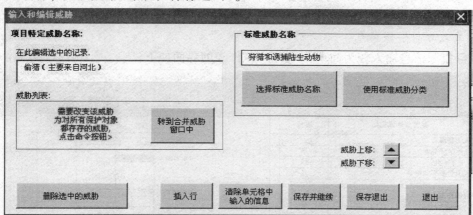

依次输入每种保护对象的压力和威胁。同一种威胁可能同时作用于不同种的保护对象，要避免因为个别字用词错误而重复输入同一威胁。

"汇总表"工作表中的信息都是软件自动生成，不能直接修改，只能通过调整前面"压力，根源（1）"工作表的内容间接修改。

6. 输入保护策略

单击"加载项"—"向导"—"策略确定向导"，出现如下对话框：

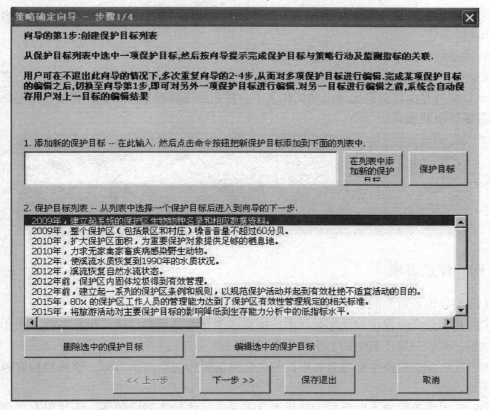

根据提示以及"下一步"操作，依次添加"保护目标"，为每个保护目标添加"策略行动"，并添加"该保护目标的监测指标"及注释，输入完毕后保存退出。

"监测"工作表是通过输入保护策略间接自动生成的。

7. 输入项目资源信息

项目资源信息输入较为简单，"资源"工作表的界面如下：

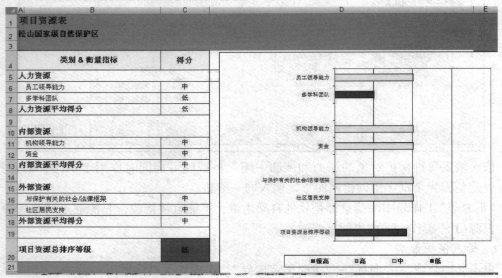

可以在"得分"的下拉框中直接选择，平均得分以及"项目资源总排序等级"都由软件自动生成。

8. 将 Excel 表格中的内容转换成 Word 文档

Excel—Word 转换工具在"加载项"下的工具栏中，由下面红色椭圆框所圈出。需要导出时，只须将界面切到需要导出的工作表下，然后点击该转换工具，并在弹出的对话框中勾选需要导出的内容。

四、注意事项

（1）主要保护对象的数量一般控制在 8 个以内为宜。

（2）并不是反映保护对象生存能力的指标必须要覆盖景观环境、生存条件、大小所有 3 个类别，可以只属于其中的 1 个或 2 个类别。

（3）反映保护对象生存能力的指标不是全部需要作为监测的指标。监测指标宜越少越精越好。

（4）在很多内容输入完毕后，如果不点击将内容添加入列表的话，无法保存之前填写的内容。

(5) 用户自定义内容的优先级总是高于软件自动生成内容的优先级。

(6) 在输入内容时经常可以看到红色文字，点击后可以看到相关填写指南。

五、实验报告要求

根据自然保护区保护行动计划（CAP）编写内容、编写步骤和编写要求，学生分组（5~6人一组）收集相关资料，编写某一自然保护区保护行动计划。

参考文献

1. 美国大自然保护协会. 2006. 保护行动规划电子表格使用手册.
2. 美国大自然保护协会. 2008. 上海崇明东滩 CAP 培训用课件.
3. 美国大自然保护协会. 2009. 云南丽江 CAP 培训用课件.

附录一 自然保护区相关国际公约、协定名录

序号	公约名称	签署地点	通过时间	生效时间	中国签署时间
1	生物多样性公约	里约热内卢	1992.6.5	1993.12.29	1992.6.11
2	关于特别是作为水禽栖息地的国际重要湿地公约	拉姆萨尔	1971.2.2	1975.12.21	1992.1
3	保护世界文化和自然遗产公约	巴黎	1972.11.16	1972.11.16	1985.11.22
4	濒危野生动植物物种国际贸易公约	斯德哥尔摩	1973.3.3	1975.7.1	1980.12.25
5	保护野生动物迁徙物种公约	波恩	1979.6.23	1983.12.1	中国尚未加入
6	国际捕鲸管制公约	华盛顿	1946.12.2	1948.11.10	1980.9.24
7	联合国防治荒漠化公约	巴黎	1994.6.7	1996.12	1994.10.14
8	联合国海洋法公约	蒙特哥湾	1982.12.10	1994.11.16	1982.12.10
9	保护植物新品种国际公约	日内瓦	1991.3.19		1999.4.23
10	中白令海峡鳕资源养护与管理公约	华盛顿	1994.2.11	1995.12.8	1995.9
11	中华人民共和国政府和澳大利亚政府保护候鸟及其栖息环境的协定	堪培拉	1986.10.20	1988.9.1	1986.10.20
12	中华人民共和国政府和巴西联邦共和国政府关于动物检疫和动物卫生合作的协定	巴西利亚	1996.2.8	1996.2.8	1996.2.8
13	中华人民共和国政府和保加利亚共和国政府关于植物检疫的协定	保加利亚	1994.6.7	1995.3.25	1994.6.7
14	中华人民共和国政府和俄罗斯联邦政府关于保护虎的议定书	北京	1997.11.10	1997.11.10	1997.11.10
15	中华人民共和国政府和俄罗斯联邦政府关于森林防火联防协定	莫斯科	1995.6.26	1995.6.26	1995.6.26
16	中华人民共和国政府和俄罗斯联邦政府关于植物检疫和植物保护的协定	莫斯科	1995.6.26	1995.6.26	1995.6.26
17	中华人民共和国政府和俄罗斯联邦政府环境保护合作协定	北京	1994.5.27	1994.5.27	1994.5.27
18	中华人民共和国政府和荷兰王国政府植物检疫协定	海牙	1985.8.25	1987.5.6	1985.8.25
19	中华人民共和国政府和南斯拉夫社会主义联邦共和国政府关于植物检疫和植物保护的协定	贝尔格莱德	1980.6.6	1981.1.29	1980.6.6
20	中华人民共和国政府和日本国政府保护候鸟及其栖息环境协定	北京	1981.3.3	1981.6.8	1981.3.3
21	中华人民共和国政府和匈牙利人民共和国政府关于植物检疫和植物保护合作协定	布达佩斯	1986.1.22	1986.11.28	1986.1.22

（续）

序号	公约名称	签署地点	通过时间	生效时间	中国签署时间
22	中华人民共和国政府与波兰共和国政府动物检疫及动物卫生合作协定	北京	1997.11.17	1997.11.17	1997.11.17
23	中华人民共和国政府与俄罗斯联邦政府关于兴凯湖自然保护区协定	北京	1996.4.25	1996.4.25	1996.4.25
24	中华人民共和国政府与荷兰王国政府动物检疫及动物卫生合作协定	北京	1995.10.31	1995.10.31	1995.10.31

附录二　国家有关自然保护区的法律、法规

序号	法律名称	颁布时间	实施时间	颁布部门
1	中华人民共和国环境保护法	1989.12.26	1989.12.26	全国人大常委会
2	中华人民共和国野生动物保护法	2004.8.28	2004.8.28	全国人大常委会
3	中华人民共和国森林法	1984.9.20	1985.1.1	全国人大常委会
4	中华人民共和国土地管理法	2004.8.28	2004.8.28	全国人大常委会
5	中华人民共和国水土保持法	1991.6.29	1991.6.29	全国人大常委会
6	中华人民共和国海洋环境保护法	1999.12.25	2000.4.1	全国人大常委会
7	中华人民共和国草原法	2002.12.28	2003.3.1	全国人大常委会
8	中华人民共和国畜牧法	2005.12.29	2006.7.1	全国人大常委会
9	中华人民共和国海岛保护法	2009.12.26	2010.3.1	全国人大常委会
10	中华人民共和国文物保护法	2007.12.29	1982.11.19	全国人大常委会
11	中华人民共和国渔业法	2004.8.28	2004.8.28	全国人大常委会
12	中华人民共和国公路法	2004.8.28	2004.8.28	全国人大常委会
13	中华人民共和国动物防疫法	2007.8.30	2008.1.1	全国人大常委会
14	中华人民共和国节约能源法	2007.10.28	2008.4.1	全国人大常委会
15	中华人民共和国枪支管理法	1996.7.5	1996.10.1	全国人大常委会
16	中华人民共和国行政许可法	2003.8.27	2004.7.1	全国人大常委会
17	中华人民共和国标准化法	1988.12.29	1989.4.1	全国人大常委会
18	中华人民共和国种子法	2004.8.28	2004.8.28	全国人大常委会
19	自然保护区土地管理办法	1995.11.16	1995.11.16	国家土地管理局 国家环境保护局
20	自然保护区专项资金使用管理办法	2001.12.05	2001.12.05	财政部
21	国家级自然保护区监督检查办法	2006.10.26	2006.12.1	国家环境保护总局
22	中华人民共和国水生动植物自然保护区管理办法	1997.10.17	1997.10.17	农业部
23	海洋自然保护区管理办法	1995.5.29	1995.5.29	农业部
24	饮用水水源保护区污染防治管理规定	1989.7.10	1989.7.10	国家环保局、卫生部、建设部、水利部、地质矿产部
25	中华人民共和国水生野生动物利用特许办法	1999.6.24	1999.9.1	农业部
26	中华人民共和国渔业法实施细则	1987.10.20	1987.10.20	农牧渔业部
27	中华人民共和国陆生野生动物资源保护管理费收费办法	1992.12.17	1993.1.1	林业部、财政部、国家物价局
28	鸟类环志管理办法（试行）	2002.2.22	2002.2.22	国家林业局

(续)

序号	法律名称	颁布时间	实施时间	颁布部门
29	农业野生植物保护办法	2002.9.6	2002.10.1	农业部
30	陆生野生动物疫源疫病监测规范(试行)	2006.5.31	2006.5.31	国家林业局
31	引进陆生野生动物外来物种种类及数量审批管理办法	2005.9.27	2005.11.1	国家林业局
32	野生动植物类保健食品申报与审评规定(试行)	2005.5.20	2005.7.1	国家食品药品监督管理局
33	国务院关于积极保护和合理利用野生动物资源的指示	1962.9.14	1962.9.14	国务院
34	国务院关于严格保护珍贵稀有野生动物的通令	1983.4.13	1983.4.13	国务院
35	中华人民共和国猎枪弹具管理办法	1993.12.25	1994.3.1	林业部、公安部
36	农作物种质资源管理办法	2003.7.8	2003.10.1	农业部
37	全国人大常委会关于惩治捕杀国家重点保护的珍贵、濒危野生动物犯罪的补充规定	1988.11.8	1988.11.8	全国人大常委会
38	进出境动植物检疫单证使用管理办法	1996.4.12	1996.4.12	动植物检疫局
39	进出境动植物检疫业务印章使用管理办法	1996.4.12	1996.4.12	动植物检疫局
40	进境动物和动物产品风险分析管理规定	2002.12.31	2003.2.1	国家质量监督检验检疫总局
41	进境植物和植物产品风险分析管理规定	2002.12.31	2003.2.1	国家质量监督检验检疫总局
42	中华人民共和国进出口动物及其产品检疫收费办法	1983.1.25	1983.1.25	农牧渔业部
43	国家林业局关于加强林木种苗质量监督管理的规定	2002.12.11	2002.12.11	国家林业局
44	国家林业局关于全面推进依法治林实施纲要	2004.11.05	2004.11.05	国家林业局
45	国家林业局行政许可工作管理办法	2004.6.25	2004.7.1	国家林业局
46	保护中国森林、生态环境及旅游资源采取临时紧急检疫措施	2002.6.28	2002.10.1	国家质量监督检验检疫总局、国家林业局、海关总署、外经贸部
47	"三北"防护林体系建设资金管理暂行办法	1991.7.26	1991.7.26	林业部
48	基本农田保护区环境保护规程(试行)	1996.9.6	1996.9.6	农业部
49	林木和林地权属登记管理办法	2000.12.31	2000.12.31	国家林业局
50	林木林地权属争议处理办法	1996.10.14	1996.10.14	林业部
51	林业生态工程建设资金管理办法	2007.10.16	2007.10.16	财政部、国家林业局
52	林业统计管理办法	2005.6.1	2005.7.1	国家林业局

（续）

序号	法律名称	颁布时间	实施时间	颁布部门
53	全国生态示范区建设试点验收暂行规定	1998.11.9	1998.11.9	国家环境保护总局办公厅
54	全国水土保持预防监督纲要	2004.8.8	2004.8.8	水利部
55	森林采伐更新管理办法	1987.9.10	1987.9.10	林业部
56	森林和野生动物类型自然保护区管理办法	1985.7.6	1985.7.6	林业部
57	关于破坏森林资源重大行政案件报告制度的规定	2001.12.16	2001.12.16	国家林业局
58	森林植被恢复费征收使用管理暂行办法	2002.10.25	2003.1.1	财政部、国家林业局
59	森林资源监督工作管理办法	2007.8.30	2008.1.1	国家林业局
60	森林资源资产评估管理暂行规定	2006.12.25	2007.1.1	财政部、国家林业局
61	天然林保护工程财政资金管理规定	2000.12.8	2001.1.1	财政部
62	天然林保护工程财政资金会计处理规定	2000.12.16	2000.12.16	财政部
63	天然林资源保护工程管理办法	2001.5.8	2001.5.8	国家林业局
64	水土保持生态环境监测网络管理办法	2001.1.31	2001.1.31	水利部
65	水土保持重点工程农民投劳管理暂行规定	2004.12.29	2004.12.29	水利部
66	土地复垦规定	1988.11.8	1989.1.1	国务院
67	退耕还林工程现金补助资金管理办法	2002.11.6	2003.1.1	财政部
68	关于节约使用、合理利用木材和采用木材代用品的若干规定	1988.2.4	1988.2.4	国家经委、国家计划委员会、国家物资局、林业部
69	关于违反森林资源管理规定造成森林资源破坏的责任追究制度的规定	2001.12.16	2001.12.16	国家林业局
70	封山育林管理暂行办法	1988.4.19	1988.4.19	林业部
71	公益林认定办法	2001.3.9	2001.3.9	国家林业局
72	中央财政森林生态效益补偿基金管理办法	2007.3.15	2007.3.15	财政部、国家林业局
73	重点地区天然林资源保护工程建设资金管理规定	1999.5.14	1999.5.14	财政部、国家林业局

附录三　自然保护区管理办法和条例名录(部分)

		自然保护区管理办法和条例	
序号	类别	文件名称	主管部门
1	森林生态类	北京市人民政府关于百花山和松山自然保护区管理暂行规定	林业
2		内蒙古大兴安岭汗马国家级自然保护区管理办法(草稿)	林业
3		吉林长白山国家级自然保护区管理条例	林业
4		黑龙江丰林国家级自然保护区管理条例	林业
5		黑龙江呼中国家级自然保护区管理条例	林业
6		福建武夷山国家级自然保护区管理办法	林业
7		云南西双版纳国家级自然保护区管理条例	林业
8		云南白马雪山国家级自然保护区四项制度	林业
9		甘肃莲花山国家级自然保护区管理条例	林业
10		宁夏回族自治区六盘山、贺兰山、罗山国家级自然保护区条例	林业
11	草原草甸类	内蒙古自治区锡林郭勒草原国家级自然保护区管理条例	环保
12	荒漠生态类	甘肃安西极旱荒漠国家级自然保护区管理条例	环保
13		新疆阿尔金山国家级自然保护区管理办法	环保
14	内陆湿地类	河北省衡水湖湿地和鸟类自然保护区管理办法	林业
15		黑龙江省兴凯湖国家级自然保护区管理条例	林业
16		吉林向海国家级自然保护区管理条例	林业
17	海洋海岸类	广西壮族自治区北仑河口海洋自然保护区管理办法	海洋
18		广西壮族自治区山口红树林生态自然保护区管理办法	海洋
19		河北省昌黎黄金海岸国家级海洋类型自然保护区管理办法	海洋
20		河北省昌黎黄金海岸国家级海洋类型自然保护区管理办法修正案	海洋
21		天津古海岸与湿地国家级自然保护区管理办法	海洋
22		浙江省南麂列岛国家级海洋自然保护区管理条例	海洋
23		山东黄河三角洲国家级自然保护区管理暂行办法	林业
24		广东内伶仃福田国家级自然保护区管理规定	林业
25	野生动物类	黑龙江省饶河东北黑蜂国家级自然保护区管理办法(暂行)	农业
26		上海市崇明东滩鸟类国家级自然保护区管理办法	林业
27		云南省昭通大山包黑颈鹤国家级自然保护区管理办法	林业
28		辽宁双台河口国家级自然保护区管理办法	林业
29		安徽扬子鳄国家级自然保护区管理条例(草案)	林业
30		江西省鄱阳湖湿地保护条例	林业
31		四川卧龙国家级自然保护区管理条例	林业
32		四川省唐家河国家级自然保护区管理办法	林业
33		甘肃白水江国家级自然保护区管理条例	林业
34	野生植物类	浙江天目山国家级自然保护区管理办法	林业
35	地质遗迹类	吉林伊通火山群国家级自然保护区管理条例	环保
36	古生物遗迹类		

附录四 全国林业示范自然保护区名单

1. 北京松山国家级自然保护区
2. 天津八仙山国家级自然保护区
3. 河北雾灵山国家级自然保护区
4. 山西庞泉沟国家级自然保护区
5. 内蒙古大兴安岭汗马国家级自然保护区
6. 内蒙古贺兰山国家级自然保护区
7. 内蒙古达赉湖国家级自然保护区
8. 辽宁双台河口国家级自然保护区
9. 吉林长白山国家级自然保护区
10. 黑龙江丰林国家级自然保护区
11. 黑龙江呼中国家级自然保护区
12. 黑龙江扎龙国家级自然保护区
13. 黑龙江三江国家级自然保护区
14. 黑龙江凉水国家级自然保护区
15. 上海市崇明东滩鸟类国家级自然保护区
16. 江苏大丰麋鹿国家级自然保护区
17. 浙江天目山国家级自然保护区
18. 安徽扬子鳄国家级自然保护区
19. 福建武夷山国家级自然保护区
20. 江西鄱阳湖国家级自然保护区
21. 江西井冈山国家级自然保护区
22. 山东黄河三角洲国家级自然保护区
23. 河南内乡宝天曼国家级自然保护区
24. 河南董寨鸟类国家级自然保护区
25. 湖北神农架国家级自然保护区
26. 湖南壶瓶山国家级自然保护区
27. 湖南东洞庭湖国家级自然保护区
28. 广东内伶仃福田国家级自然保护区
29. 广东湛江红树林国家级自然保护区
30. 广西猫儿山国家级自然保护区
31. 海南东寨港国家级自然保护区
32. 海南霸王岭国家级自然保护区
33. 重庆缙云山国家级自然保护区
34. 四川卧龙国家级自然保护区
35. 四川省唐家河国家级自然保护区
36. 四川王朗国家级自然保护区
37. 贵州梵净山国家级自然保护区
38. 贵州茂兰国家级自然保护区
39. 云南西双版纳国家级自然保护区
40. 云南高黎贡山国家级自然保护区
41. 云南白马雪山国家级自然保护区

42. 西藏珠峰国家级自然保护区
43. 陕西佛坪国家级自然保护区
44. 陕西长青国家级自然保护区
45. 甘肃白水江国家级自然保护区
46. 甘肃莲花山国家级自然保护区
47. 青海青海湖国家级自然保护区
48. 青海可可西里国家级自然保护区
49. 宁夏贺兰山国家级自然保护区
50. 新疆哈纳斯国家级自然保护区
51. 新疆巴音布鲁克天鹅国家级自然保护区

附录五 中国加入国际重要湿地名录

序号	名称	加入时间	加入批次
1	黑龙江扎龙自然保护区	1992	1
2	吉林向海自然保护区	1992	1
3	海南东寨港自然保护区	1992	1
4	青海鸟岛自然保护区	1992	1
5	鄱阳湖自然保护区	1992	1
6	湖南东洞庭湖自然保护区	1992	1
7	香港米埔和后海湾国际重要湿地	1992	1
8	黑龙江洪河自然保护区	2002	2
9	黑龙江兴凯湖国家级自然保护区	2002	2
10	黑龙江三江国家级自然保护区	2002	2
11	内蒙古达赉湖自然保护区	2002	2
12	内蒙古鄂尔多斯遗鸥自然保护区	2002	2
13	辽宁大连国家级斑海豹自然保护区	2002	2
14	江苏大丰麋鹿自然保护区	2002	2
15	江苏盐城自然保护区	2002	2
16	湖南汉寿西洞庭湖自然保护区	2002	2
17	湖南南洞庭湖湿地和水禽自然保护区	2002	2
18	上海市崇明东滩自然保护区	2002	2
19	广东惠东港口海龟国家级自然保护区	2002	2
20	广东湛江红树林国家级自然保护区	2002	2
21	广西山口国家级红树林自然保护区	2002	2
22	辽宁双台河口湿地	2005	3
23	云南大山包湿地	2005	3
24	云南碧塔海湿地	2005	3
25	云南纳帕海湿地	2005	3
26	云南拉什海湿地	2005	3
27	青海鄂陵湖湿地	2005	3
28	青海扎陵湖湿地	2005	3
29	西藏麦地卡湿地	2005	3
30	西藏玛旁雍错湿地	2005	3
31	上海长江口中华鲟湿地自然保护区	2008	4
32	广西北仑河口国家级自然保护区	2008	4
33	福建漳江口红树林国家级自然保护区	2008	4
34	湖北洪湖省级湿地自然保护区	2008	4
35	广东海丰公平大湖省级自然保护区	2008	4
36	四川若尔盖国家级自然保护区	2008	4
37	浙江杭州西溪国家湿地公园	2009	5

附录六　自然保护区管理专业综合实习方案

《自然保护区专业综合实习》是本专业学生必修的一门重要实践课，是整个培养环节中理论联系实际、培养学生动手能力、分析和解决问题能力以及创新能力的重要组成部分。为保证学生的实习教学质量和效果，加强学生实践技能的训练，创新实践教学模式，在分析前期实习经验的基础上，结合专业特点，制订本实施方案。

一、实习目标

通过实习，使学生转变角色，将自己作为自然保护区管理工作的一员，协助自然保护区管理局有关部门开展相关工作，亲身从事自然保护区建设与管理各项工作，了解存在的问题及解决方案，并将野生动植物保护、环境保护、自然保护区管理等相关基本理论、方法、政策和实践技能等运用到自然保护区建设管理实际工作中，也为毕业后从事相关工作打下扎实的基础。

二、实习要求与任务

1. 实习要求

（1）学生具有转换角色的意识，要把自己作为自然保护区的一员，协助或亲自担当某些岗位，亲自从事自然保护区建设管理的各项工作；

（2）岗位实习是专业综合实习的重要手段，学生要亲自参与实习自然保护区相关岗位的工作；

（3）实习内容及实习任务应在实习指导书框架内规定；

（4）如不能涵盖实习指导书的各项任务，应因地制宜在方案中具体明确，及参与自然保护区相关工作或活动。

2. 主要实习任务

（1）实地了解自然保护区，方法包括自然保护区相关负责人介绍、实地考察自然保护区主要部门、站点与系统（如科研监测系统）等；

（2）学生集体或分散进入自然保护区主要部门或站点，协助有关部门或站点完成相关工作，重点是了解各主要部门或站点的主要职责，了解相关工作涉及的主要理论、技术手段及政策，并分析碰到的问题及其解决方案，还能够将所学相关知识运用到相关实际工作中；

（3）根据实地实习时间的长短，结合实习自然保护区实际情况，实习学生可以在自然保护区各主要部门或站点之间轮换。

三、实习时间

一般为大三第二学期后期，共4周，其中在校内准备工作与总结工作一周，在自然保护区实习约三周。

四、组织管理

学院成立由教学副院长、各教研室主任、班主任、指导教师和办公室主任组成的实习领导小组，负责以下工作：

(1)制订本年度学院专业综合实习执行计划；
(2)选派实习指导教师；
(3)联系落实实习自然保护区；
(4)组织编排实习小组；
(5)做好实习中的思想教育和管理工作；
(6)检查指导教师的指导质量和实习效果；
(7)审定和登记实习成绩，评选优秀实习生；
(8)做好实习总结工作；
(9)做好实习经费的预算与结算。

五、实习地点与实习小组

1. 确定实习地点

根据实际情况选择不同类型的自然保护区作为实习地点。

序号	名称	类型	指导的教研室
1	×××保护区	森林类型	××教研室
2	×××保护区	湿地类型	××教研室
3	×××保护区	野生动物类型	××教研室

2. 组建实习小组

每个小组人数7~9人，设组长1~2名。安排指导教师1~2名。学生分组要综合考虑男女生搭配、不同研究方向的组合、学生兴趣等因素。

六、实习指导教师

（一）实习指导教师的选派

指导教师原则上应具有副教授以上职称。自然保护区管理、湿地、野生动植物保护与利用等3个研究方向每个方向要选派1~2名业务能力强、有责任心的教师作为实习指导教师。

（二）实习指导教师的任务

指导教师在实习期间应遵纪守法，以身作则，并严格要求学生遵守实习自然保护区的各项制度，服从自然保护区领导的教育和管理。坚守岗位，及时了解学生在实习中的状态，积极引导，调动学生的主观能动性，尽自己最大的努力完成实习任务。具体工作与流程如下：

(1)提前与实习自然保护区的联系，熟悉自然保护区基本情况，并做好实习准备工作，包括实习预案、经费预算、材料收集与准备等，做好小组的实习方案。

(2)提前一周向实习小组学生介绍自然保护区基本情况，结合实习自然保护区特点，合理安排实习生各项任务。根据自然保护区的类型和特点，编写或修改实习方案，印刷实习用表格等。

(3)组织与指导实习生开展各项实习活动，包括：
①组织同学去自然保护区，落实学生食宿及安全问题；
②考察自然保护区总体情况；
③与自然保护区沟通，安排学生进入主要部门或站点实习，并根据时间合理安排好岗位轮换工作；
④根据实习自然保护区特点，合理组织其他实习活动。

(4)组织与指导学生进行实习总结活动，组织学生参与学院的实习总结会。

(5)评定学生实习期间的表现，并给成绩。

（6）评阅学生个人实习报告，并给出成绩。
（7）及时填写提交关于实习的各类表格。
（8）根据自身特点与优势，与实习自然保护区开展各种形式、各种层面的活动或合作。
（9）处理实习学生在实习期间的突发事件和应急问题。

（三）实习指导教师的工作量核算

实习指导教师工作纳入工作量核算范围。野外时间按 2 周计算，共 32 学时。若一组指导教师为 2 位，则按各自所用的时间分别核算。

七、实习小组长的任务

(1) 督促本组同学完成实习计划。
(2) 及时反映组内同学实习的情况。
(3) 协助指导教师组织好本组同学的各项实习活动。
(4) 组织小组成员合作、交流、研讨、总结和互评。
(5) 组织本组同学开展实习的宣传与报道等。

八、实习总结

实习结束后，每个小组要完成 1 份小组实习总结报告，每个学生也应独立完成实习报告 1 份。相关实习总结报告均交由学院留存。

学院将在下学期开学第一周内组织四个小组进行汇报，让各组之间相互学习、相互交流，使所有同学都能熟悉不同类型保护区的管理模式，通过多种渠道了解自然保护区管理等领域的基本理论、基本方法和实践技能。汇报用幻灯片、影像及照片资料等也交由学院留存。

九、实习考核

实习成绩主要包括三部分：学生在实习过程中的表现、个人实习报告、小组汇报等因素。其中学生在实习过程中的表现为 30 分，个人实习报告 50 分，由实习指导教师评定；小组汇报 20 分，由学院教学办公室根据小组汇报情况评定。

各实习小组推荐优秀实习生 2 名，经实习指导教师同意后，将该生实习报告交实习领导小组。实习领导小组讨论并评选出优秀实习生，该结果将作为量化评优的依据。